电子口岸实务精讲

ESSENTIALS OF E-PORT PRACTICE

"关务通·电子口岸系列" 编委会 ◎ 编著

中国海关出版社

图书在版编目（CIP）数据

电子口岸实务精讲/"关务通·电子口岸系列"编委会
编著. —北京：中国海关出版社，2014.12
（"关务通"系列丛书）
ISBN 978-7-5175-0050-6

Ⅰ.①电… Ⅱ.①关… Ⅲ.①电子政务-应用-海关
管理-口岸管理-中国 Ⅳ.①F752.5-39

中国版本图书馆 CIP 数据核字（2014）第 294318 号

电子口岸实务精讲
DIANZI KOUAN SHIWU JINGJIANG

作　　者："关务通·电子口岸系列"编委会
总 策 划：谭　宁
策划团队：郭　坤　马　超
责任编辑：马　超
助理编辑：郭　坤
美术编辑：张　帆
责任监制：王岫岩
出版发行：中國海關出版社

社　　址：北京市朝阳区东四环南路甲 1 号　　　　邮政编码：100023
网　　址：www. hgcbs. com. cn；www. hgbookvip. com
编 辑 部：01065194242 - 7585（电话）　　　　　01065194234（传真）
发 行 部：01065194221/4238/4246（电话）　　　01065194233（传真）
社办书店：01065195616/5127（电话/传真）　　　01065194262/63（邮购电话）
印　　刷：北京京都六环印刷厂　　　　　　　　　经　　销：新华书店
开　　本：710mm×1000mm　1/16
印　　张：19.5　　　　　　　　　　　　　　　　字　　数：148 千字
版　　次：2015 年 1 月第 1 版
印　　次：2015 年 1 月第 1 次印刷
书　　号：ISBN 978-7-5175-0050-6
定　　价：45.00 元

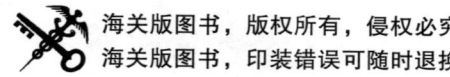

"关务通·电子口岸系列" 编委会

主　任　肖逢刚

副主任　刘晓平　韩　坚　白建军　王　可

委　员　常世慧　王赞洲　胡　伟　陈志林　刘军辉
　　　　邢　巍　陈　晞　郑宇峰　梁　明

"关务通·电子口岸系列" 统审组

成　员　（按姓氏笔画排序）
　　　　方晓丽　李　彬　李　静　张　勇　周金萍
　　　　郝大兵

"关务通·电子口岸系列" 编写组

成　员　（按姓氏笔画排序）
　　　　于春光　王永来　王玲玲　王燕娜　司丽丽
　　　　朱　彪　朱肖辉　刘　姗　纪光辉　杨　萌
　　　　杨方雷　李西锋　吴春林　沈　晗　沈丽平
　　　　张　波　张云芳　胡景利　姜绍真　高　冰
　　　　彭　雯　路震宇

前　言

电子口岸是经国务院批准、由海关总署会同国务院 16 个部门共同建设，以口岸通关执法管理为主，逐步向相关物流商务服务延伸的大通关统一信息平台。它依托国家信息公共网络，将进出口管理流、资金流、货物流集中存放于一个数据库中，实现口岸管理相关部门间与大通关流程相关的数据的共享和联网核查，并向进出口企业提供预录入、报关申报、出口退税、信息查询等"一站式"服务。截至 2014 年上半年，中国电子口岸平台已实现与 12 个国家部门、20 家商业银行，以及中国国际贸易促进委员会、中国香港工业贸易署、中国香港海关、中国澳门特别行政区经济局、中国台湾海关和欧盟委员会税收与关税联盟总司的联网，累计入网企业 80 余万家，日均处理单证 140 余万笔，基本实现了大通关关键环节的联网核查和网上办事。

作为面向广大电子口岸用户，为用户工作和学习提供业务指导的官方图书，"关务通·电子口岸系列"丛书自 2012 年首次出版以来，已经进行了 5 次加印，受到社会各界的广泛好评。其间，我们收到了很多大中专院校的咨询及建议，希望可以面向大中专院校的教学实践，编写电子口岸实务操作的教材，为大中专院校师生了解电子口岸，熟悉电子口岸实际操作提供专业权威的指导。应此要求，中国海关出版社在"关务通·电子口岸系列"丛书的基础上，再次约请电子口岸的专家，针对大中专院校的教学特点，结合当前海关业务改革和电子口岸的最新发展，编撰此书。

本书作为"关务通·教材系列"之一，秉承理论与实践相结合的原则，旨在为大中专院校教学实践提供全面权威的电子口岸理论和实务操作指导，让读者在认识电子口岸、使用电子口岸系统、办理电子口岸业务的过程中循序渐进地了解电子口岸。

本书各章节设有主要内容提示、知识点解析、业务流程、拓展阅读及课后思考练习，便于学生把握学习要点，了解相关知识，课后复习提高。同时，全书配有教学光盘，由电子口岸专家实际演练电子口岸系统操作，为教师课堂教学和学生熟练操作提供生动、实用的教学指导。教学过程中如需进一步了解电子口岸业务，还可参考"关务通·电子口岸系列"丛书，便于教学实践的深入和提升。

根据海关总署令第221号《中华人民共和国海关报关单位注册登记管理规定》，自2014年3月13日起所有从事报关业务的报关员更名为报关人员。至此，2005年3月31日出台的海关总署令第127号《中华人民共和国海关对报关单位注册登记管理规定》，同时废止。报关人员是指报关单位向海关备案，专门负责办理所在单位报关业务的人员。本书在编写过程中，考虑到读者的阅读习惯和业内通俗说法，继续沿用"报关员"这一称呼，其含义等同于"报关人员"。特此说明。

本书由中国电子口岸数据中心北京、宁波、青岛及深圳分中心编写，中国电子口岸数据中心负责统稿及审核。其中，客服管理处在统稿及光盘制作中付出了辛勤的劳动，办公室、项目管理处、项目应用处专家对全书内容的准确性进行了权威的审校。编写过程中，本书得到了中国电子口岸数据中心以及上述分中心领导的大力支持，在此特向给予本书支持与帮助的各位领导、专家及参与本书编写的同志们表示由衷的感谢。

由于时间仓促，本书可能还存在一些不足和缺陷。欢迎广大读者发送宝贵意见至关务通邮箱：guanwutong@ mail. customs. gov. cn，我们将不断改进和完善，谢谢！

编者

2014 年 11 月

目　录

第一章　电子口岸概览

✐ **本章主要内容**

◆ 电子口岸建设背景及发展历程；

◆ 电子口岸内容原则和发展目标；

◆ 电子口岸主要功能及业务概况；

◆ 电子口岸联网项目建设情况；

◆ 电子口岸重要意义及取得的成效。

本章着重介绍电子口岸的建设背景和发展历程，电子口岸的主要功能、建设成果及取得的成效等内容，让大家全面了解电子口岸的基本内容及业务概况。

第一节　电子口岸建设背景及发展历程

电子口岸是经中华人民共和国国务院（以下简称"国务院"）批准、由中华人民共和国海关总署（以下简称"海关总署"）会同国务院有关部门共同建设，以口岸通关执法管理为主，逐步向相关物流商务服务延伸的大通关统一信息平台。电子口岸的建设和发展主要经历了三个阶段。

一、信息联网建设阶段

第一阶段，1998 年至 2001 年，此阶段是以实现中央部门之间互联互通、信息共享和联网核查为主要目标的建设阶段。

1998 年以前，利用假单证、假批文、假印章（简称"三假"）走私、逃套汇、骗退税的活动十分猖獗，危害严重。据不完全统计，1997 年全国海关共查获"三假"走私案案值人民币 15 亿元，1998 年达到 21 亿元，特别是 1998 年，受亚洲金融危机的影响，国家外汇流失相当严重，当年我国贸易顺差 435 亿美元，而贸易外汇顺收只有 47.8 亿美元，在国家外汇管理局和海关总署联合开展的外汇大检查中，共查获假报关单 13 874 份，涉及骗汇金额高达 112.43 亿美元。

为了贯彻落实国务院领导指示精神，坚决打击利用"三假"手法走私、逃套汇等违法活动，避免国家外汇流失，稳定国内金融市场，海关总署配合外汇、税务管理部门采取了多种防伪措施，如在签发的进出口报关单证上加贴激光防伪标签、加盖防伪印油，对进出口报关单与外汇、银行、税务部门进行"二次核对"等。为此，全国海关投入了大量的财力、物力，先后研制了三代防伪印油、二代激光防伪标签，但假报关单仍然层出不穷。面对严峻的形势，按照国务院领导关于"要加快银行、外汇管理局和海关之间的计算机联网，加强对报关单和外汇进出口核销工作的管理，从源头上防止骗汇、逃汇违法活动的发生。要建立海关与外汇管理局之间的双向快速反应数据通信网络，实现售付汇前对进口报关情况的电子核对，推广实施报关单查询系统"① 的指示精神，海关总署联合国家外汇管理局在 1998 年底紧急开发了电子口岸第一个跨部门联网核查的应用项目——全国进口报关单联网核查系统，揭开了电子口岸建设的序幕。

二、大通关统一信息平台建设阶段

第二阶段是 2002 年上海大通关会议后至 2005 年，此阶段电子口岸建设进入以在电子口岸平台上全面实现各地方、各有关部门联网为主要目标的大通关统一信息平台建设阶段。

2002 年 5 月，国务院领导在上海大通关现场会上明确指出，要"加快大

---

① 此指示精神是 1998 年 10 月 25 日，时任国务院总理的朱镕基同志在国务院召开的八省（区）打击走私骗汇工作座谈会上的讲话。

通关制度建设，各地、各有关部门要积极创造条件，尽快在'电子口岸'的大平台上实现联网，形成管理合力"①。2002 年 6 月，国务院领导视察海关总署时又明确指示，要积极推行"政府牵头协调、统一信息平台、手续前推后移、加快实货验放"的大通关制度建设。

上海大通关会议后，各地政府结合本地实际，认真贯彻上海会议精神，特别是一些沿海大口岸所在地政府纷纷提出共建地方电子口岸、建立大通关统一信息平台的要求，并积极探索地方电子口岸建设的发展思路，成立了由省市主管领导挂帅的地方电子口岸建设领导机构，组织协调当地口岸执法管理部门和进出口生产、物流企业，制定总体规划和实施方案，在需要建实体平台的地方还设立了运营实体。其间，海关总署先后与深圳、山东、上海等30 余个地方政府签署了地方电子口岸建设合作备忘录，并提出"统一认证、统一标准、统一品牌"的原则。其目标是建立包括交通、铁路、民航、港务等部门在内的口岸大通关信息平台，面向企业提供全面政务公开及信息咨询服务，增强政府的综合执法能力，改善地区投资环境，降低企业成本，实现数据共享和联网核查，为地方大通关服务。

三、电子口岸全面发展阶段

第三阶段，2005 年以后，中国电子口岸和地方电子口岸建设进入全面发展阶段。

2005 年 11 月，国务院在宁波召开了"全国地方电子口岸建设现场会"，会议总结了 7 年来电子口岸建设经验，对今后一个时期全国电子口岸建设作了部署。会议要求用 5 年时间，把电子口岸建设成一个门户入网、一次认证登录和全程"一站式"服务的全国统一的大通关平台。

2006 年 5 月，国务院办公厅下发了《关于加强电子口岸建设的通知》，规定了电子口岸建设基本内容、指导原则和发展目标，明确了电子口岸建设的新的领导体制和工作机制。

---

① 此话引自 2002 年 5 月，时任国务院副总理的吴仪同志在上海大通关现场会上的讲话。

2006 年 11 月，国务院办公厅下发了《国务院办公厅关于印发国家电子口岸建设协调指导委员会工作制度的通知》，批准了国家电子口岸委组成人员名单，规定了电子口岸委的组成和相关职责。

2012 年 7 月，国务院办公厅印发了《电子口岸发展"十二五"规划》，总结分析了电子口岸"十一五"期间的建设情况和"十二五"时期的建设形势，确定了"十二五"时期电子口岸建设的指导思想、基本原则和发展目标，并明确了重点任务，为电子口岸可持续发展提供了重要依据。

 **拓展阅读**

中国电子口岸数据中心（简称"数据中心"）作为电子口岸主要建设部门，于 2001 年 5 月 18 日经中央机构编制委员会办公室批准成立，系海关总署具有独立法人资格的直属事业单位，主要负责中国电子口岸的环境建设、项目开发运行维护、技术支持和客户服务，指导各数据分中心的发展规划、工作制度、系统安全和运行维护工作，并在安全管理、数据标准和身份认证等方面对地方电子口岸建设进行指导。

为促进电子口岸项目在全国顺利推广、保证各项业务正常运行，2002 年 10 月，经中编办批准，数据中心陆续在 42 个直属海关所在地设立数据分中心，承办本地区电子口岸用户卡的制作，向本地用户提供技术支持和咨询、培训等服务。

数据中心成立以来，坚持"以服务为宗旨，以促进为目的，以需求为导向，以合作促发展"的建设思路，不断强化内部管理和基础建设，打造了一支业务精良、技术过硬的信息化建设队伍；着力提升服务保障能力，全心全意服务于国家宏观经济、海关建设、电子口岸共建部门和广大进出口企业；狠抓运行维护安全管理，实现了信息系统和执法数据的高效安全运转；深入推进电子口岸建设，实现了电子口岸的跨越式发展。

欲获得更多与电子口岸和数据中心有关的信息，请登录中国电子口岸门户网站 www. chinaport. gov. cn（见图 1 - 1）

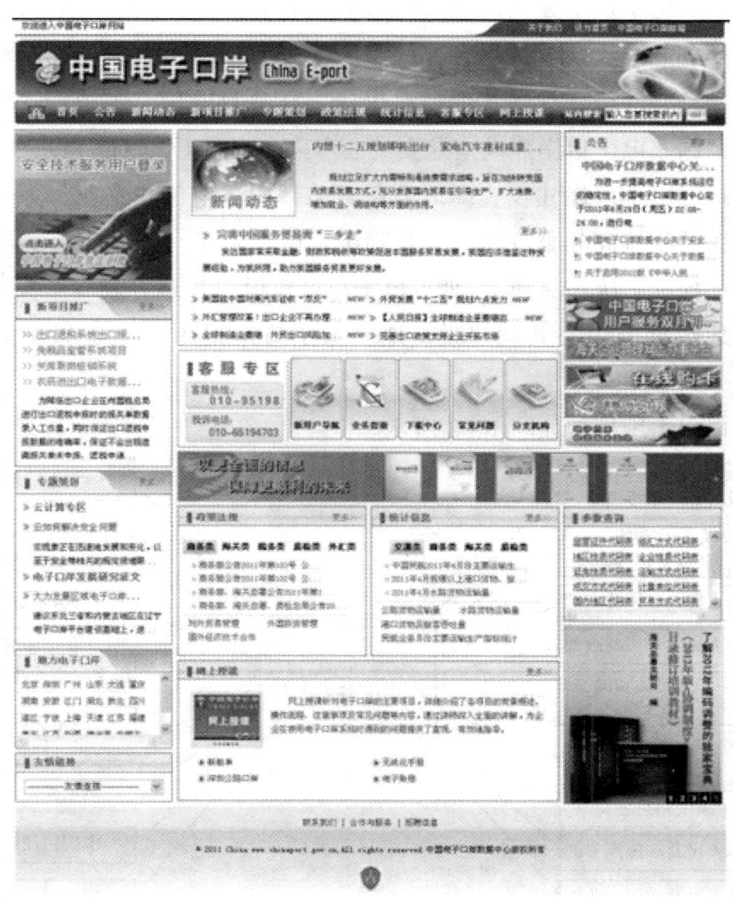

图1-1　中国电子口岸首页

第二节　电子口岸内容原则和发展目标

一、基本内容

电子口岸的基本内容是建设一个以口岸通关执法管理为主，逐步向相关物流商务服务延伸的大通关、大物流、大外贸的统一信息平台。具体包括两个层面的内容。

一是中国电子口岸建设，即实现国务院各有关部门间与大通关流程相关的数据共享和联网核查，由各有关部门向统一的信息平台提供涉及通关部分的数据和信息，部门自身的其他信息仍保留在各自的信息系统中。中国电子口岸建设由国家电子口岸建设指导委员会牵头，国家 17 个部门共同建设。

二是地方电子口岸建设，即地方各有关部门、单位和企业将大通关核心流程及相关的物流商务服务程序整合到统一的信息平台上，实行全国"统一认证、统一标准、统一品牌"。地方电子口岸建设由各地方政府牵头，政府各部门和当地数据分中心共同建设。地方电子口岸是中国电子口岸的延伸和补充。

电子口岸组织框架如图 1－2 所示。

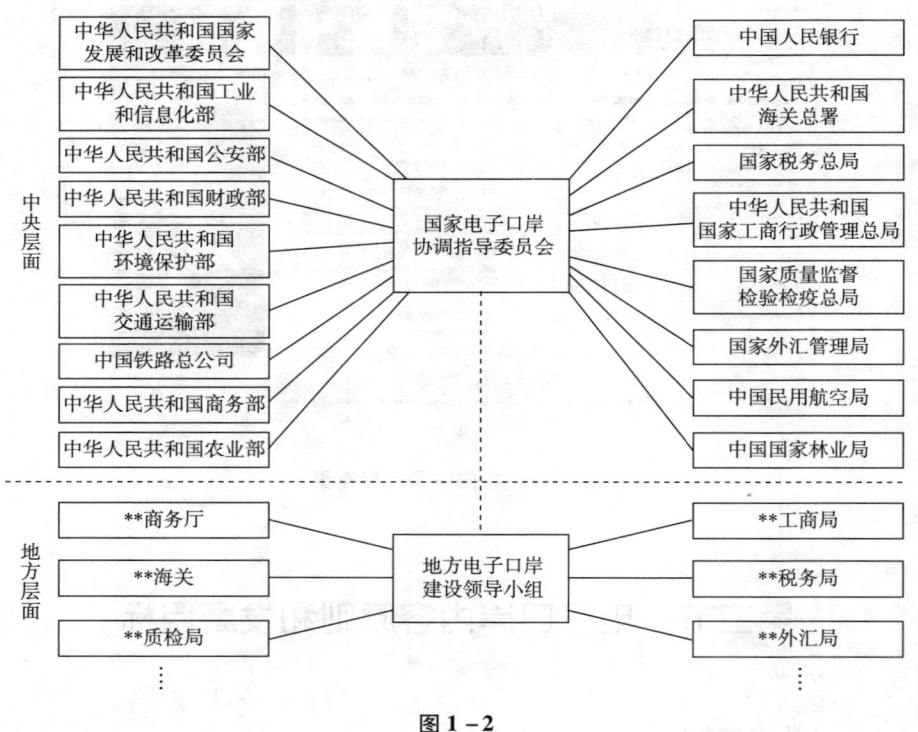

图 1－2

二、指导原则

电子口岸建设的指导原则是牢固树立和落实科学发展观，以服务为宗旨，以促进为目的，以需求为导向，以合作促发展。坚持"统一认证、统一标准、统一品牌"，实行共建、共管、共享。涉及大通关业务的各有关部门和单位，都要在国务院和当地政府的统一领导下，积极参与电子口岸建设，建立共同管理、协商决策的领导机制和开发运行机构，打通大通关有关业务的电子流程，在互联互通的基础上实现信息资源共享。各地在实体平台建设中应当加强与中国电子口岸的合作，在安全管理、数据标准和身份认证方面接受中国电子口岸的统一指导。

三、发展目标

电子口岸的总体发展目标是把电子口岸建设成为具有一个"门户"入网、一次认证登录和"一站式"办事等功能，集口岸通关执法管理及相关物流商务服务为一体的大通关统一信息平台，使口岸执法管理更加严密、高效，使企业进出口通关更加有序、便捷，进一步提高我国对外开放水平和国际竞争力。

电子口岸的阶段发展目标是到 2015 年，使电子口岸平台基础设施进一步完善，电子口岸平台通关、物流、商务功能进一步丰富，企业通关更加高效、有序、便捷，口岸综合执法和服务能力显著提升，符合国际"单一窗口"建设管理规则和通行标准、适应经济社会发展需要的中国特色"单一窗口"工程初步建成，具体来说可以分为三个方面。

一是基本实现网络化协同口岸监管模式。口岸管理部门信息共享的深度和广度取得重大进展，联网核查和辅助决策内容不断丰富，电子口岸平台政务外网建设协调发展，口岸管理部门联合监管执法和服务能力显著增强。

二是基本实现大通关"一站式"服务体系。口岸大通关业务流程进一步优化，数据共享和信息资源利用水平进一步提高，与大通关相关的物流商务服务健康发展，物流协同、商务服务、配套支付等综合服务能力明显增强。

三是基本形成与电子口岸发展相适应的技术支撑体系。电子口岸平台基础设施进一步完善，网络覆盖范围进一步扩大，平台运行维护及安全保障能力显著提高，整体运行可用率达到 99.9%，有效满足电子口岸可持续发展需要。

按照党的十八届三中全会提出的"实现口岸管理相关部门信息互换、监管互认、执法互助"的新要求，根据海关业务改革的新需要，电子口岸建设将进一步完善电子口岸平台基础设施，提高大通关信息共享和业务协同程度，加强电子口岸标准规范建设，丰富电子口岸平台通关、物流、商务功能，进一步提升口岸综合执法和服务能力。

 **拓展阅读**

国际上"单一窗口"的建设情况

"单一窗口"是指参与国际贸易的经济主体，在通关时通过一次性向政府管理机构提交标准化信息和单证，以满足相关法律法规及行政管理要求的通关管理模式。也就是说，"单一窗口"的运转基础是单一申报，即从事国际贸易经营的企业在通关时，只需要一次性向贸易管理部门提交标准化信息和单证即可。"单一窗口"是许多发达国家、发展中国家都在积极实践的管理方式，它可以提高贸易效率，能够快捷、方便地完成业务，并促进企业与多个政府管理部门实现高效的信息沟通。

目前，国际上"单一窗口"建设主要有三种模式：

"单一机构"模式，以瑞典为代表，即通过一个机构来协调和执行与进出境相关的监管，处理所有的进出口业务，该机构在收到企业进出口贸易申报数据后直接进行各项业务处理。

"单一系统"模式，以美国为代表，即通过一个系统整合、收集、使用并分发与进出境相关的电子数据。

"公共平台"模式，以新加坡为代表，即进出口企业可以通过一个公共平台向不同的机构一次性申报，上述机构通过该平台将处理结果以电子方式反馈给进出口企业，企业仅需要填制一张电子表格就可以向不同的政府部门申报，申报内容经各政府部门业务系统处理后自动反馈结果到企业的计算机中。

第三节　电子口岸主要功能和业务概况

通过前面几节的学习，大家对电子口岸的发展历程、基本内容、发展目标有了初步的了解，本节将重点对电子口岸的主要功能和业务概况进行介绍。

一、主要功能

（一）数据交换功能

电子口岸可提供安全、可靠、高效，并支持多种通用标准的数据交换支持服务，包括传输方式标准、交换格式标准等。通过电子口岸平台，政府部门之间、政府部门与企业之间可实现数据交换和共享。数据交换对象包括国家行政管理机关、社会团体、事业单位、国内外企业、驻华使领馆和个体工商户等。电子口岸平台支持 HTTP/HTTPS、SMTP/SMTPS、POP3、FTP/Secure FTP、JMS、MQ Series 等通讯协议，以及 EDIINT AS1/AS2/AS3、ebXML、RosettaNetRNIF 1.1/2.0、Web Service 等业务协议。

（二）事务处理功能

电子口岸可根据政府部门和企业用户的需求，提供多种实时在线事务处理服务，如加工贸易、减免税申请、报关单申报、舱单申报、运输工具、深加工结转、无纸化手册、企业管理、保税核查等预录入类应用项目和进口付汇、出口收汇、出口退税、通关单、ATA 单证册申报、CEPA 原产地证明、制卡发卡等联网类应用项目。

（三）存证举证功能

电子口岸可提供有效的服务接口和平台设施，支持企业申报数据、支撑政府部门安全、完整的存储和提取执法数据及其电子签名，以保证业务处理的可追溯性和法律上的准确性。根据国家行政管理机关的授权以及数据中心与各用户单位之间签订的协议，数据中心具有电子政务认证资质，以及针对部分联网应用项目存证举证的责任，电子数据存证期为 20 年。

（四）标准转换功能

电子口岸可针对不同部门和单位各自拥有的信息系统标准不统一、信息共享难的问题，提供标准、代码转换支持服务，如组织机构代码转换、业务单证代码转换、参数数据代码转换等。

（五）查询统计功能

电子口岸可根据业务数据主管部门或单位的授权，有控制地开放电子口岸所保存历史数据的查询和统计功能。截至 2014 年上半年，可供相关部门查询和统计的共享数据包括进出口报关单数据、企业经济户口档案数据、海陆空铁及快件等货运数据等。

（六）网络隔离功能

电子口岸可使企业、个人及其他政府部门与海关的联网实现"一点接入"，使电子口岸成为海关内网的网关，并实现海关内网与互联网的逻辑隔离，从而确保海关内网的网络安全性。

二、业务概况

经过十多年的建设，中央和地方两个层面电子口岸建设全面推进，通关环境进一步改善，口岸综合管理和公共服务能力得到显著提升。

（一）中央层面电子口岸建设成果

截至 2014 年上半年，电子口岸委成员单位增加到 17 个，形成了共同管理、协商决策的国家电子口岸建设领导体制和工作机制。成员单位以需求为导向，以"电子底账＋联网核查"为手段，合作开发应用了一批跨部门联网应用项目，有效保障了国家有关政策的实施。口岸管理部门在进出口货物检验检疫、原产地证联网等方面的依法行政和联合执法能力不断提升，在出口退税、加工贸易联网监管及保证金台账支付等方面的综合服务能力明显增强，国家对外汇资金跨境流动、跨境贸易人民币结算等方面的监测预警和宏观调控能力得到强化。同时电子口岸也促进了内地与中国香港地区、中国澳门地区更紧密经贸关系发展，加强了中欧贸易供应链安全及跨国执法信息共享机制建设。

截至 2014 年上半年，中国电子口岸专网已覆盖全国所有省会城市和计划单列市，骨干网络可用率达到 100%，同城及异地容灾设施建设取得阶段性成果，中国电子口岸安全认证体系获得国家电子政务电子认证服务资质，信息安全防护、管理、客服、运维体系进一步完善，核心系统可用率达到 99.9%。中国电子口岸已经实现了与中华人民共和国国家发展和改革委员会（简称"国家发改委"）、中华人民共和国公安部（简称"公安部"）、中华人民共和国环境保护部（简称"环境保护部"）、中华人民共和国农业部（简称"农业部"）、中华人民共和国商务部（简称"商务部"）、中国人民银行、海关总署、国家税务总局（简称"国税总局"）、国家质量监督检验检疫总局（简称"质检总局"）、国家铁路局、国家外汇管理局、国家密码管理局等 12 个国家主要口岸管理部门、20 家商业银行，以及中国国际贸易促进委员会（简称"贸促会"）、中国香港工业贸易署、中国澳门特别行政区经济局、中国台湾海关和欧盟委员会税收与关税联盟总司联网，累计入网企业 80 余万家，日均处理单证 140 余万笔，基本实现了大通关关键环节的联网核查和网上办事。

1. 电子口岸专用网络建设

从 2003 年开始，数据中心与各大电信运营商合作，依托公共网络资源建设了具有扩展性强、服务性好、覆盖面广、接入方式多样等特点的电子口岸业务专用网络，截至 2014 年上半年，电子口岸专网已经实现了与国税总局、国家外汇管理局、质检总局等部委，中国工商银行、中国建设银行等银行，中国香港工业贸易署、中国澳门特别行政区经济局以及欧盟等中国内地以外机构的网络专线连接，建立了覆盖到全国重点城市及重要报关现场的电子口岸骨干专网，联网节点已超过 300 个，并实现了骨干网络双线路运行，为电子口岸共建部门和企业用户提供快速、安全、稳定的业务数据传输网络。

2. 电子口岸身份认证子系统建设

电子口岸身份认证子系统 2000 年 3 月立项建设，2000 年 8 月建设完成，2000 年 12 月通过了安全性审查，并于 2001 年年初上线运行。随着密码技术的发展以及有关技术标准、规范的出台，2007年，数据中心启动了升级改造工作，改造后的系统于2009年9月通过了安全性审查。2010年12月，获得了主管部门电子政务电子认证服务资质，多算法CA系统产品也在2011年获得商用密码产品型号证书，电子口岸的CA电子认证已在13个地方电子口岸应用。截至2014年上半年，电子口岸身份认证子系统已累计发放数字证书1 163万张，是我国投入运营最早、发证量最多、应用范围最广、软件完整性保护最好的安全认证系统之一，如图1-3所示。

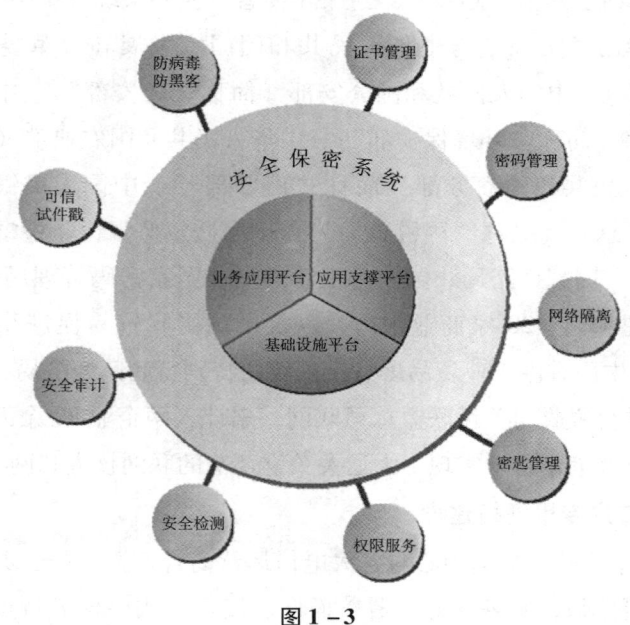

图1-3

3. 电子口岸一体化客户服务体系建设

从2008年开始，数据中心以服务企业为目标，按照统一接入号码、统一服务标准、统一服务管理的要求，努力构建覆盖全国电子口岸客户的一体化服务体系。现数据中心已开通全国统一的客服热线"95198"，基本完成总部呼叫中心建设，电子口岸客服热线电话服务水平达到业内较高水准。2012年，数据中心在原有电子口岸客户服务业务的基础上，利用自身的网络、技术、人力、物力、经验等资源优势，积极承担海关总署"12360"服务热线建设任务，为优化海关服务，畅通海关内外交流沟通提供了重要渠道，如图1-4所示。

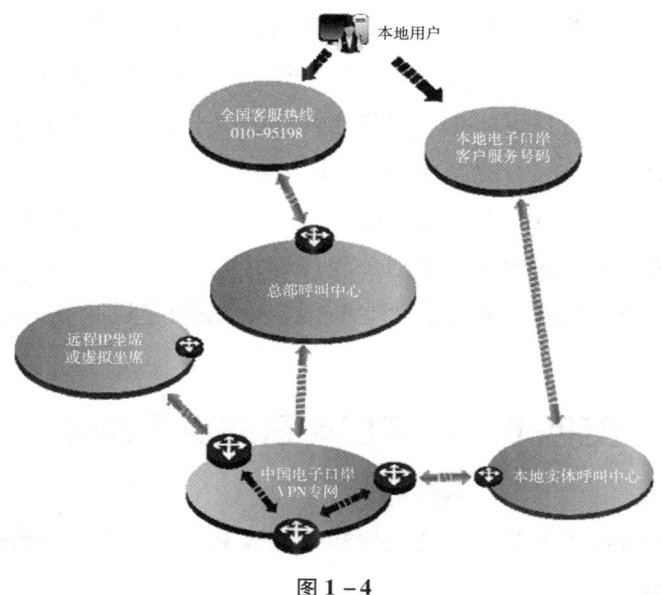

图 1 - 4

4. 电子口岸应用项目建设

截至 2014 年上半年，数据中心已累计开发推广应用项目 126 个，其中采用"电子底账＋联网核查"模式实现大通关相关部门执法数据互联互通的应用项目 36 个，构建"一站式"的服务平台实现企业便捷通关的应用项目 41 个，整合物流商务信息促进区域经济发展的应用项目 22 个，工具类项目 17 个，安全类项目 10 个。

（二）地方层面电子口岸建设成果

目前，各省（区、市）均签署了《地方电子口岸建设合作备忘录》，构建了地方政府牵头、相关口岸管理部门共同参与的地方电子口岸建设机制，地方电子口岸建设全面展开后，相继开发应用了上海"世博物流信息综合管理系统"、天津"一次录入、分别报检、报关系统"、浙江"义乌小商品市场综合管理系统"，以及"检验检疫口岸电子快速查验系统"等一批以口岸通关服务为主、集相关物流商务服务为一体的"一站式"大通关综合应用项目，有效改善了口岸通关软环境，提高了通关效率，降低了贸易成本，提升了企业国际竞争力。

截至 2014 年上半年，各地区结合实际，已建设 35 个地方电子口岸平台，开发应用了舱单申报、船勤申报、海铁多式联运、网上订舱、堆场联网、物流综合信息查询等 600 余个具有地方特点的综合服务项目,初步形成了沿海、沿边地区以实体平台建设为主、内陆地区以虚拟平台为主的建设格局,地方电子口岸已成为地方唯一的大通关统一信息平台。

地方电子口岸建设积极推动了地方与外贸相关的口岸管理水平和物流服务水平的提升,有效改善了口岸通关软环境,提高了通关效率,降低了贸易成本,提升了企业国际竞争力,对地方经济社会发展起到了积极的促进作用。

第四节　电子口岸联网项目建设

前一节中介绍了电子口岸的功能和业务概况,本节主要介绍电子口岸联网项目的建设情况。

作为集口岸通关执法管理与相关物流商务服务于一体的大通关统一信息平台,电子口岸将进出口管理流信息、资金流信息、货物流信息存放在集中式的数据库中,联网部门可通过电子口岸平台进行数据交换和联网核查。联网部门内部的数据共享依托其内部网络实现。目前,中国电子口岸平台已开发联网应用项目 36 个,基本实现了大通关关键环节的联网核查和网上办事。联网情况如图 1 - 5 所示。

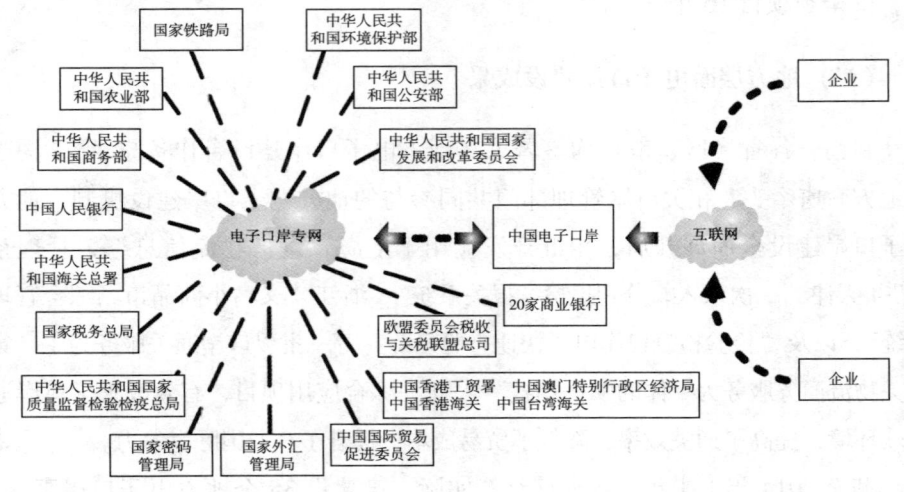

图 1 - 5

联网应用项目采用"电子底账＋联网核查"模式实现相关部门执法数据的互联互通，在加强口岸执法、综合治理、高效监管和为企业提供贸易通关便捷、提高国际竞争力、促进对外贸易健康发展等方面发挥了积极作用。下面对部分典型系统进行详细介绍。

一、进口付汇报关单联网核查系统

进口付汇报关单联网核查系统是由海关总署与国家外汇管理局共同开发的。它采用"电子底账＋联网核查"的模式，由海关内网发送进口报关单电子业务数据到电子口岸，再由电子口岸提供给国家外汇管理局，如图1-6所示。该系统通过实现海关与外汇部门的联网核查来鉴别进口付汇报关单的真伪，改变了靠书面单证防伪的做法，从根本上遏制了不法分子利用假进口报关单骗汇的违法行为。

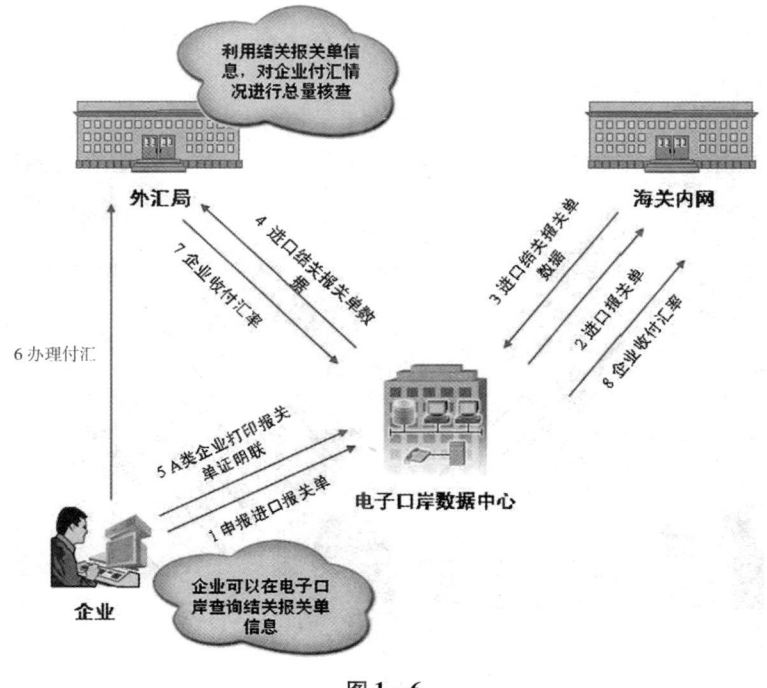

图1-6

该系统于1998年12月完成开发，1999年1月正式运行。系统上线后收到了明显效果，全国贸易顺差和顺收趋于平衡，"三假"走私案件明显减少，海关税收大幅增长。2005年以来，外汇局积极推进核销制度改革，实现对企业的货物贸易外汇管理由逐笔核销向总量核查、由现场核销向非现场核查、由行为监管向主体监管的转变，进口付汇报关单联网核查系统也进行了同步调整。

二、海关税费电子支付系统

电子口岸通过与拥有中国人民银行签发的电子支付牌照的支付公司合作，增加了为进出口企业支付关税、增值税等税费，并提供指定银行预扣、实扣、担保等相关金融服务，使企业往返银行和海关需多日方能办理完成的业务缩短至半小时之内，降低了企业贸易成本。系统数据传输流程如图1－7所示。

该系统于2010年8月正式运行，首先在上海、杭州、宁波、南京地区试点，目前已在全国推广应用。

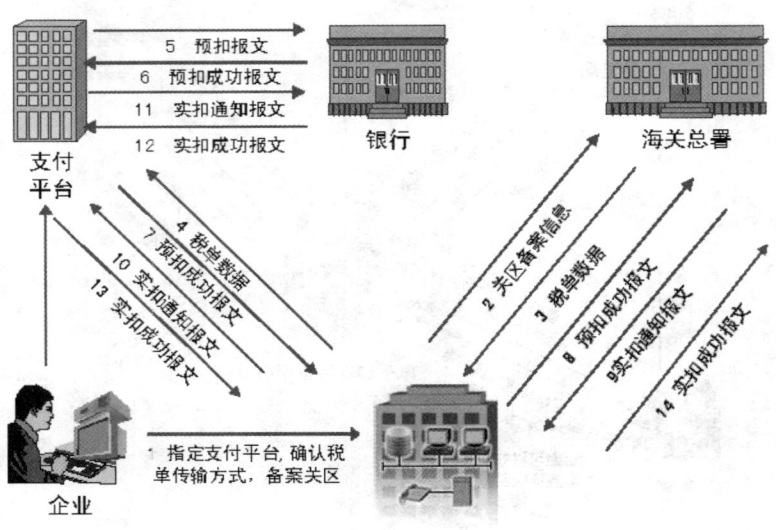

图1－7

三、农药进出口登记管理放行通知单联网核销系统

农药进出口登记管理放行通知单联网核销系统实现了海关与农药管理部门之间关于农药进出口登记管理放行通知单的互联互通,加大了农药管理部门、海关对农药进出口的监管力度,便于其及时掌握全国农药进出口的现状并处理突发事件。系统数据传输流程如图 1-8 所示。

该系统于 2010 年 10 月正式运行,实现了对我国农药进出口的宏观调控、数据的统计分析和汇总。

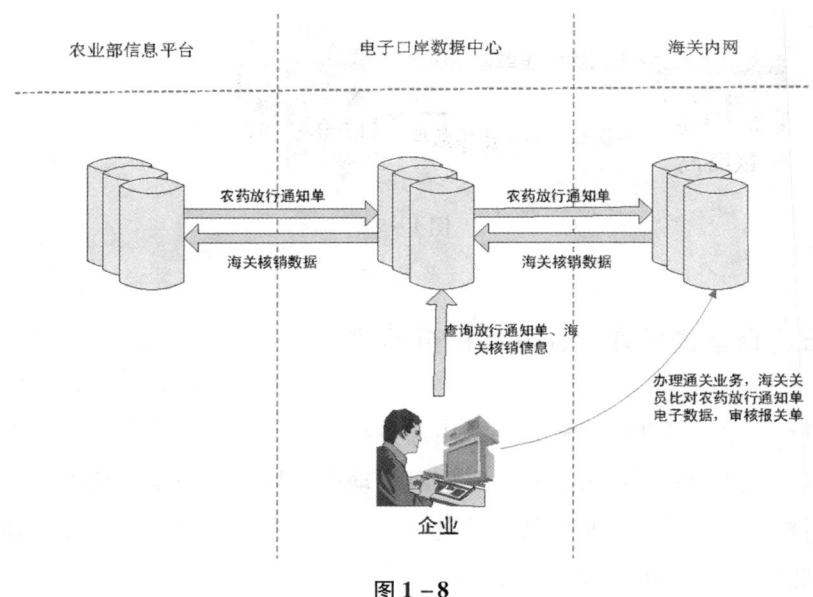

图 1-8

四、铁路口岸信息平台

铁路口岸信息平台由原铁道部、公安部、质检总局与海关总署合作开发,它实现了铁路运输部门代理货主整体申报货物信息,以及铁路、海关、质检部门的信息共享,加快了铁路换装速度,提高了贸易效率,降低了企业贸易

成本。系统数据传输流程如图 1-9 所示。

该系统于 2003 年 6 月上线，已在满洲里、阿拉山口、二连浩特、绥芬河 4 大铁路口岸正式运行。

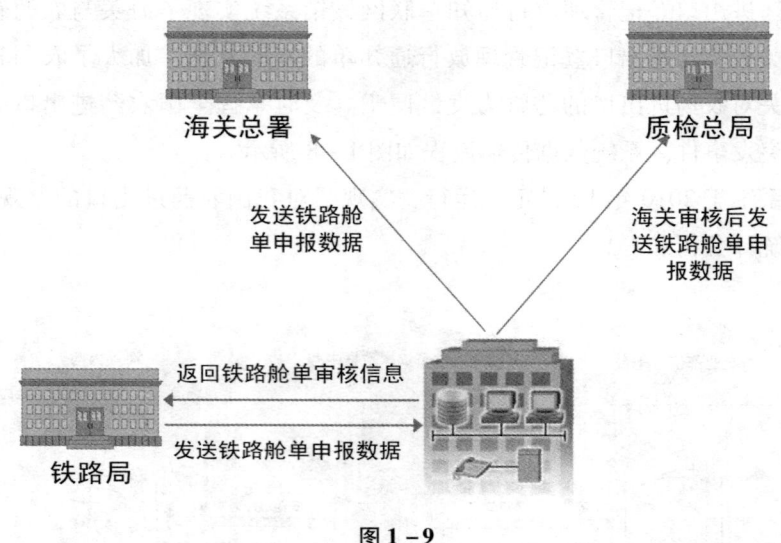

图 1-9

五、自动进口许可证联网核查系统

自动进口许可证联网核查系统由商务部与海关总署联合开发，它以中国电子口岸公共服务平台为依托，实现对自动进口许可证电子底账的数据传输和联网核查，同时向企业提供自动进口许可证信息查询功能。系统数据传输流程如图 1-10 所示。

该系统于 2012 年 12 月正式运行，有效改进了自动进口许可证商品进口监管手段，规范了经营秩序，加快了通关速度，有效防范和打击了不法企业伪造自动进口许可证等违法行为。

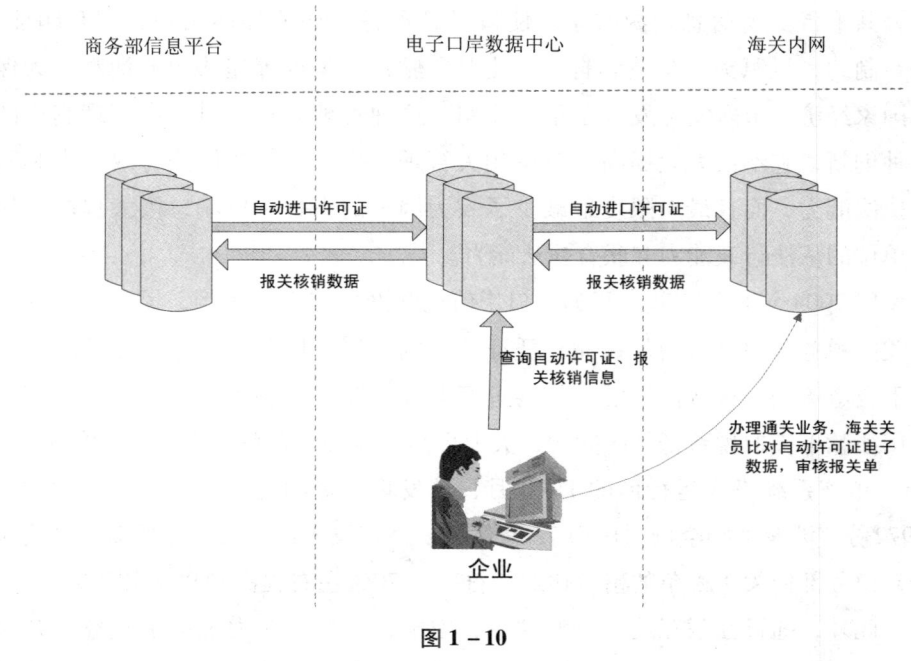

图1-10

第五节　电子口岸重要意义

前一节主要介绍了电子口岸联网项目建设情况，本节主要介绍电子口岸重要意义。

电子口岸经过十多年的建设和发展，应用领域不断扩展，在促进政府部门间信息共享、提高效率、加强监管，为进出口企业提供贸易便利、加快通关速度、降低贸易成本等方面发挥了重要作用，取得了显著的社会效益和经济效益。

一、强化口岸执法监管，维护国家经济秩序，提高政府部门服务水平

电子口岸采用"电子底账＋联网核查"的管理方式，使口岸执法部门通

过公共平台实现信息资源共享，使口岸管理各个环节环环相扣、相互印证、相互制约，从源头上防范和打击了走私、骗汇、骗税等违法犯罪活动，为保障国家经济、金融安全发挥了重要作用。这种管理方式是对口岸管理制度的一种创新，它不仅大大提高了口岸相关管理、执法单位的依法行政能力和联合执法能力，而且最大限度地减少了人为因素的干扰和影响，极大提高了执法单位的依法行政能力和联合执法能力。

以 2004 年 8 月正式运行的进口增值税联网检查系统为例，该系统实现了海关向税务部门进口增值税完税凭证信息的共享，用联网核查的方法对贸易项下资金流动、税费征管的真实性进行监控，有效解决了利用假进口增值税专用缴款书骗取税费抵扣的问题，大大提高了税务部门甄别税单真伪的能力。2004 年该系统投入运行前的 1～8 月，共发现伪造的进口增值税专用缴款书 4 972 份，涉及抵扣金额人民币 7. 89 亿元，系统投入运行后，此类案件迅速减少，税务部门关于税单的稽核比对相符率从 70% 左右提高到 90% 以上。

此外，通过互联互通、资源共享，中国电子口岸大力推动了政务公开和政府服务水平的提升，成为我国政府管理信息化应用的一个成功范例。通过将大通关有关的各类公共服务内容、程序和办事流程向企业公开，提高了政务透明度，便于企业进行查询和监督；通过将报关、报检、付汇、收汇、缴税、退税等通关项目，以及运输、仓储等物流服务项目整合到一个平台，省去了企业多次往返不同政府部门重复录入信息和身份认证的成本，极大提高了政府的服务水平。

二、提高通关效率，降低通关成本，增强国际竞争力

电子口岸依托技术进步和管理创新，为广大进出口企业提供了一个"门户"入网、一次认证登录和"一站式"服务，在一定范围内实现了企业与口岸管理部门，以及金融、物流、加工贸易和中介服务等机构的互联互通，整合了相关资源，简化了通关手续，降低了企业贸易成本，增强了我国企业的国际竞争力。

以 2010 年 9 月正式运行的加贸集成通系统为例，该系统为企业与企业、企业与管理部门之间的业务协作提供数据交换、流程管理、数据预处理与数

据共享等功能，帮助企业打通订单、订舱、运输、舱单、报检等物流链流程。该系统上线后，为企业每票减少运作成本 7 元以上，每票提高工作效率 2 小时以上，减少差错率和退单率90%以上，促进了物流与通关业务流程的优化，实现了作业过程的透视化。

三、提高口岸物流产业水平，促进地方投资环境改善和产业升级

电子口岸在统一认证基础上，构筑了集口岸通关执法管理及相关物流商务服务为一体的口岸大通关统一信息平台，实现了铁路、公路、航空、海运等运输信息资源的共享，解决了物流信息割裂问题，大大提高了物流速度，降低了物流成本，为国内、国际物流业的发展创造了条件，为其配套规范便捷的服务和通畅有序的口岸环境，改善了地方投资环境，促进了地方产业结构向中高端的升级换代和区域经济发展。

例如，在中国最大的陆路口岸之一深圳皇岗，每天进出的货柜车达 3 万多辆，车辆闸口通关时间平均为 4 分钟，深圳陆路口岸自动核放系统投入使用后，通过货物承运人提前向海关等部门备案进口货物和运输工具电子信息，通关时间缩短到 5 秒钟以内，大大提高了通关效率，有力地支持了中国香港地区和内地之间的贸易往来。

拓展阅读

消除信息孤岛　电子口岸建设急需信息共享

8 月 6 日，中国政府网发布了《国务院办公厅关于印发电子口岸发展"十二五"规划的通知》，同时全文公布了《电子口岸发展"十二五"规划》（下称《规划》）。《规划》包括四大部分：电子口岸发展现状与形势，指导思想、基本原则和发展目标，重点任务，保障措施。

接受中国经济时报记者采访的专家和从事国际货运的企业负责人表示，电子口岸建设目前最急需的是实现信息共享、信息的公开透明，这

对政府、企业都有好处。

电子口岸建设面临三大重点任务

《规划》显示，截至"十一五"末，中国电子口岸专网已覆盖全国所有省会城市和计划单列市，骨干网络可用率达到99.94%。全国已建设35个地方电子口岸平台，开发应用了600余个具有地方特点的综合服务项目，初步形成了沿海、沿边地区以实体平台建设为主、内陆地区以虚拟平台为主的建设格局，地方电子口岸已成为地方唯一的大通关统一信息平台。

根据规划，到2015年，电子口岸平台基础设施进一步完善，电子口岸平台通关、物流、商务功能进一步丰富，企业通关更加高效、有序、便捷，口岸综合执法和服务能力显著提升，符合国际"单一窗口"建设管理规则和通行标准、适应经济社会发展需要的中国特色"单一窗口"工程初步建成。

基本实现网络化协同口岸监管模式，基本实现大通关"一站式"服务体系。口岸大通关业务流程进一步优化，数据共享和信息资源利用水平进一步提高，与大通关相关的物流商务服务健康发展，物流协同、商务服务、配套支付等综合服务能力明显增强，基本形成与电子口岸发展相适应的技术支撑体系。

根据《规划》，"十二五"期间，电子口岸建设面临三大重点任务：

一是扎实推进中央层面电子口岸建设。主要包括：建设跨部门综合信息共享数据库，推进跨部门联网项目建设，支持地方电子口岸开展大通关综合项目建设。

二是积极推动地方电子口岸建设。主要包括：建立通关及物流状态综合信息库，推进综合服务项目建设，促进互联互通，实现平衡发展。

三是稳步构建与电子口岸发展相配套的基础设施。主要包括：扩大网络覆盖范围，加强平台支撑体系建设，强化信息安全保障，探索建立电子口岸云服务机制，推进电子口岸一体化客户服务体系建设。

电子口岸建设急需实现信息共享

大连海事大学世界经济研究所所长刘斌教授在接受中国经济时报记者

采访时表示，当前很多企业在做进出口贸易时会遇到这样一个问题，在报关报验方面，海关、商检、港口等各部门可能各自拥有一套这个企业的信息，而这个信息却不能共享。在他看来，《规划》提出要实现大通关"一站式"服务体系，最急需的就是要实现信息共享，把企业用户、货主、船东、承运人等的所有信息进行整合，放在一个平台上，同时实现海关、商检等部门的信息共享，去除信息孤岛，这对相关部门掌握信息的有效性、及时性、完整性有很大的好处。"否则达不到电子口岸建设的目的，造成政出多门，信息不统一，真实性也会受质疑。"

刘斌告诉记者，信息整合是实现大通关的前提，"不然，海关、商检、货代、货主都搞自己的，达不到电子口岸应有的作用"。

"共享信息具有真实可靠、及时完整这几个特性，对政府部门、企业、相关研究机构来说都有利，提高了效率，增加了透明度。"刘斌认为，整合后的总体信息平台，可以在海关、商检、海事、救捞等部门和相关企业实现分步骤、分阶段、分层次地共享。这个共享的信息有着非常重要的作用，一方面能够为企业提供决策信息，企业可以知道自己的竞争对手是谁，可以及时采取相应的价格策略，调整产品结构；另一方面，对政府层面如国务院、商务部来说，能够从宏观上在对外贸易方面进行正确决策。

"我所申报出口的货物，经过了海关的检验后，通过信息共享和电子信息通知，到了码头就可以很快放行，而不是目前的还要拿着纸质的证照、货单送到码头。"江苏连云港一位长期从事国际外运的公司副总告诉本报记者，在地方电子口岸建设中，他所期望的是地方海关、质检、海事、港口等部门能够实现信息的共享。他认为，加强电子口岸建设，在技术上基本没有问题，关键是需要政府在财力上进行投资，构建与电子口岸发展相配套的基础设施。

大连捷通国际货运代理有限公司副总经理庆建辉在接受本报记者采访时表示，实现国家提出的电子口岸建设目标其实不难，硬件、基础设施等方面基本具备了实现条件，很多地方的海关、商检部门信息系统已经做得非常完善，关键是相关部门要加大协调和支持力度。

庆建辉以自己在美国做进出口生意时通关为例，"如果在洛杉矶通过了当地海关，企业的通关信息会共享到其他城市的海关，在其他海关会顺利通过，省去了很多麻烦。而在国内很多地方通关时，即便技术手段达到了，仍会要求企业拿着相关证照、货单等到现场办理手续，排队叫号，浪费了人力物力"。因此，他希望能够加快建设电子口岸，实现信息共享，提高效率。

（转引自：http://www.howbuy.com/news/2012 – 08 – 07/1602848. html 中国经济时报 发布时间：2012 年 08 月 07 日 作者：程小旭）

■ **思考练习**

1. 电子口岸发展有哪几个阶段？
2. 电子口岸主要有哪些功能？

第二章　海关备案预录入及
电子口岸入网注册

本章主要内容

◆ 如何登录电子口岸预录入改进版系统；

◆ 如何通过企业管理（新）系统实现企业海关备案预录入；

◆ 企业管理（新）系统的核心功能；

◆ 如何办理中国电子口岸企业入网。

本章着重介绍如何通过企业管理（新）系统中的"企业注册登记"模块实现企业海关备案预录入操作，并就如何办理电子口岸入网注册的相关知识进行讲解。

第一节　海关备案预录入

企业海关备案预录入，是通过企业管理（新）系统来实现的。该系统是为了配合海关建立统一的企业管理作业系统而开发的，它具备统一界面、统一授权、统一登录的功能。企业通过该系统可以完成企业注册登记、行政许可的申请、企业分类管理的申请以及查询海关审批结果等操作，彻底改变了企业多次往返海关递交材料的作业模式，给企业带来极大的便利。

一、企业管理（新）系统功能模块介绍

企业管理（新）系统功能，如图 2-1 所示。

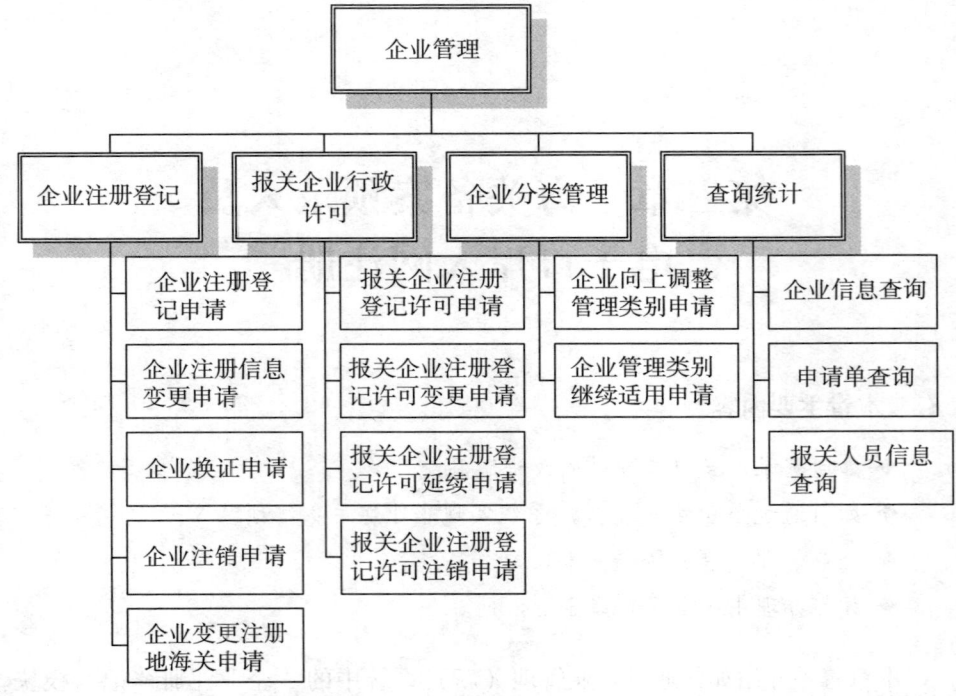

图 2 – 1

二、企业管理（新）系统业务流程

企业管理（新）子系统作为海关企业管理作业系统的前端预录入系统，是海关开展企业管理、通关作业、实际监管以及后续管理的必要前提。企业初次向海关注册登记必须通过代理企业在企业管理（新）子系统进行录入、申报。企业管理（新）系统操作流程如图 2 – 2 所示。

（一）系统登录

进入 Windows 操作系统后，代理企业将 IC 卡插入连接在电脑上的 IC 卡读卡器或 USB 接口中，点击操作系统"开始"菜单——"所有程序"——"中国电子口岸数据中心"——"电子口岸预录入系统客户端"，如图 2 – 3 所示。启动系统后进入系统登录界面，如图 2 – 4 所示。

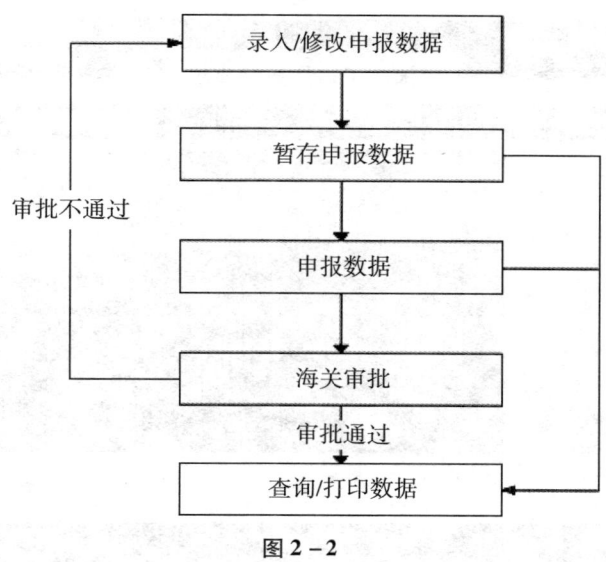

图 2－2

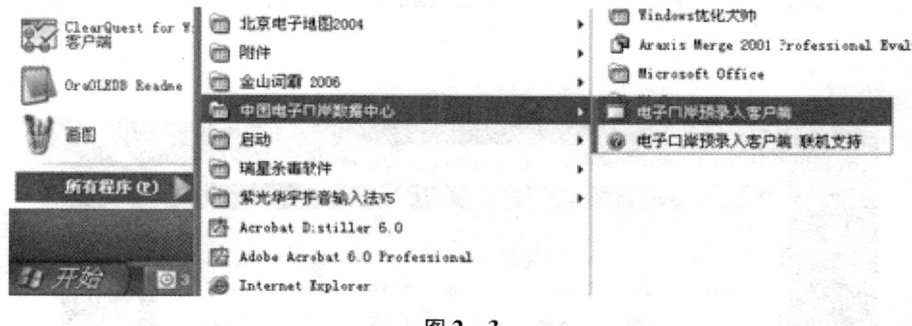

图 2－3

电子口岸预录入系统包含了企业管理（新）子系统、报关申报子系统、新舱单子系统、无纸化手册子系统、电子账册子系统等，是海关数据申报、查询的大平台。本章仅介绍企业管理（新）系统的操作流程，其他主要系统内容可参见本书其他章节。

企业在中国电子口岸通关系统主界面输入密码，点击"确认"按钮，进入系统主选界面，点击"企业管理（新）"，如图 2－5 所示，即可进入新企业管理界面，如图 2－6 所示。

图 2 - 4

图 2 - 5

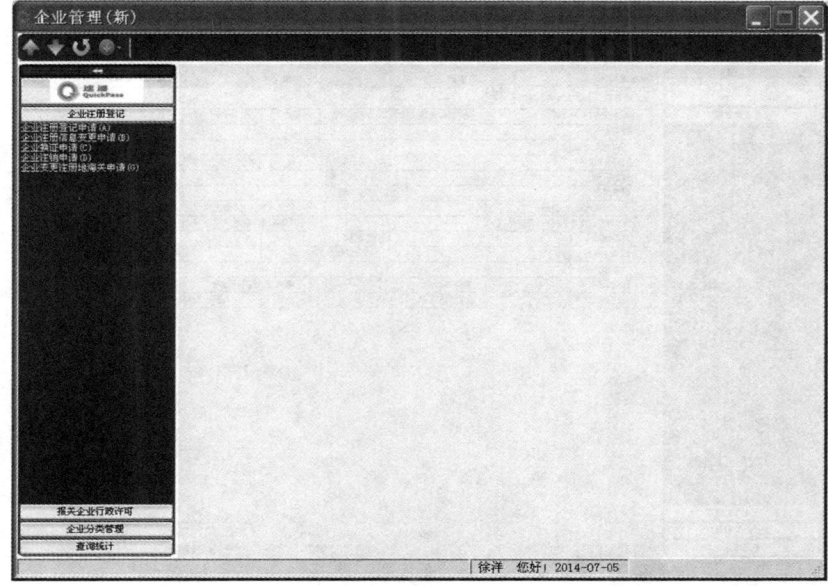

图 2 – 6

（二）企业注册登记

1. 企业注册登记申请

企业初次注册登记必须通过代理企业进行录入、申报。委托预录入机构可以通过企业管理（新）系统相应的功能完成企业注册登记信息的录入，录入完成后向海关发送申报信息。可申请注册的企业类型包括进出口收发货人、进出口收发货人分支机构、报关企业、报关企业分支机构、加工生产企业、特殊监管区域双重身份企业、保税仓库、临时注册企业、出口监管仓库、进出境运输工具负责人。海关收到企业注册登记申请信息后，由关员进行审核，审核后将审核结果发送到企业管理（新）子系统，企业可查询审核结果。企业注册登记申请功能模块包括注册登记申请表的录入、修改、删除、申报、查询、打印功能。

点击"企业注册登记"菜单的"企业注册登记申请"，进入"企业信息表"的录入界面，如图 2 – 7 所示。

企业注册信息包含三部分：企业信息表、出资关系表和报关人员表。企业信息表为必填表，出资关系表和报关人员表则依据企业的经营类别和海关

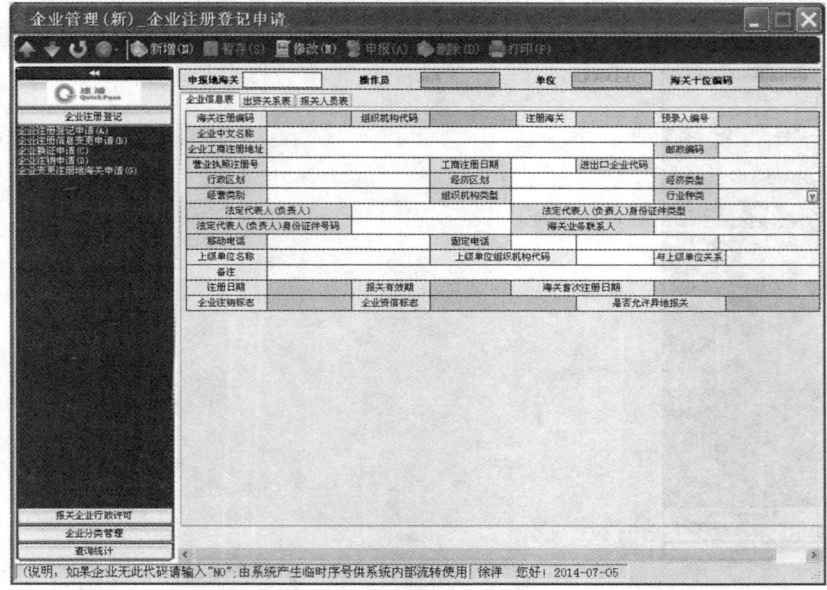

图 2-7

要求选择填写。录入时要注意以下方面：

（1）蓝色可录入框为必填项，黄色可录入框为选填项，灰色不可录入框为系统返填项。（注意：此规则适用于所有企业类型的所有业务，且各字段颜色标识会随着不同的企业类型而变化。）

（2）如企业在注册登记时暂无组织机构代码，可录入字母"NO"，系统将生成一个临时序号供系统内部记录，待海关审批通过后，系统将自动替换为企业的真实组织机构代码。

（3）为方便企业，在企业首次填写企业注册信息进行登记注册时，录入的企业信息表为简表，包含了企业的主要信息，如企业还需要向海关申报其他注册信息，可在登记注册成功后，通过变更申请来补充完整。

（4）必须填写"申报地海关"、"组织机构代码"和"经营类别"三个字段，才可对录入数据进行暂存。

按钮说明：

暂存按钮，可对当前录入的内容进行保存，暂存成功时系统弹出提示框提示，如图 2-8 所示。

修改按钮，点击此按钮，系统跳转到修改查询界面，如图 2-9 所示。对

图 2 – 8

录入数据做修改操作时，注意事项如下：

（1）只有暂存和退单数据可进行修改操作，数据如果进行了申报操作，则不可再修改。

（2）"申报地海关"、"组织机构代码"和"经营类别"三个字段不可修改。

（3）对修改完毕的数据可继续进行暂存操作，也可直接进行申报。

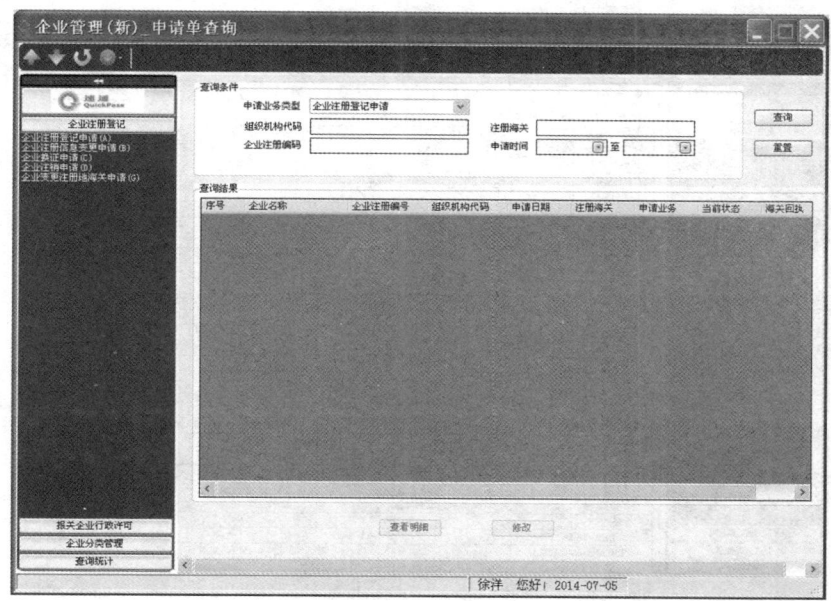

图 2 – 9

申报按钮，点击此按钮，企业即可将当前录入信息向企业管理（新）海关内网进行申报，如申报数据满足系统校验条件，则系统弹出提示框提示操作成功；如未满足校验条件，系统弹出提示，企业根据提示对不满足条件的数据进行修改后再次申报即可。

删除按钮，对于暂存和退单数据，如不再需要注册申报，可利用此按钮进行删除操作。

2. 企业注册信息变更申请

对海关审批通过的企业注册信息可以进行变更，企业可自行录入或者委托预录入机构完成企业注册登记变更申请，录入完成后向海关发送申报信息。如果企业自行录入，可看到变更前注册登记信息；如果是预录入机构代为录入，不显示登记信息。企业注册登记变更功能模块包括注册登记变更申请录入新增、修改、删除、申报、查询、打印功能。

企业注册信息进行变更有两种方法：

（1）点击选择菜单"企业注册登记"菜单的"企业注册信息变更申请"，进入"企业注册登记变更"的界面，如图 2－10 所示。

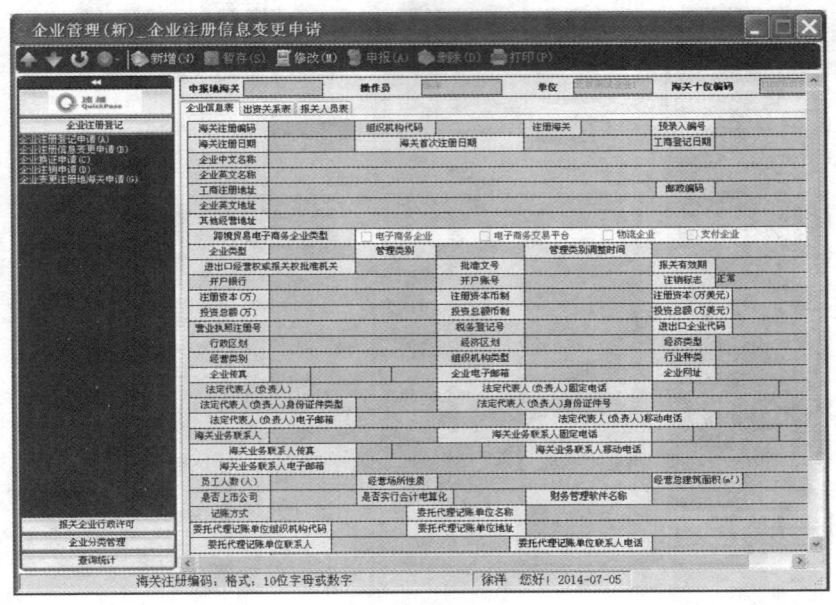

图 2－10

变更操作的初始界面只有"海关注册编码"字段可以录入，录入海关审批通过赋予的企业海关注册编码后回车，系统自动调出对应的注册信息界面，如图 2－11 所示。

变更界面中灰色的字段不可变更，对需要变更的字段进行修改后，可对

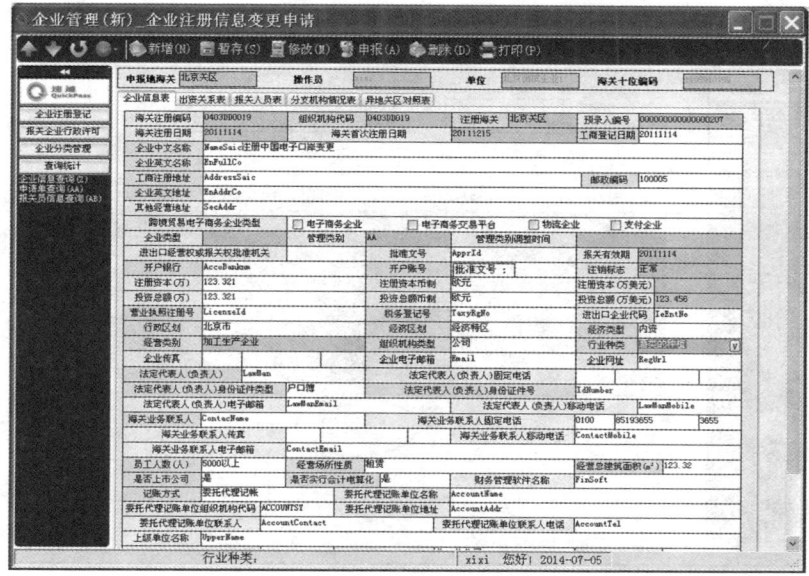

图 2-11

变更数据进行暂存或申报操作，申报后，数据将发送到海关进行审核。

暂存、修改、申报、删除和查看操作参见"企业注册登记申请"介绍。

（2）点击选择菜单"查询统计"——"企业信息查询"，进入企业信息查询界面，输入查询条件（系统要求"组织机构代码"、"注册海关"和"企业注册编码"三个查询条件需至少输入一个），点击"查询"按钮，系统显示符合查询条件的查询结果列表。

在查询列表中选中需要变更的记录，点击下方的"变更"按钮，系统跳转到变更界面，变更具体操作同第一种方法，如图 2-12 所示。

💬 小贴士

自理企业对本企业注册信息进行变更时，每次进入变更界面，系统均显示全部的企业注册信息。

企业进行代理变更时，如该代理变更企业为原代理注册企业，且本次变更操作为首次变更，则在变更界面中显示企业全部注册信息；如该代理企业为原代理注册企业，但上次代理变更非本代理企业变更，或该代理企业不是原代理注册企业，这两种情况下均不显示企业注册信息。

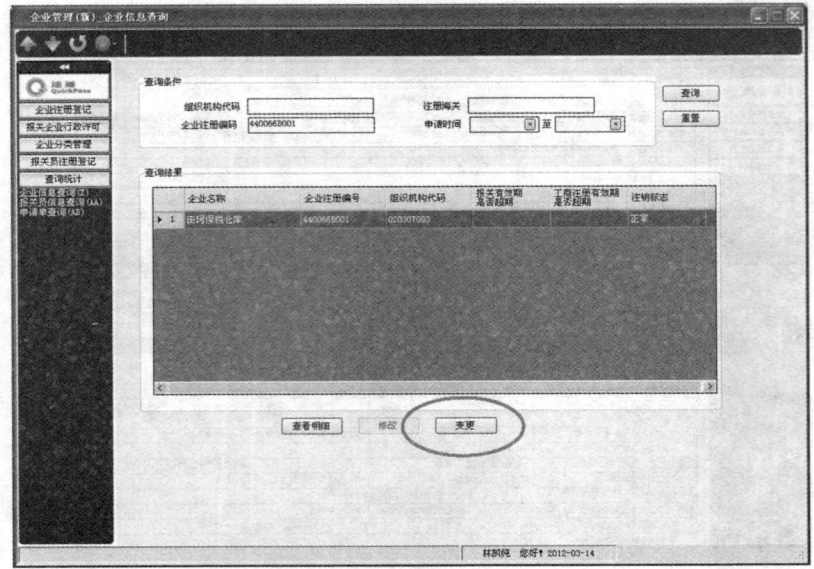

图 2 - 12

3. 企业换证申请

本功能模块主要提供企业换证申请的录入申报功能。报关企业分支机构、加工生产企业、保税仓库、出口监管仓库、进出境运输工具负责人可办理换证业务，其他类型企业无须办理。企业可自行录入或者委托预录入机构完成企业换证申请录入。企业换证申请功能模块包括企业换证申请录入新增、修改、删除、申报、查询、打印功能。

点击选择菜单"企业注册登记"——"企业换证申请"，进入企业换证信息录入界面，如图 2 - 13 所示。

换证操作的初始界面只有"海关注册编码"字段可以录入，录入企业海关注册编码后按回车键，系统自动调出对应的企业基本信息界面，同时"换证原因"字段开放为可录入状态，输入空格后选择原因即可。

企业录入换证原因后，点击"申报"按钮，将换证申请向海关提交。

暂存、修改、申报、删除和查看操作参见"企业注册登记申请"介绍。

4. 企业注销申请

本功能模块主要提供完成企业注销申请的录入申报功能。企业可自行录入或者委托预录入机构完成企业注销申请录入。企业注销申请功能模块包括

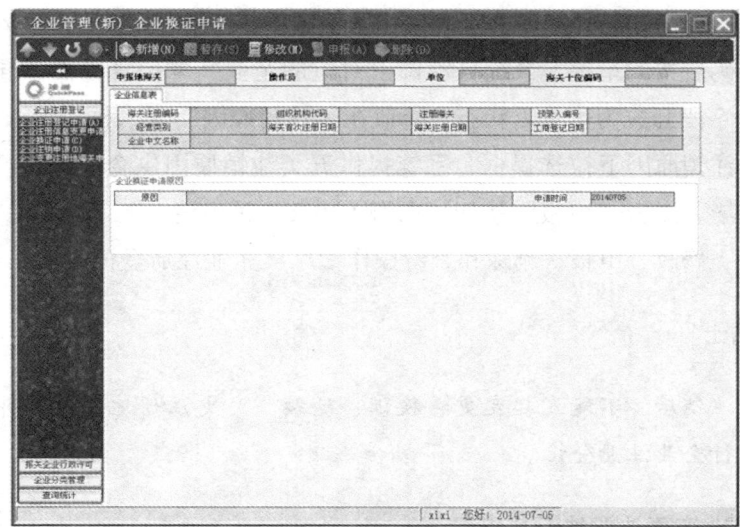

图 2 – 13

企业注销申请录入新增、修改、删除、申报、查询、打印功能。

点击选择菜单"企业注册登记"——"企业注销申请",进入企业注销信息录入界面,如图 2 – 14 所示。

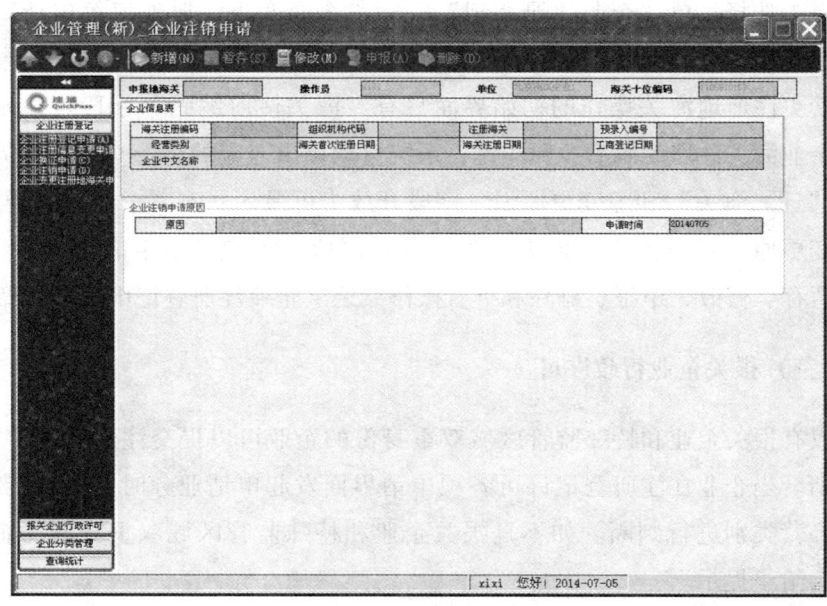

图 2 – 14

注销操作的初始界面只有"海关注册编码"字段可以录入，录入企业海关注册编码后按回车键，系统自动调出对应的企业基本信息界面，同时"注销原因"字段开放为可录入状态，企业在"注销原因"录入框中输入空格键，即可弹出注销原因下拉选择框，系统提供五类注销原因供企业选择。注销原因选择完毕，点击"申报"按钮，向海关提交注销申请。

暂存、修改、申报、删除和查看操作参见"企业注册登记申请"介绍。

💬 小贴士

企业注销后，不能发起变更、换证、延续、变更注册地海关等申请。只能重新进行企业注册登记。

5. 企业变更注册地海关申请

本功能模块主要提供企业变更注册地海关申请的录入申报功能，企业可自行录入或者委托预录入机构完成变更注册地海关申请录入。企业变更注册地海关申请功能模块包括企业变更注册地海关申请录入新增、修改、删除、申报、查询、打印功能。

点击选择菜单"企业注册登记"——"企业变更注册地海关申请"，进入企业变更注册地海关信息录入界面，如图 2－15 所示。

变更注册地海关操作的初始界面只有"海关注册编码"字段可以录入，录入企业海关注册编码后按回车键，系统自动调出对应的企业基本信息界面，同时"迁入海关"和"变更原因"字段开放为可录入状态，企业录入迁入海关和变更原因后，点击"申报"按钮，即可向海关提交变更申请。

暂存、修改、申报、删除和查看操作参见"企业注册登记申请"介绍。

（三）报关企业行政许可

仅有报关企业和特殊监管区域双重身份的企业可以提交注册登记许可各项申请。当企业在注册登记许可各项申请界面发起申请业务时，系统会对企业的经营类别进行判断。如不是报关企业和特殊监管区域双重身份的企业，系统会给予提示。

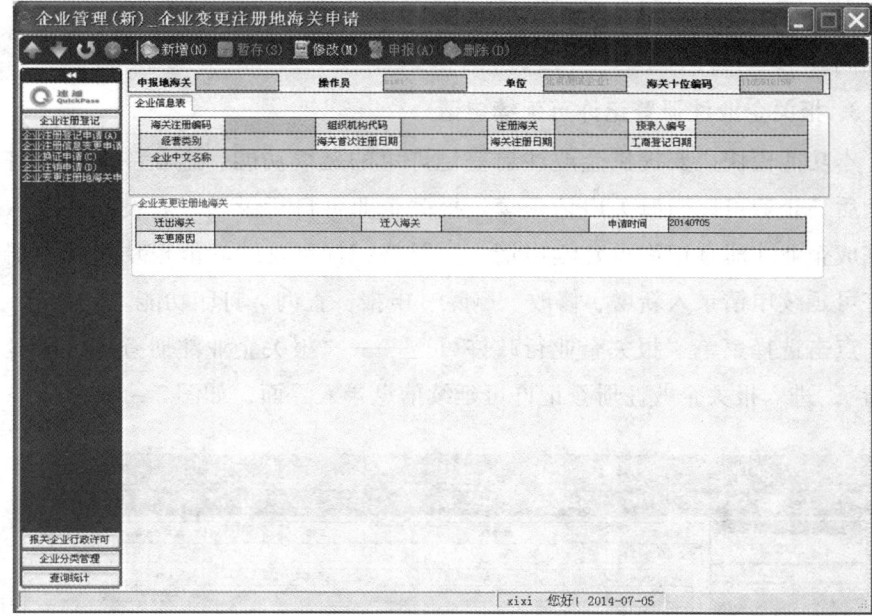

图 2 − 15

1. 报关企业注册登记许可申请

本功能模块主要提供报关企业完成注册登记行政许可申请功能。报关企业可自行录入或者委托预录入机构完成报关企业注册登记许可申请的录入。报关企业注册登记许可申请，具备了登记注册的功能，界面与企业注册登记相同。对于报关企业和特殊监管区域双重身份企业来说，如向海关提交报关企业注册登记许可申请，经海关审批通过，等同于完成了企业登记注册，无须再提交企业注册登记申请。同时，这两类企业也可以直接通过提交企业注册登记申请完成登记注册，注册成功后，也不再需要提交行政许可申请。

注册登记许可各项申请的界面、功能及操作与"企业注册登记申请"基本相同。

2. 报关企业注册登记许可变更申请

本功能模块主要提供企业注册登记许可的变更功能。企业注册登记许可海关审批通过后，如果企业名称、法人信息等发生变更，需要向海关申请变更注册登记许可信息，许可变更同时可变更其他企业注册信息。报关企业可自行录入或者委托预录入机构完成企业注册登记许可变更申请

登记许可变更申请的界面、功能及操作与"企业注册登记变更申请"基本相同。

3. 报关企业注册登记许可延续申请

本功能模块主要提供企业注册登记许可的延续功能。企业注册登记许可到期后，企业可以向海关申请延续，报关企业可自行录入或者委托预录入机构完成企业注册登记许可延续申请。注册登记许可延续功能模块包括注册登记许可延续申请录入新增、修改、删除、申报、查询、打印功能。

点击选择菜单"报关企业行政许可"——"报关企业注册登记许可延续申请"，进入报关企业注册登记许可延续信息录入界面，如图 2-16 所示。

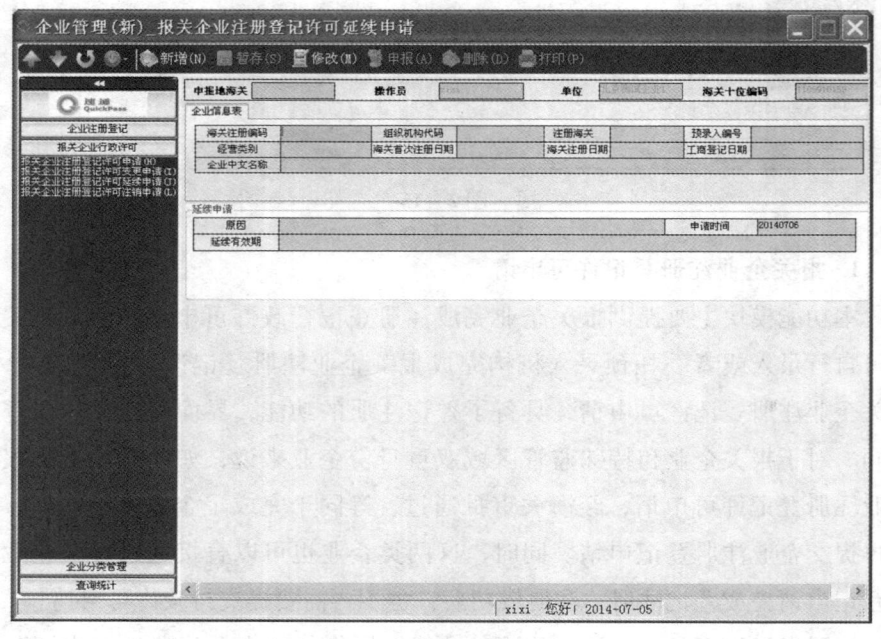

图 2-16

在图 2-16 所示的界面中录入企业的"申报地海关"、"组织机构代码"和"经营类别"后按回车键，系统自动调出对应的企业基本信息，同时"原因"和"延续有效期"字段开放为可录入状态，录入延续原因和延续有效期，点击"申报"按钮，将报关企业注册登记许可延续申请向海关提交。

暂存、修改、申报和删除操作参见"企业注册登记申请"介绍。

💬 **小贴士**

报关企业注册登记许可期限为 2 年。

报关企业或者特殊监管区双重身份的企业才需要办理企业注册登记许可延续手续。延续后可直接为报关企业换证，不需要另外提交企业换证申请。

"延续有效期"字段系统自动返填为当前日期延续 2 年，容许企业修改。

4. 报关企业注册登记许可注销申请

本功能模块主要提供报关企业注册登记行政许可注销功能。企业可自行录入或者委托预录入机构完成企业注册登记许可注销申请录入。企业注册登记许可注销申请功能模块包括报关企业注册登记许可注销申请录入新增、修改、删除、申报、查询、打印功能。

报关企业注册登记许可注销申请的界面、功能及操作与"企业注销申请"基本相同。

💬 **小贴士**

1. 如报关企业或特殊监管区双重身份的企业提交企业注册登记许可注销申请，经海关审批通过后，等同于进行了企业注销，不需要另提交企业注销申请。

2. 报关企业登记许可注销后，不能发起变更、延续等申请，只能重新进行许可登记注册。

（四）企业分类管理

1. 企业向上调整管理类别申请

本功能模块主要提供企业向上调整管理类别申请录入申报功能。海关对企业的管理类别分为 AA 类、A 类、B 类、C 类、D 类等类别，企业可向海关申请调高管理类别，只能申请逐级调高管理类别，不能跨级申请。企业可自行录入或者委托预录入机构完成企业上调管理类别申请的录入。企业可通过电子口岸查询审核结果。企业上调管理类别申请功能模块包括申请录入新增、修改、删除、申报、查询、打印功能。

点击选择菜单"企业分类管理"——"企业向上调整管理类别申请"，进入企业向上调整管理类别申请信息录入界面，如图 2－17 所示。

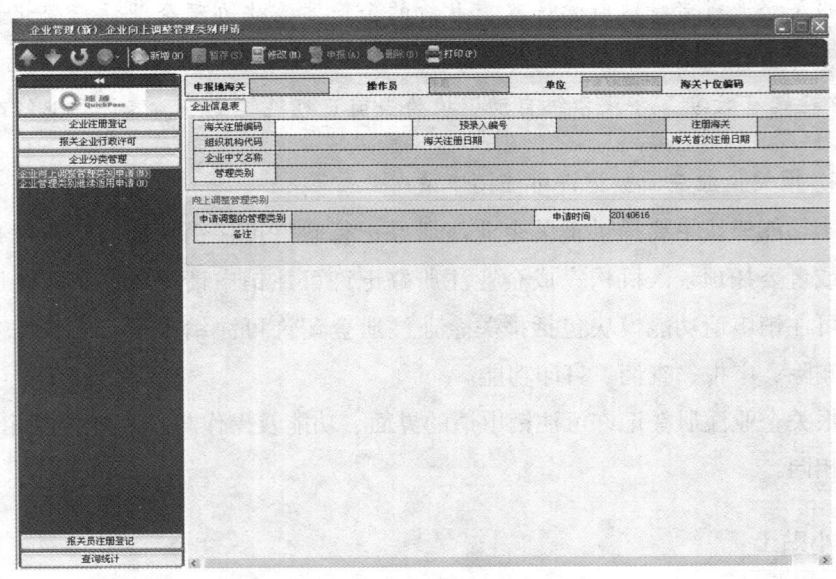

图 2－17

详细操作方法同"报关企业注册登记许可延续申请"的介绍。

💬 **小贴士**

如企业管理类别为 AA 级，已经达到最高级，不能再申请调高管理类别。

企业只能申请逐级向上调整管理类别，不能跨级申请。

企业当前级别满一年可向海关提交向上调整管理类别的申请，新注册企业默认为 B 类企业。

保税仓库、加工生产企业、临时企业和报关企业关区内分支机构不能进行向上调整管理类别的申请。

2. 企业管理类别继续适用申请

本功能模块主要提供企业管理类别继续适用申请录入申报功能。如果企业名称或者海关注册编码发生变化，或分立后的存续企业承继分立前企业的主要权利义务或者债权债务关系，或企业为吸收合并后的存续企业，企业可以向海关申请继续适用企业之前的管理类别。企业可自行录入或者委托预录入机构完成企业管理类别继续适用申请的录入。企业管理类别继续适用申请功能模块包括申请录入新增、修改、删除、申报、查询、打印功能。

点击选择菜单"企业分类管理"——"企业管理类别继续适用申请"，进入企业管理类别继续适用申请录入界面，如图2－18所示。

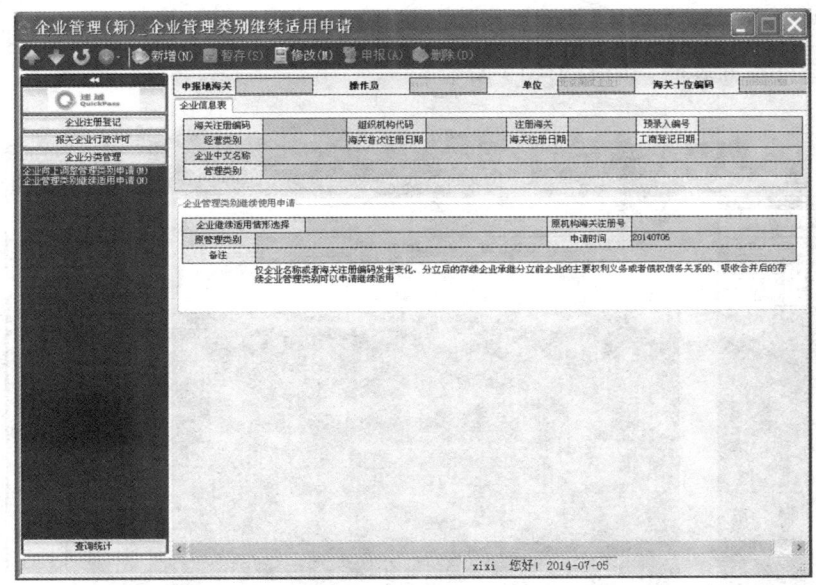

图2－18

在图2－18所示的界面中录入新企业的"海关注册编码"后按回车键，系统自动调出对应的企业基本信息界面，同时页面下方的"企业继续适用情形选择"和"原机构海关注册号"字段开放为可录入状态，在"企业继续适用情形选择"下拉框中选择相应的数据，然后录入原机构海关注册号，录入完毕后点击"申报"按钮，向海关提交继续适用原企业的管理类别的申请。

暂存、修改、申报、删除和查看操作参见"企业注册登记申请"介绍。

💬 **小贴士**

保税仓库、加工生产企业、临时企业和报关企业关区内分支机构不能进行管理类别继续适用的申请。

（五）查询统计

1. 企业信息查询

本功能模块主要提供查询企业信息的功能。

代理企业完成企业注册登记信息的录入，并向海关内网发送申报信息后，可以点击"查询统计"——"企业信息查询"菜单进行申报信息状态查询，企业信息查询界面，如图 2 - 19 所示。

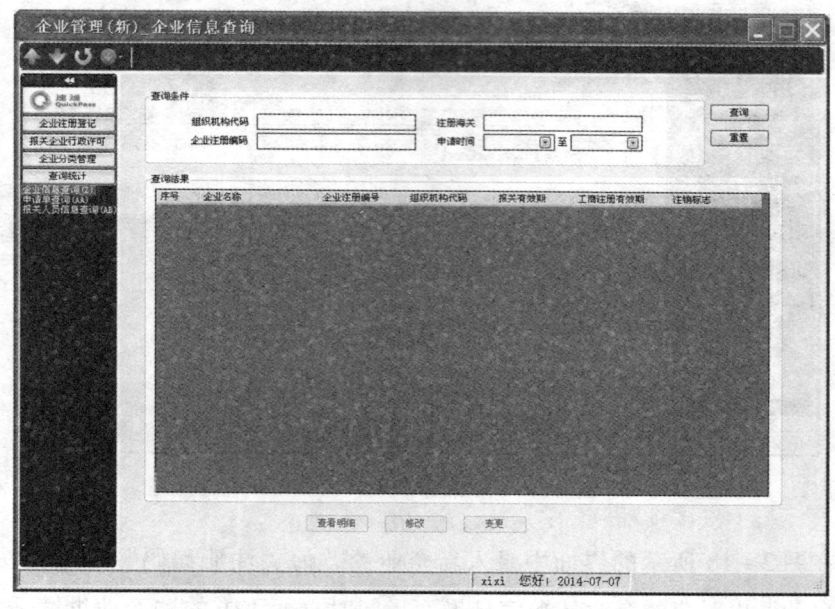

图 2 - 19

输入查询条件（系统要求"组织机构代码"、"注册海关"和"企业注册编码"三个查询条件需至少输入一个），点击"查询"按钮，系统显示符合查询条件的查询结果列表，如图 2 - 20 所示。在列表中可以查看到每条注册数据对应的简要信息，同时可以进行查看明细、变更的操作。

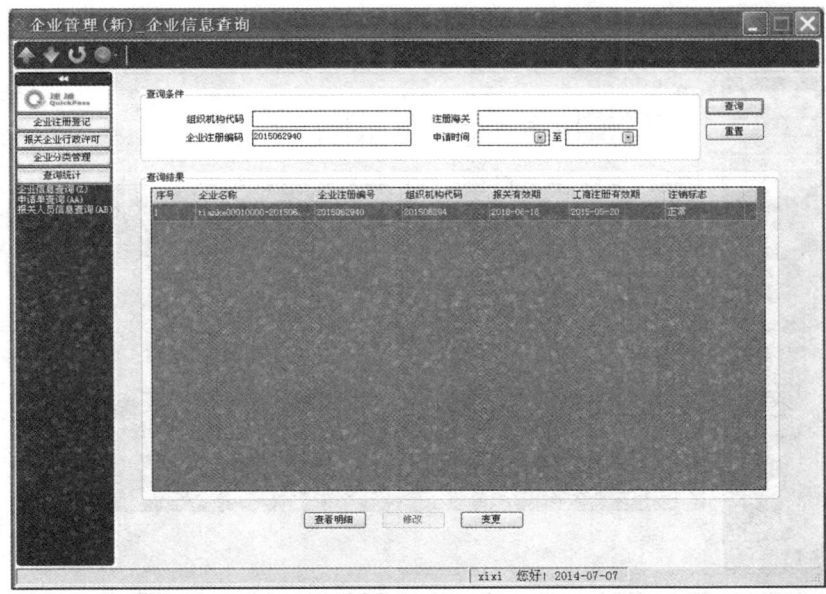

图 2 – 20

💬 小贴士

报关企业可在企业信息查询模块中的查询结果列表中查看到所有企业的注销标志、报关资格等基本信息。

查看明细操作仅限于查看本企业或由本企业代理注册且未做过变更的企业的明细信息，否则系统提示无操作权限。

代理企业在信息查询模块仅可查看到被代理企业首次注册经海关审批通过的明细注册信息，若被代理企业做过注册变更并已由海关审批通过，则代理企业无法再查看明细信息，系统提示无操作权限。

2. 报关人员信息查询

本功能模块主要提供查询报关人员注册登记信息的功能。

点击选择菜单"查询统计"——"报关人员信息查询"，进入报关人员信息查询界面，如图 2 – 21 所示。

输入查询条件（输入身份证件号时，身份证件类型必选），点击"查询"按钮，系统显示符合查询条件的查询结果列表，在列表中可以查看到报关人

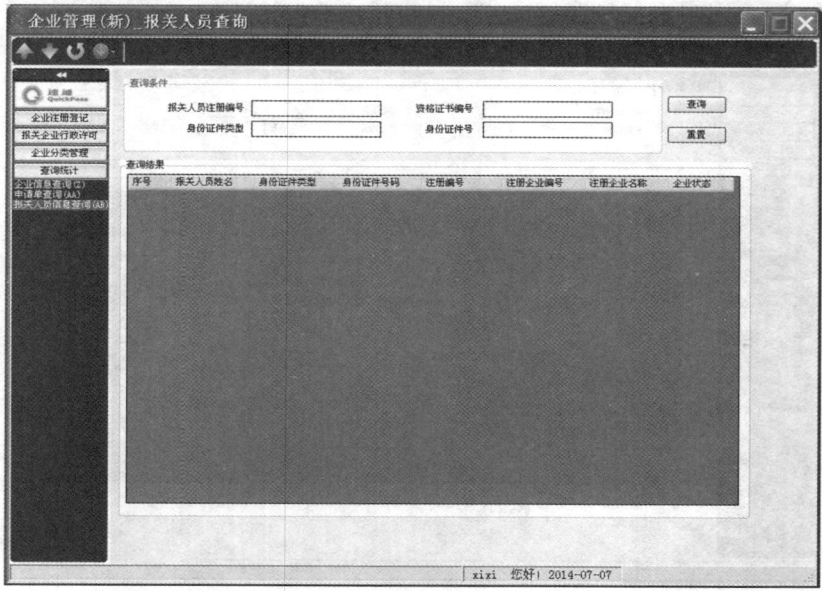

图 2-21

员的注册信息和所属注册企业的编号及名称，如图 2-22 所示。

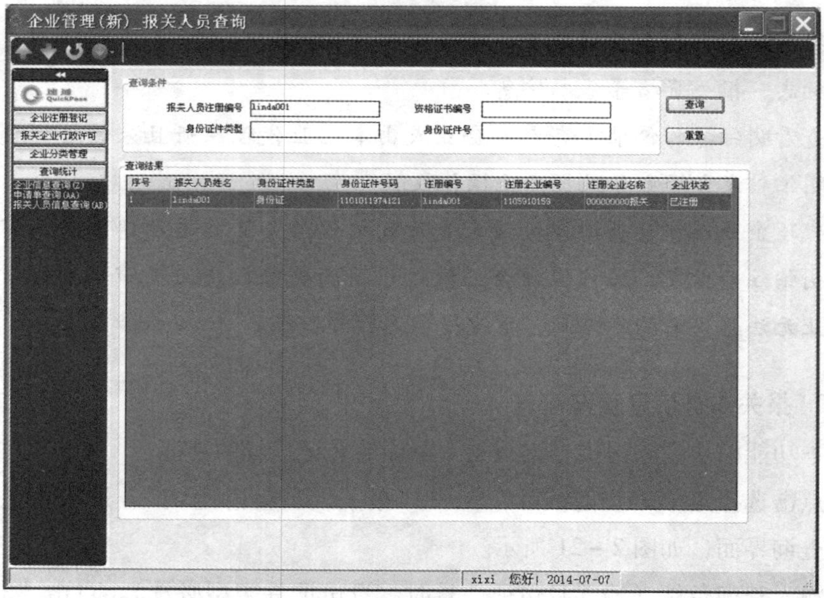

图 2-22

💬 小贴士

报关人员信息查询仅可查询到本企业（同一组织机构代码）所属报关人员的信息。

3. 申报单查询

本功能模块主要提供企业和报关人员办理各类业务的申请单的查询功能。

点击选择菜单"查询统计"——"申请单查询"，进入申请单信息查询界面，如图 2 – 23 所示。

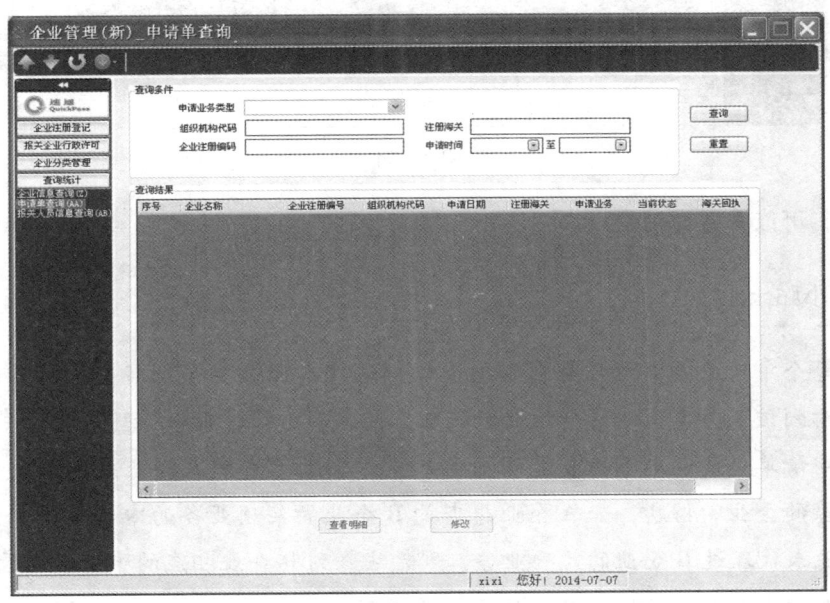

图 2 – 23

首先选择申请业务类型，根据不同的查询类型，对应不同的申请单类型。输入查询条件（系统要求"组织机构代码"、"注册海关"和"企业注册编码"三个查询条件需至少输入一个），点击"查询"按钮，系统显示符合查询条件的查询结果列表，如图 2 – 24 所示。在列表中可以查看到每条申请单记录对应的当前状态和海关审批回执。

在图 2 – 24 查询列表中选中需要查看的记录，点击下方的"查看明细"

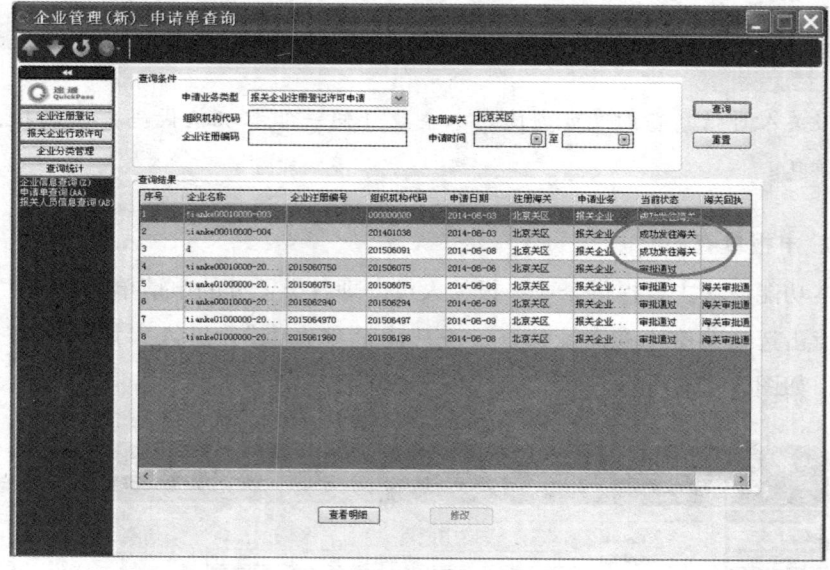

图 2 - 24

按钮，可以查看详细信息。

💬 小贴士

　　每个申请业务类型只有在查询条件中选择本业务类型执行查询操作，才可查看到该业务类型申请单的最新状态，系统不支持跨业务类型查看。

　　申请单查询菜单下的查看明细信息操作仅限于查看本企业或由本企业代理申报的企业的信息，如 A 企业想查询 B 企业的某项业务的申请单信息，但 A 企业未代理过 B 企业的此项业务，则无法查到 B 企业相应的申请单记录。

　　如代理企业的注册变更操作不是首次变更，且此次变更还未经海关审批通过，则代理企业在进行企业注册变更业务申请单明细查看时，可以查看到本次变更过的字段；如该次变更已经海关审批通过，则代理企业不能再查看到变更过的信息，只能查看到企业的基本信息。

　　企业如需撤销已申请的业务，可提交书面申请，由海关发起终止操作，并向电子口岸发送终止回执。企业在申请单查询中可以查看到已终止的申请单的信息和当前状态。

三、网上办事平台系统业务流程

企业注册信息的变更等操作除了可以在企业管理（新）系统中进行，也可以通过中国电子口岸海关企业管理网上办事平台办理。企业通过企业管理（新）系统完成第一次信息备案后，如具备自行变更企业备案信息的条件，例如成为电子口岸用户，办理了电子口岸IC卡，安装电子口岸系统后（详见本章第二节），可以登录网上办事平台进行相关操作。

（一）系统登录

企业可以通过中国电子口岸首页（www. chinaport. gov. cn）海关企业管理网上办事平台链接登录平台。

中国电子口岸海关企业管理网上办事平台登录界面如图2-25所示。

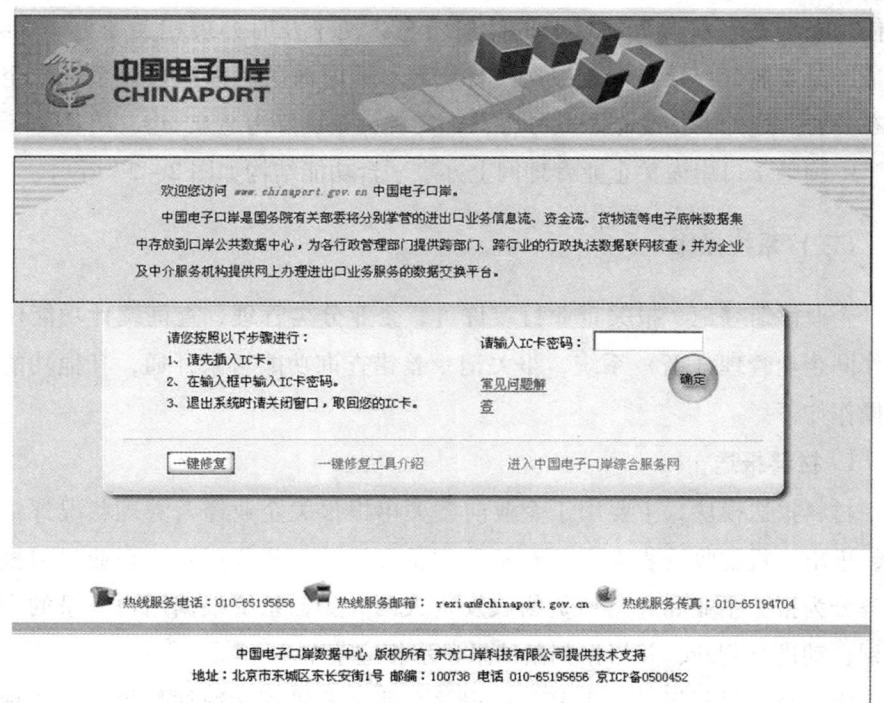

图2-25

中国电子口岸海关企业管理网上办事平台主界面如图2-26所示。

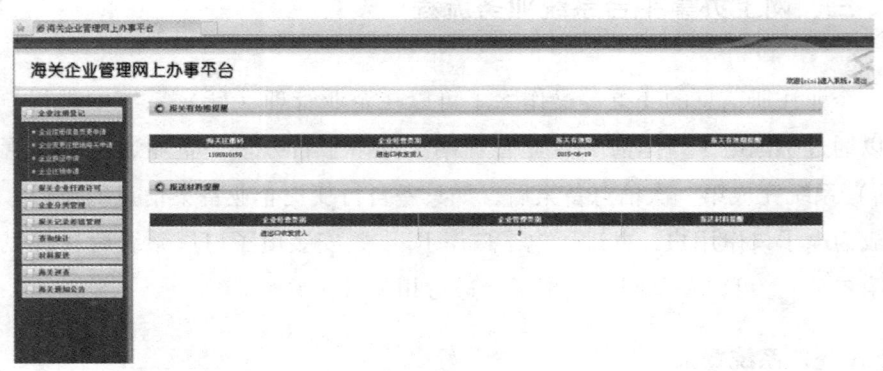

图 2 - 26

（二）功能介绍

中国电子口岸海关企业管理网上办事平台作为企业的互联网作业门户，可使企业动态掌握自身在海关的注册信息，便于及时办理相关变更、延续、换证、分类业务，并向海关报送文件资料。同时海关可以通过该系统向企业发布公告、通知，接受企业业务咨询，实现关企良好沟通互动。

中国电子口岸海关企业管理网上办事平台功能结构如图2-27所示。

（三）系统操作

企业注册登记、报关企业行政许可、企业分类管理、查询统计功能模块操作同企业管理（新）系统，报关记录差错查询功能暂未开通，其他功能模块操作如下。

1. 材料报送

材料报送模块，主要用于企业向海关申报报关企业经营管理状况评估报告、进出口货物收发货人企业经营管理状况评估报告等材料。企业材料报送业务分为报关企业和进出口货物收发货人两大类，系统根据用户登录的企业类别自动进行判断，并根据判断结果显示相应菜单。

报关企业材料报送，主要包括报关企业经营管理状况评估报告、代理报关业务情况表、审计报告三类，如图2-28所示。

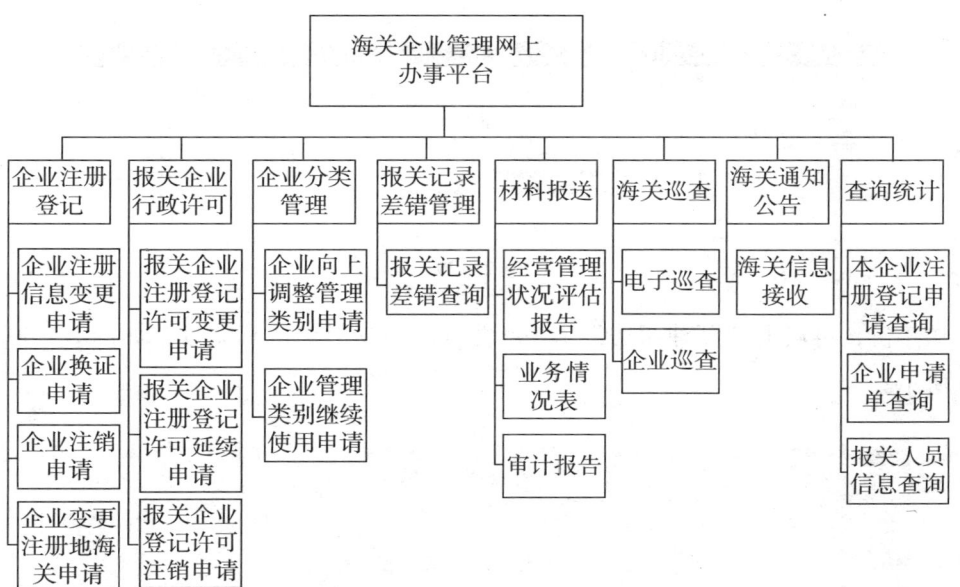

图 2 - 27

图 2 - 28

点击左侧菜单"报关企业经营管理状况评估报告",进入企业经营管理评估状况列表主界面,如图 2 - 29 所示。

点击界面顶端的"新建"按钮,弹出新建窗口,显示企业名称、海关注册编码、填报日期默认为当前日期,点"年份选择"下拉框后选择正确的报

图 2 - 29

送年份，再点击"新建报告"，填表说明请企业用户认真阅读，如图 2 - 30
所示。

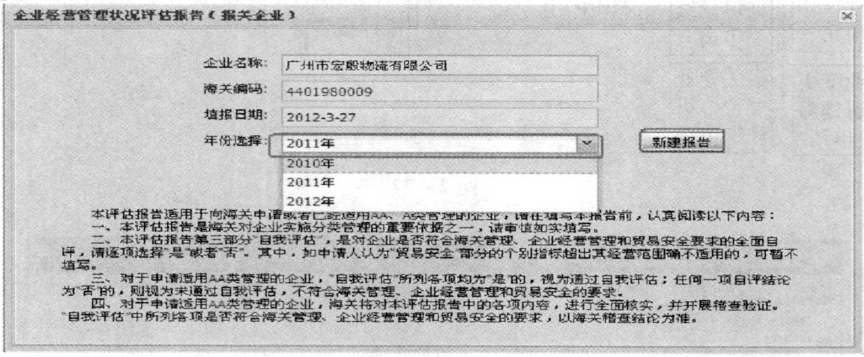

图 2 - 30

在弹出窗口上点击"新建报告"后跳转到报关企业经营管理状况评估报
告录入界面，如图 2 - 31 所示，企业按实际情况录入相关信息后，点击界面
顶端的"保存"按钮，界面右上侧会弹出保存操作的结果信息，保存成功后
"保存"按钮变为灰色不可用的状态，此时，可以点击"发送"按钮，生成
数据报文将保存的信息发送至海关，或者可以点击"列表查询"按钮返回经
营管理状况评估报告列表，如图 2 - 32 所示。

在图 2 - 32 所示的数据列表中，第一条记录为新增的状态，是"未发送"
的记录，锁图标为解锁状态。此时可以选中该记录"删除"、"发送"、"查
看"或双击修改该记录。若记录的状态为"已发送"，锁图标为锁定状态，此
时不可对该记录进行"修改"、"删除"与"发送"操作，只可查看该记录
信息。

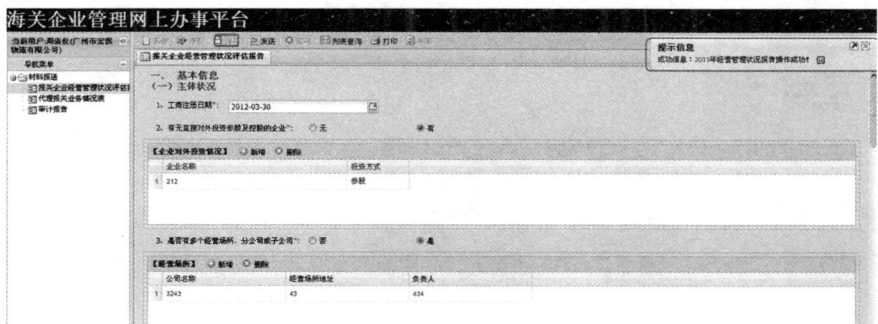

图 2 - 31

图 2 - 32

💬 **小贴士**

代理报关业务情况表、审计报告模块的操作与报关企业经营管理状况评估报告相同，企业可参考前文完成相应操作。

进出口货物收发货人材料报送，主要包括进出口货物收发货人经营管理状况评估报告、进出口业务情况表、审计报告三类，如图 2 - 33 所示。

进出口货物收发货人经营管理状况评估报告、进出口业务情况表、审计报告的操作同报关企业经营管理状况评估报告。

2. 海关巡查

海关巡查主要有接收、查看海关电子巡查信息和企业发送巡查申请的功能，功能界面如图 2 - 34 所示。

点击左侧菜单"电子巡查"，出现海关电子巡查记录列表，如图 2 - 35 所示，记录红色感叹号表示该信息为紧急，深蓝色字体以及显示 NEW 图标则此记录为新接收到的海关巡查记录，"是否需签收"表示该电子巡查记录是否需要签收。

图 2 - 33

图 2 - 34

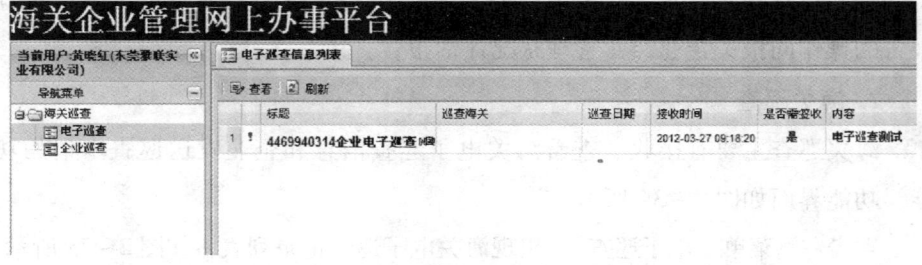

图 2 - 35

在数据列表双击图2-35所示的新纪录的时候，系统会弹出提示是否有企业注册信息修改提示框，用户点击"否"表示无修改，如有修改点击"是"，然后按提示到企业注册登记变更模块进行企业信息更改申请操作。

点击左侧菜单"企业巡查"，出现海关企业巡查记录列表界面，如图2-36所示，点击界面顶端的"新建"按钮，将转到新建企业巡查界面如图2-37所示。

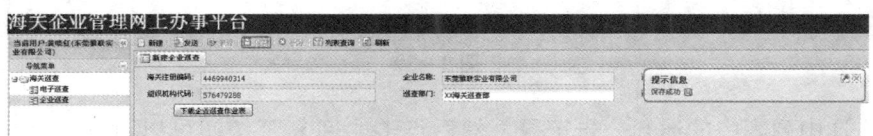

图2-36

在新建企业巡查界面会显示企业海关注册编码等信息，录入巡查部门点击界面顶端的"保存"按钮后，界面右上侧会弹出保存结果提示信息，保存成功可以点"发送"按钮将巡查申请发送至海关，或者可以点击"列表查询"按钮转回到企业巡查数据列表界面。

图2-37

3. 海关通知公告

海关通知公告模块主要显示企业接收到的海关通知公告列表，如图2-38所示。

图2-38

海关通知通告列表信息中红色感叹号表示该信息为紧急，若信息标题是深蓝色字体以及显示 NEW 图标则此记录为新接收到的海关通知或公告记录，双击查看过之后字体颜色将变成黑色，"是否需签收"表示该通知记录是否需要签收。

点击界面查询条件旁边的小三角图标可以显示信息查询条件，输入相应的查询条件后点击右侧的"查询"按钮，即可查找到符合条件的通知公告记录。

双击列表某条通知记录或选中点击顶端"查看"按钮，可以查看通知详细内容和附件，如图 2 – 39 所示。

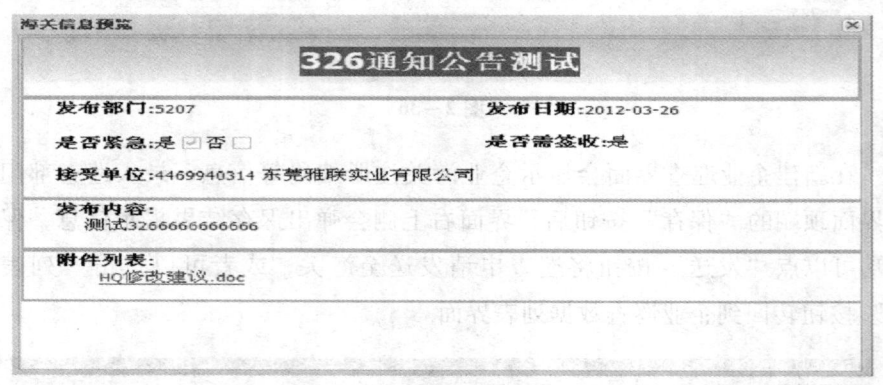

图 2 – 39

选中列表中的通知公告记录，然后点击"回复"按钮可以对某一条记录发送回复信息。

第二节　电子口岸入网注册

企业办理完海关备案后，如果需要使用电子口岸相关系统，企业需办理电子口岸入网注册，申请电子口岸卡，本节主要介绍电子口岸入网注册的办理流程。

一、知识点解析

凡是取得工商局签发的"企业法人营业执照"、国家质检总局全国组织机构代码管理中心签发的"中华人民共和国组织机构代码证"和国税局签发的"税务登记证"或"外商投资企业税务登记证"的企业用户，均可办理电子口岸入网注册。办理注册业务前，企业需要先了解一下电子口岸企业用户类型及办理的基本情况。

（一）电子口岸企业用户类型

电子口岸企业用户类型主要有报关企业、进出口货物收发货人、无进出口权的加工贸易企业三类，下面我们将针对不同的企业类型介绍对应的入网办理流程。

进出口货物收发货人，按照《中华人民共和国海关对报关单位注册登记管理规定》是指经海关准予注册登记，依法直接进口或者出口货物的中华人民共和国关境内的法人、其他组织或者个人。

报关企业，按照《中华人民共和国海关对报关单位注册登记管理规定》是指经海关准予注册登记，接受进出口货物收发货人的委托，以进出口货物收发货人名义或者以自己的名义，向海关办理代理报关业务，从事报关服务的境内企业法人。报关企业是承启进出口货物发货人、承运人与海关及进出境相关机关之间通关活动的重要中介。

（二）电子口岸入网注册办理基本情况

办理电子口岸业务需要先办理全国组织机构代码管理中心签发的"中华人民共和国组织机构代码证"，工商局签发的"企业法人营业执照"，国税局签发的"税务登记证"或"外商投资企业税务登记证"，商务部签发的"对外贸易经营者备案登记表"或"中华人民共和国外商投资企业批准证书"，海关签发的"中华人民共和国海关进出口收发货人报关注册登记证书"等证。

电子口岸新入网企业配备一张法人卡、若干张操作员卡或报关员卡、读卡器、客户端安装软件。新办电子口岸卡的初始密码都是8个8，须修改密码后方能操作业务。新企业装好客户端、读卡器等设备后，登录中国电子口岸主页右侧，点击在线购卡，进行新系统注册后方能操作电子口岸执法系统的子系统。

了解了相关概念后，下面将详细介绍电子口岸入网注册业务流程。

二、业务流程

电子口岸入网注册业务流程如图 2 - 40 所示。

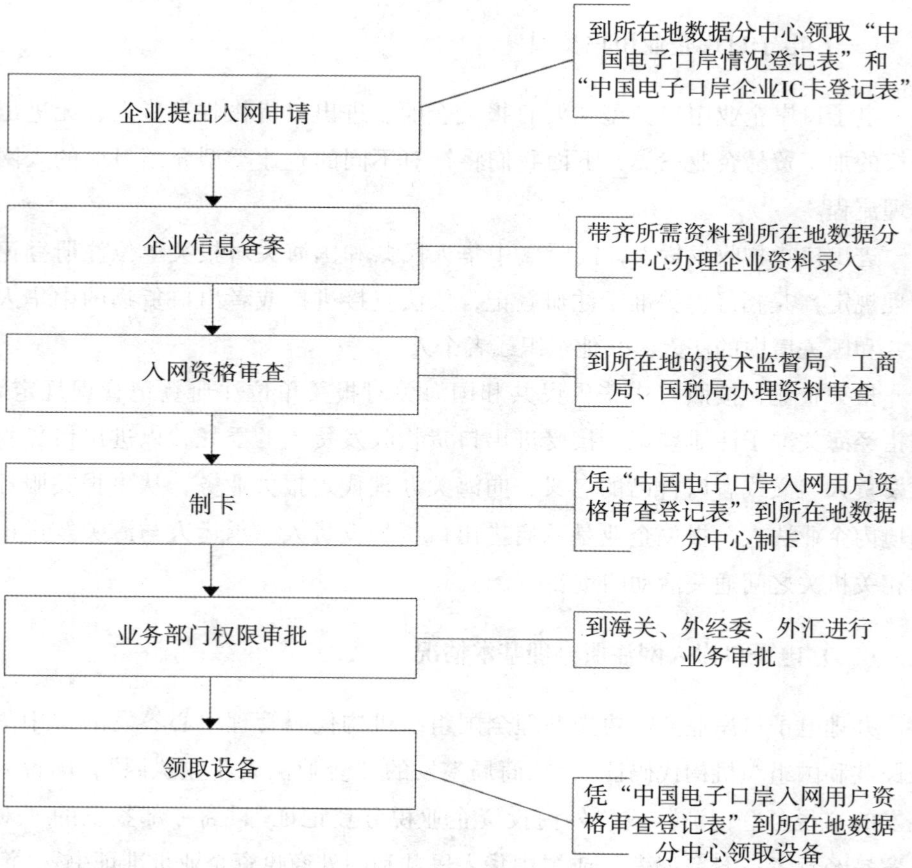

```
┌─────────────────────┐        到所在地数据分中心领取"中
│   企业提出入网申请    │────    国电子口岸情况登记表"和
└─────────────────────┘        "中国电子口岸企业IC卡登记表"
           │
           ▼
┌─────────────────────┐        带齐所需资料到所在地数据分
│    企业信息备案       │────    中心办理企业资料录入
└─────────────────────┘
           │
           ▼
┌─────────────────────┐        到所在地的技术监督局、工商
│    入网资格审查       │────    局、国税局办理资料审查
└─────────────────────┘
           │
           ▼
┌─────────────────────┐        凭"中国电子口岸入网用户资
│        制卡          │────    格审查登记表"到所在地数据
└─────────────────────┘              分中心制卡
           │
           ▼
┌─────────────────────┐        到海关、外经委、外汇进行
│   业务部门权限审批    │────    业务审批
└─────────────────────┘
           │
           ▼
┌─────────────────────┐        凭"中国电子口岸入网用户资
│      领取设备         │────    格审查登记表"到所在地数据
└─────────────────────┘              分中心领取设备
```

图 2 - 40

（一）企业提出入网申请

企业到所在地的数据分中心制卡窗口领取或网上下载"中国电子口岸企业情况登记表"和"中国电子口岸企业 IC 卡登记表"等相关表格，填写完毕并加盖企业公章。

（二）企业信息备案

企业带上以下证件（正本或副本原件及复印件）到所在地的数据分中心制卡窗口进行企业信息备案。

（1）中华人民共和国组织机构代码证；

（2）企业法人营业执照；

（3）税务登记证或外商投资企业税务登记证；

（4）中华人民共和国海关进出口货物收发货人报关注册登记证书；

（5）对外贸易经营者备案登记表或中华人民共和国外商投资企业批准证书；

（6）中国电子口岸企业情况登记表和中国电子口岸企业 IC 卡登记表；

（7）外汇核销资格证明等文件资料。

数据分中心制卡窗口根据上述材料开展企业信息备案工作，并生成"中国电子口岸企业入网资格审查记录表"。

（三）企业入网资格审批

持"中国电子口岸企业入网资格审查记录表"，并分别携带"中华人民共和国组织机构代码证"、"企业法人营业执照"或"企业营业执照"、"税务登记证"或"外商投资企业税务登记证"到所在地技术监督局、工商局、税务部门进行企业入网资格审批工作。

（四）制发中国电子口岸 IC 卡

持所在地技术监督局、工商局、税务局审批通过的"中国电子口岸企业入网资格审查记录表"到数据分中心制卡窗口制作企业法人卡、操作员卡及报关员卡。

（五）业务部门审批

如需办理海关、外贸、外汇等相关业务，须分别携带"中华人民共和国海关进出口货物收发货人报关注册登记证书"、"对外贸易经营者备案登记表"或"中华人民共和国外商投资企业批准证书"、"中国电子口岸企业入网资格审查记录表"、"外汇核销资格证明"等文件到所在地海关、商务部门、外汇部门进行审批。

（六）领取 IC 卡等软硬件设备

持"中国电子口岸企业入网资格审查记录表"到所在地数据分中心制卡窗口，缴纳 IC 卡、读卡器、客户端软件的成本费用后，领取上述软硬件设备。

以上步骤针对进出口货物收发货人、加工贸易企业。如果是报关企业，需提供以下资料：

（1）中华人民共和国组织机构代码证；

（2）企业法人营业执照；

（3）税务登记证或外商投资企业税务登记证；

（4）中华人民共和国海关进出口货物收发货人报关注册登记证书；

（5）如企业有报关员，提供报关员制卡凭证；

（6）中国电子口岸企业情况登记表和中国电子口岸企业 IC 卡登记表。

办理步骤与进出口货物收发货人、加工贸易企业类型一致。

拓展阅读

中国电子口岸跨部门联网应用让企业享受高效便捷

出入境货物从报检、发送电子数据，到成功实施通关单联网核查，仅仅用了 5 分钟。今年 1 月 1 日开始海关与质检联网，实施通关单联网核查，让更多企业享受中国电子口岸带来的高效便捷。

记者从海关总署获悉，中国电子口岸在跨部门联网应用上取得新进展。除了质检总局与海关总署合作开发了"通关单联网核查项目"外，税务总局、外汇局与海关总署完善了"出口退税报关单联网核查"和外汇核销改革所配套的报关单数据核查系统。海关总署与各商业银行全面推广了网上缴纳海关税费和税费网上担保业务，全年受理进出口企业网上支付税费2 011亿元。目前，中国电子口岸平台共开发运行了18个跨部门联网项目。

宁波电子口岸推出的"外贸八达通"和"企业E管家"近来受到热捧。自2007年10月8日运行以来，新增注册企业数量达881家，功能模块实际使用量达到日均8 000人次。与以往设计单个项目、提供单一应用的方式不同，此次宁波电子口岸推出的项目针对不同类型企业的通关业务过程和特定业务需求，企业可借助产品方便快捷地完成大通关各个环节所涉及的事务处理和信息查询，享受一站式服务。如"外贸八达通"具有8大类24项功能，分"外贸企业版"和"货代企业版"，集成通关前期、中期、后期海关、码头、堆场等各方面的信息；"企业E管家"则主要面向企业的管理层和特殊业务，便于企业管理层掌握本企业的通关业务状况。

像宁波一样，各地政府加大组织协调力度，口岸管理部门互相配合，积极推动地方电子口岸。一些地方将电子口岸建设纳入地方经济发展的总体规划，在人力、物力和财力上给予保障，一批具有地方特色的口岸大通关行政管理及物流商务项目上线运行，取得了良好的社会效益和经济效益。据不完全统计，各地电子口岸累计开发的项目已达400多个，为加强口岸管理，提高通关效率，实现"一站式"服务，推动地方经济建设发挥了重要作用。

（转引自：中央政府门户网站 http://www.gov.cn/gzdt/2008-01/10/content_854331.htm 2008年01月10日）

■ **思考练习**_____

1. 请简要叙述如何通过企业管理（新）系统进行企业海关备案录入？

2. 办理电子口岸企业入网需提供哪些材料？

第三章　电子口岸预录入系统——通关系统

电子口岸预录入系统是为进出口企业办理通关业务提供报关业务数据的录入、申报、查询、统计的业务应用平台。企业通过该平台录入相关报关业务数据后向海关申报，海关接收企业申报数据后，通过该平台反馈审核结果，企业根据海关反馈结果，办理相应的报关手续。同时该平台还提供报关业务数据的查询和统计功能。本章着重介绍的电子口岸预录入系统通关系统，主要涵盖了报关申报、集中申报、舱单及运输工具申报、减免税及后续申报4个系统，每个系统介绍过程中都包括了系统功能概述、知识点解析、业务流程及相关拓展阅读等内容。本章采取图文结合的方式，形象生动地讲解电子口岸预录入系统，相信能帮助广大学生了解、掌握该系统的相关知识及操作要点。

第一节　报关申报系统

 本节主要内容

◆ 报关申报系统相关概念；

◆ 报关单录入/申报、补充申报基本操作；

◆ 通关作业无纸化—报关随附单据电子化实务操作；

◆ 转关提前报关录入/申报、出口二次转关、清单录入/申报操作流程；

◆ 数据下载、报关单批量申报、查询/打印、业务统计操作流程。

本节着重介绍进出口货物报关单的申报流程。报关申报系统是根据进出口业务特点及企业用户快速通关的需求而设计开发的。该系统可以为用户提供方便、快捷的报关单、转关运输提前报关单、转关运输申报单提前录入、申报、相关数据查询、海关回执查询、业务统计等功能，从而有效提高报关企业的工作效率。

一、知识点解析

报关申报是指进出口货物的收发货人或其代理人，依照《中华人民共和国海关法》以及有关法律、行政法规和规章的要求，在规定的时间、地点，采用报关单电子数据和纸质报关单形式，向海关报告实际进出口货物的情况，并接受海关审核的行为。下面来了解一下报关申报的相关知识点。

（一）报关单

报关单是指进出口货物收发货人或其代理人，按照海关规定的格式对进出口货物的实际情况做出书面申明，以此要求海关对其货物按适用的海关制度办理通关手续的法律文书。它在对外贸易活动中具有十分重要的法律地位。备案清单是一种特殊的报关单，主要是指货物进出海关特殊监管区域和保税场所时使用的报关单。

（二）报关单的分类

报关单依据不同的标准可以分为不同类型，常用的分类有如下4种。

（1）按进出口状态分：中华人民共和国海关进口货物报关单和中华人民共和国海关出口货物报关单。

（2）按表现形式分：纸质报关单和电子数据报关单。

（3）按使用性质分：进料加工专用进出口货物报关单、来料加工及补偿贸易专用进出口货物报关单、外商投资企业进出口货物专用进出口货物报关单、一般贸易及其他贸易进出口货物报关单、出口退税专用报关单。

（4）按实际作业用途分：进口货物报关单一式五联，即海关作业联、海关留存联、企业留存联、海关核销联和进口付汇证明联；出口货物报关单一式六联，即海关作业联、海关留存联、企业留存联、海关核销联、出口收汇证明联和出口退税证明联。

（三）报关单的编码规则

每一份报关单都有一个18位的海关编号，其中第1~4位为接受申报的现场海关代码（即《关区代码表》中相应的海关代码），第5~8位为海关接受申报的公历年份（比如2014年的报关单即为2014），第9位为进出口标志（1表示进口，0表示出口），后9位为顺序编号。

（四）报关单的结构

报关单分为表头和表体两个部分，表头部分包括进出口岸、进出日期、贸易方式、征免性质、经营单位、收/发货单位、申报单位等内容，表体部分包括商品编号、商品名称、规格型号、数量及单位、单价及总价以及随附单据等内容。

（五）属地报关

属地报关涉及属地申报口岸验放、备案清单、两单一审备案清单和公路舱单跨境快速通关等概念。

1. 属地申报口岸验放

属地申报口岸验放是指企业在其货物进出口时，可以自主选择向其属地海关申报报关单并纳税，货物在实际进出境海关办理货物验放手续的一种通过方式。目前部分海关开通了"属地报关口岸验放"模式，企业在开展实际业务时需选择进出口属地报关单进行数据的申报。

2. 备案清单

进口货物至保税区、保税库、物流园区等特殊监管区域的，需要使用进境备案清单；货物从保税区、保税库、物流园区等特殊监管区域出口的，需要使用出境备案清单进行申报。

3. 两单一审备案清单

两单一审通关作业模式，主要是指进出特殊监管区域实行双报关模式的二线货物，海关对其两次申报且互相关联的报关单证，采取一次性统一审核验放的模式。区内企业填制两单一审备案清单，区外企业填制普通报关单。

4. 公路舱单跨境快速通关

公路舱单跨境快速通关报关单是为了公路舱单业务使用的报关单单据，在公路舱单系统中，如果提运单信息中"海关货物通关代码"字段选择跨境快速通关，则需要对应填制公路舱单跨境快速通关报关单。

（六）转关提前报关

转关提前报关是在指运地或启运地海关提前以电子数据录入的方式申报进出口，待计算机自动生成"转关货物申请单"，并传输至进境地海关或货物运抵启运地海关监管场所后，办理进口或出口转关手续。

（七）出口二次转关

出口二次转关是相对一般的出口转关货物而言。一般的出口转关是从报关地海关转到出境地海关，而出口二次转关是从报关地海关转到另一个海关后，再做一次转关到出境地海关。

（八）清单

清单包括大清单和小清单。大清单是拆分前的报关清单，是企业料号级数据的体现。货物进出口时，企业都需要填写大清单，记录进出口货物的详细情况，并向海关申报。小清单是大清单拆分后的报关清单。小清单与报关单是一一对应的，小清单反映的是报关单商品与归并前商品的对应关系。

了解了报关申报的有关概念后，下面详细介绍报关申报的操作流程。

二、业务流程

报关单申报业务流程如图 3-1 所示。

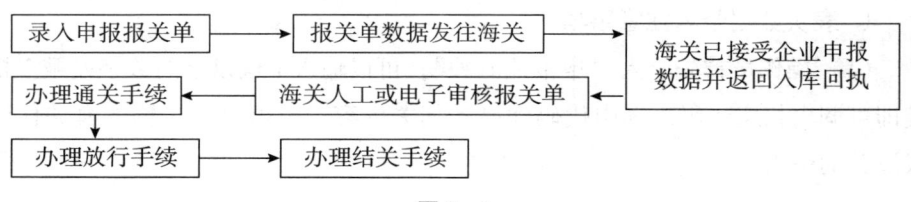

图 3-1

企业用户在中国电子口岸客户端，点击"报关申报"子系统，进入报关申报界面，如图3-2所示。

图3-2

（一）报关单录入/申报

报关单系统内包含报关单、转关提前报关及出口二次转关三个列表，其中转关提前报关及出口二次转关报关单数据包含了转关单数据，报关单列表内根据业务类型（见本章知识点解析）不同分为进出口报关单、备案清单、属地报关、两单一审备案清单及公路舱单跨境快速通关几种单据。本节仅介绍普通报关单的录入、申报等操作。

进行报关单录入/申报，企业需在报关单系统主界面，点击"报关单"，选择其下拉菜单中的"进口报关单"或"出口报关单"，此处以进口报关单为例，如图3-3、图3-4所示。

1. 表头数据录入注意事项

（1）操作员首先录入"申报地海关"，可以输入1位以上的数字或敲空格键即可调出相应代码，选中代码即显示相关内容；也可以直接输入海关代码或海关的中文名称。

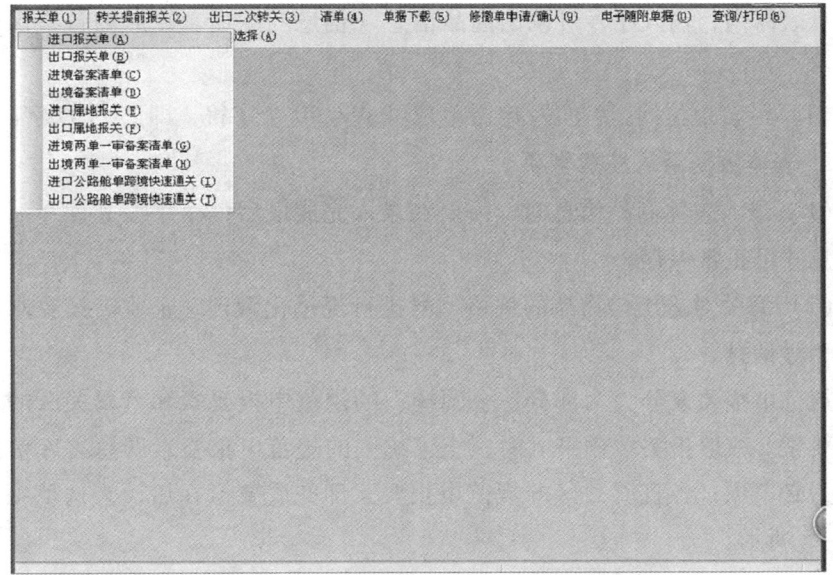

图 3 - 3

图 3 - 4

（2）备案号字段可录入无纸化手册、电子账册编号，录入完成后回车，可直接调出备案数据返填至经营单位、收货单位等字段，返填成功后，在商品信息表体内，输入序号可调出商品信息（信息与手册、账册内备案内容一致）。

（3）经营单位/收货单位/申报单位可录入50个字符，即25个汉字。

2. 表体数据录入注意事项

（1）录入表体商品信息时，需要在录入完成最后一个字段并回车后，表体信息才可正常保存。

（2）海关对进出口物品的规格型号进行规范化管理，企业需按要求填写规格型号信息。

规范申报要素分为两部分：全国统一的规范申报要素和直属关区的规范申报要素。一般报关单预录入时，全国统一的规范申报要素即总署库信息在前，为必填项；各直属关区的规范申报要素即兜底要素在后，为选填项，如图3-5所示。

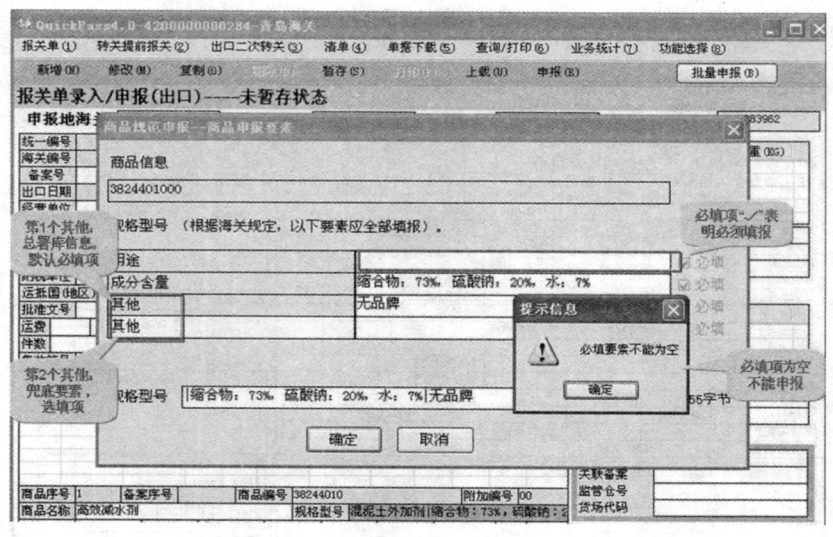

图 3-5

根据商品 HS 编号的不同，要求填报的规格型号的申报要素也不同。选择确认商品编号（或录入商品编号）后，点击"确定"按钮，系统会自动检索判断该商品是否具有全国统一的规范申报要素信息及直属关区本地规范要素信息，并按照检索结果显示"商品申报要素"界面内容。企业可依次根据要素名称提示逐行填写，填写内容自动合成商品规格型号的内容。

规格型号栏字符为 255 个字节（127 个汉字），企业录入时，系统会显示已经录入字节数与总字节数的比率。录入完毕商品申报要素后点击"确定"按钮，系统自动将每条要素的内容以"｜"号为分隔符进行合成，返填至报关单界面内的规格型号字段，如图 3－6 所示。

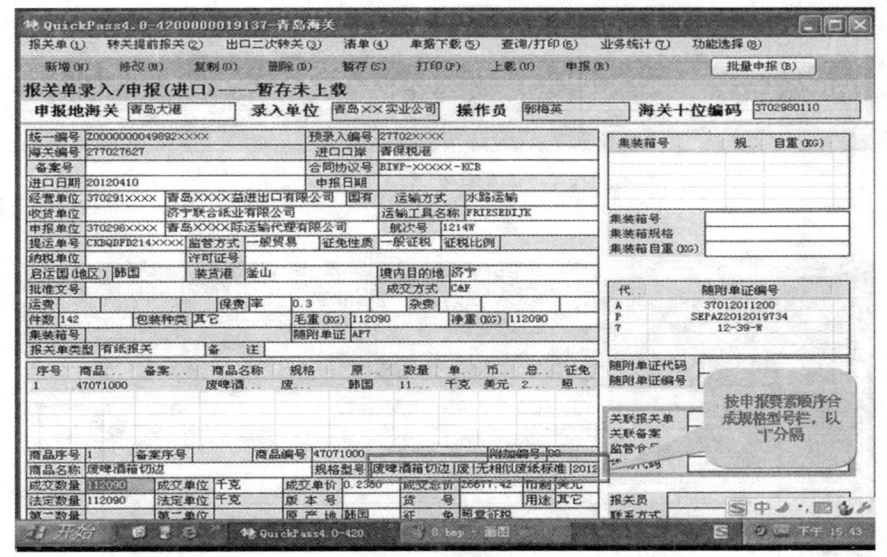

图 3－6

如发现规格型号栏录入错误，调出需要修改规格型号的商品，右键点击规格型号字段，系统弹出"重新归类"和"归类查看"两个按钮，如图 3－7 所示。

点击"重新归类"按钮，系统再次弹出商品申报要素录入窗口，企业可在此窗口中对申报要素的内容进行修改，如图 3－8 所示。

点击"归类查看"按钮，系统再次弹出商品申报要素查看窗口，企业可在此窗口中对申报要素的内容进行查看，所有的要素都不可修改。

录入无纸化手册、电子账册报关单时，商品信息从备案信息内调出，规格型号不可变更。如果需要变更某项商品的规格型号，需要到备案数据内变更商品的规格型号，再在报关单系统内重新调用数据。没有备案而需要补充填报的要素内容，建议在报关单备注栏内予以补充。

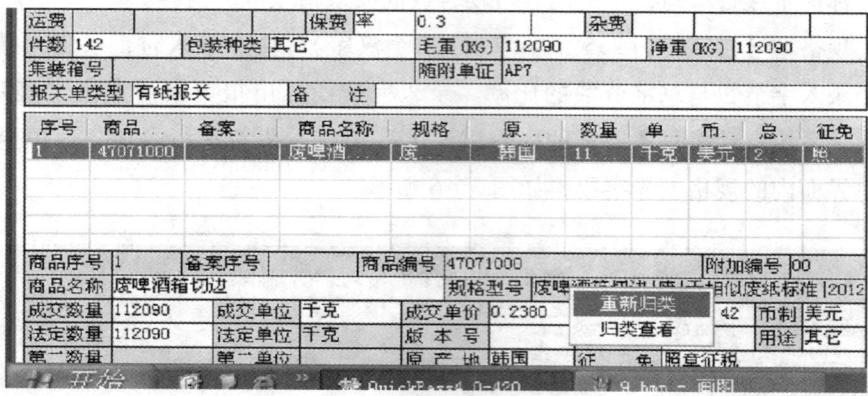

图 3－7

图 3－8

（3）商品名称栏可填 50 个字符，备注栏可填 255 个字符，规格型号可录入 255 个字符，但打印的纸质单证规格型号栏只能显示前 30 个字符，超出部分不能在纸质单证上显示出来。

数据录入完毕后，点击"暂存"、"申报"按钮，向海关申报报关单数据。第一次暂存成功后，界面中统一编号一栏会返填出系统给的大写字母 Z 开头的暂存编号。当报关单首次上载或申报发往数据中心后，中心端系统会自动生成一个"0"开头的数据中心统一编号，作为其在中心端的唯一标识。

报关单内各数据项的具体填写规范可参考海关总署公告 2008 年第 52 号。

（二）报关单的补充申报

补充申报单的录入申报分为两种情况：一是报关单申报时的主动补充申报，企业在报关单商品表体录入完后，继续录入补充申报单，补充申报单同报关单一起申报；二是在通关环节中被动补充申报，海关接受报关单申报后，如果需要企业进行补充申报，就会向电子口岸发送补充申报指令，企业查询到该指令后再进行补充申报单录入。

企业可同时进行多项业务（价格、归类、原产地）补充申报，每一票补充申报单只允许针对一项报关单中的一项商品，每一票报关单允许填报多份补充申报单。

1. 补充申报单主动申报

（1）主动申报录入。

报关单商品表体录入完成后，选中表体数据，点击右键，在弹出的下拉菜单中选择"补充申报"，企业选择补充申报单类型进行录入申报，此处以进口报关单为例，如图 3 – 9 所示。

补充申报单录入界面中左侧显示报关单录入的商品项，右侧为补充申报单录入界面，此界面分为价格补充申报单、归类补充申报单、原产地补充申报单三个表，如图 3 – 10 所示。

企业首先在页面左侧的商品项列表处选中需要进行补充申报的商品项，此时页面右侧的补充申报单类型变为可选，选择需要录入的申报单类型，进入申报单录入界面。此处以价格申报单为例，系统自动调出该商品项对应的商品序号、商品名称、规格型号、商品编码信息，其余各项由企业自行填写，如图 3 – 11 所示。

填写完所有需要申报的补充申报单后，点击页面上方的"返回报关单"按钮，回到了报关申报界面，进行"暂存"、"申报"即可，如图 3 – 12 所示。

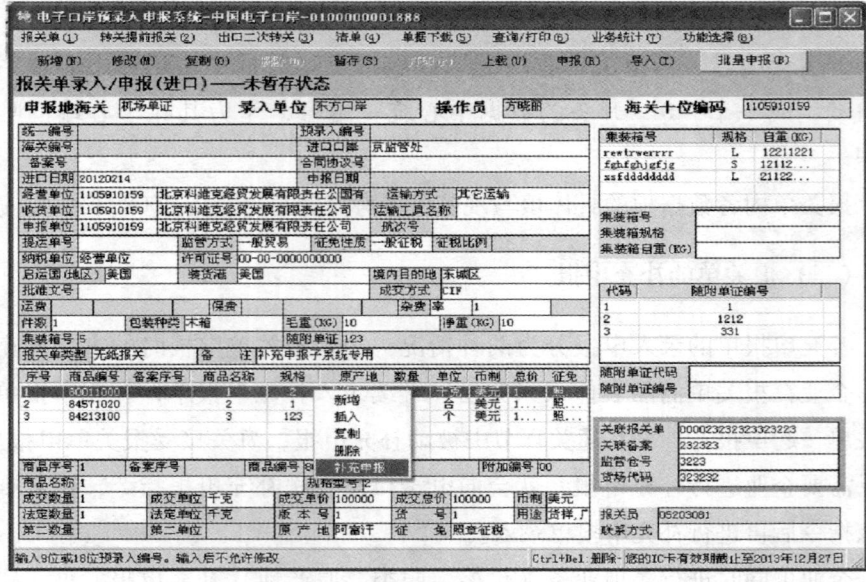

图 3 – 9

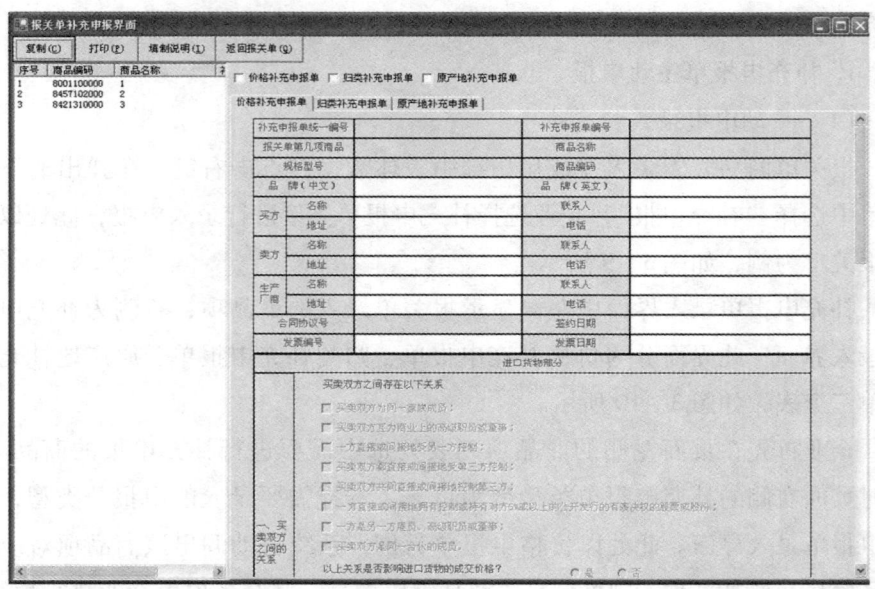

图 3 – 10

（2）报关单查询。

报关单申报成功后，可进入"查询/打印"——"单据查询/打印"界

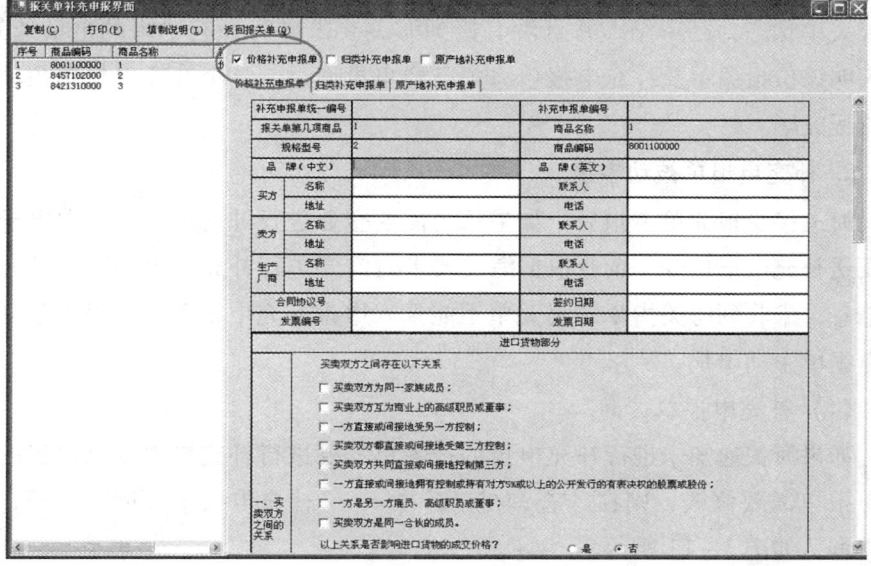

图 3 - 11

图 3 - 12

面。录入查询条件，点击"开始查询"按钮，调出查询的报关单数据。如果该报关单状态为已审结，并且没有接到海关要求进行补充申报的电话通知，则表明该份报关单及补充申报单海关已经审批通过，整个补充申报单主动申报流程完毕。

2. 补充申报单被动申报

海关接受报关单申报后，如果认为需要企业进行补充申报，会向电子口岸发送补充申报指令，企业根据海关要求对需要进行补充申报的商品补充录入信息，未收到海关指令的报关单不能录入申报补充申报单。申报流程同补充申报单主动申报。

（1）补充申报单查询。

如果海关通知未进行补充申报的报关单需要进行补充申报或已申报的补充申报单需要修改，则在"查询/打印"——"补充申报单查询"界面，进行查询，如图 3 – 13 所示。

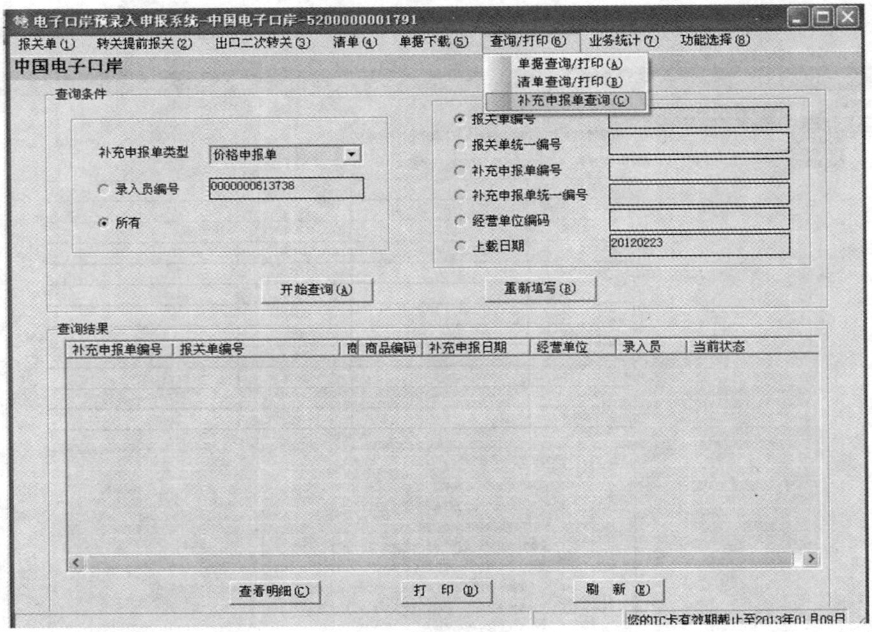

图 3 – 13

查询方法（以价格补充申报单被动申报为例）如下。

在"补充申报单查询"界面，左侧的补充申报单类型可在下拉菜单中选择"价格申报单"、"归类查询"、"原产地查询"三种。在右侧的条件设置处设置查询条件，点击"开始查询"按钮，即可查询到补充申报单信息。此价格补充申报单回执为："商品项 1 重新申报价格补充申报单，商品项 3 价格补充申报单海关已接收。"点击页面下方的"查看明细"按钮，如图 3 – 14 所示，即可查看详细信息。

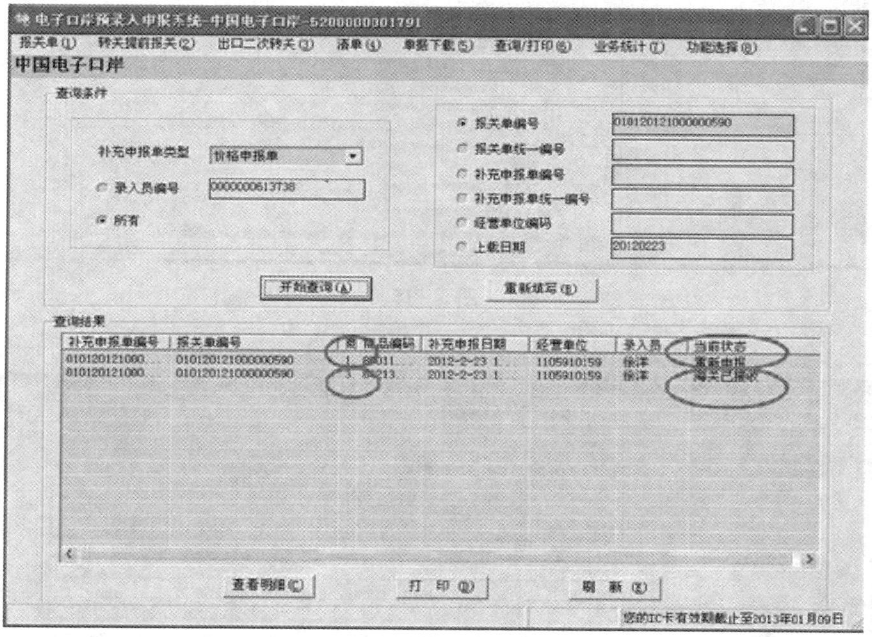

图 3 – 14

（2）补充申报单录入。

企业进入被动补充申报界面后，商品项 1 的录入界面为可录入状态，如图3 – 15 所示。

重新录入数据后，点击页面左上方的"暂存"按钮（注意：此处有别于主动申报），系统提示"暂存成功"，如图 3 – 16 所示。

点击页面左上方的"申报"按钮（注意：此处有别于主动申报），系统提示"申报成功"。申报成功后，进入"查询/打印"——"补充申报单查询"界面，设定查询条件，即可查询到补充申报单信息，当状态为"海关已

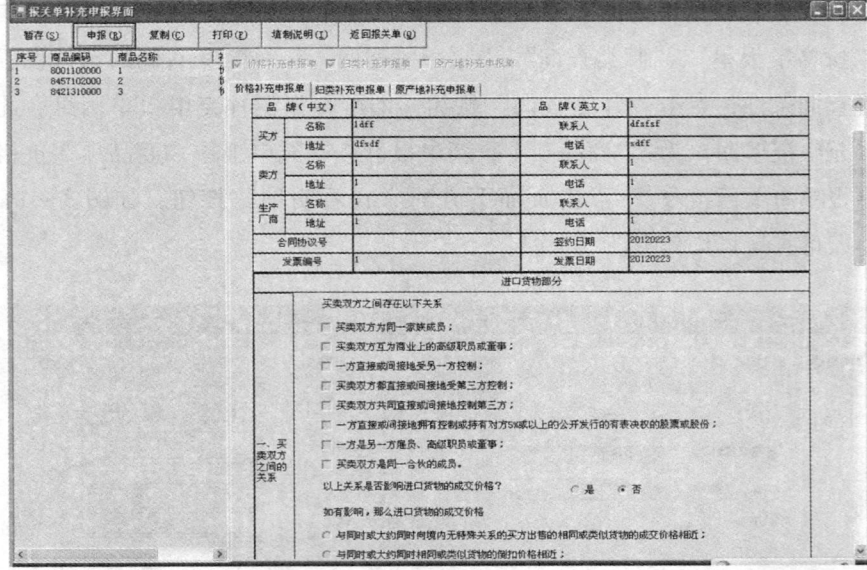

图 3 – 15

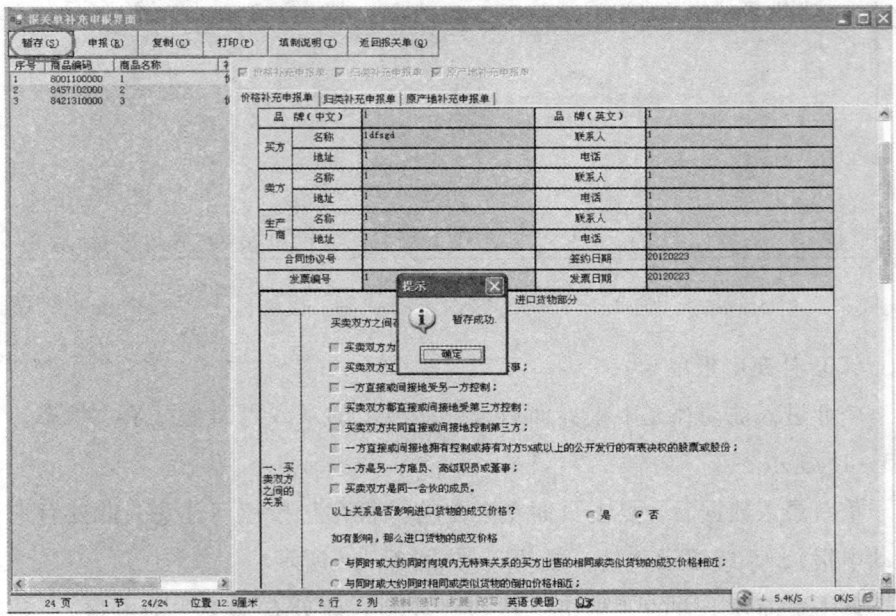

图 3 – 16

接收"时，整个被动申报流程完成。

3. 补充申报单查询/打印

报关单申报系统提供补充申报单详细信息的查询、打印功能。在系统页面的功能菜单上，点击"查询/打印"——"补充申报单查询"，用户在补充申报单类型处选择需要查询的补充申报单类型，设定查询条件后，系统执行查询。此时，结果列表显示栏内显示符合条件的补充申报单记录，并给出单据的当前状态和回执状态。点击"查看明细"按钮可以查看该单证的详细信息。点击"打印"按钮，设定打印格式，可对该单证进行打印操作，如图 3 – 17 所示。

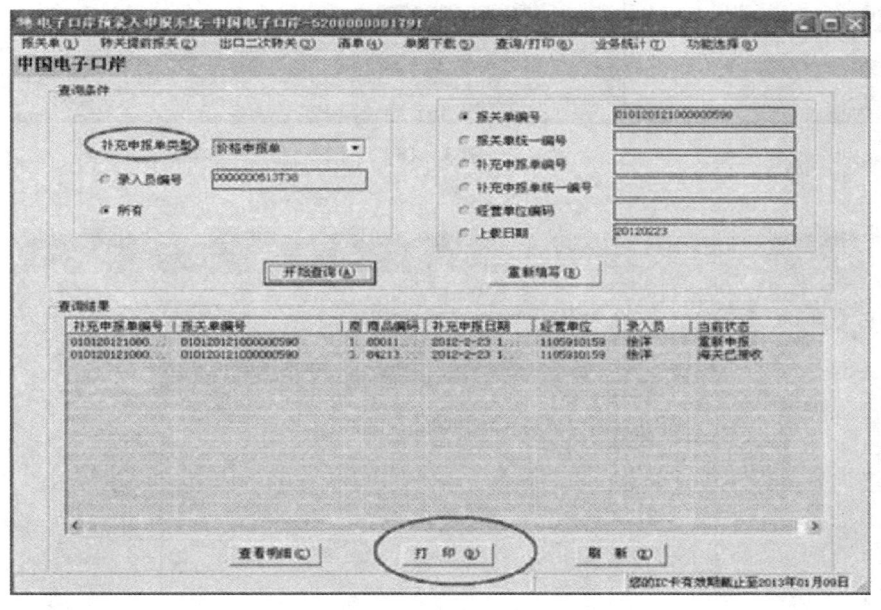

图 3 – 17

4. 补充申报单复制功能

企业用户录入完一个商品项的补充申报信息，如图 3 – 18 所示。当其他商品项的补充申报信息与已录入完成的补充申报商品项一致时，可以选中需要录入的商品，然后点击页面上方的"复制"按钮，弹出"复制补充申报数据"界面。选择从哪个商品信息中复制补充申报数据，再选择要复制的补充申报单类型，选择完成，点击"确认"按钮，如图 3 – 19 所示。系统自动完

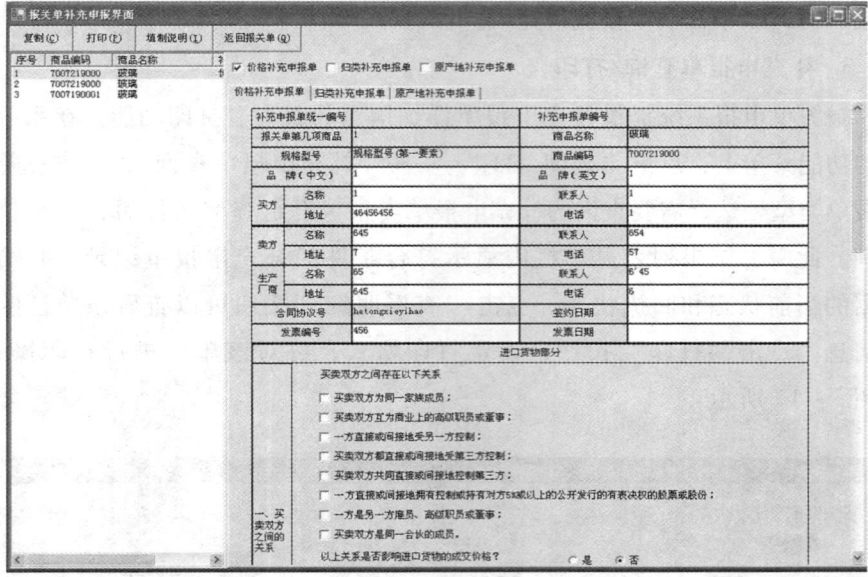

图 3－18

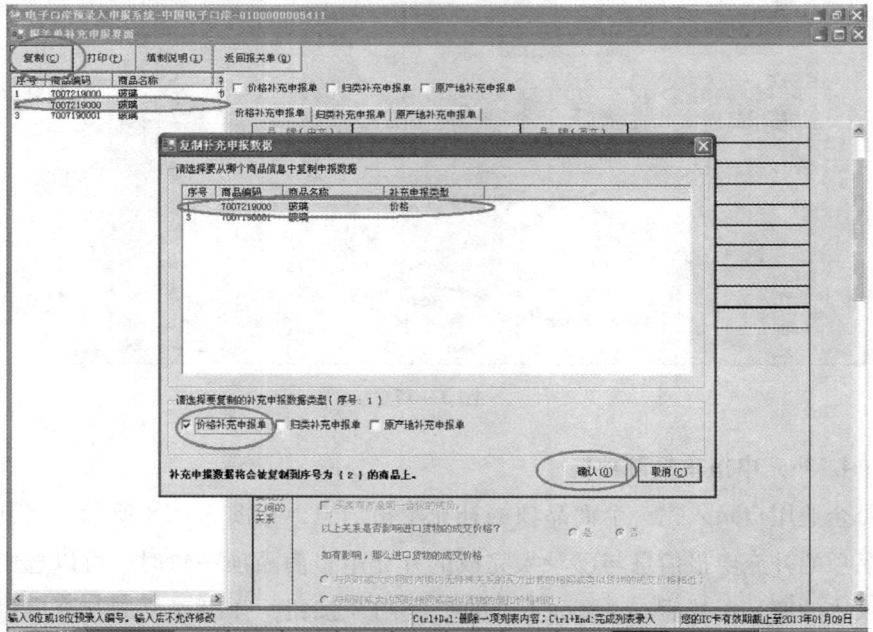

图 3－19

成复制，如图 3 - 20 所示。

图 3 - 20

说明：被动补充申报复制功能的操作流程同主动补充申报复制功能。

5. 补充申报单填制说明

在补充申报单录入界面，点击页面上方的"填制说明"按钮，如图 3 - 21 所示。

系统提供了价格补充申报单填制说明、归类补充申报填制说明、原产地补充申报单填制说明，如图 3 - 22 所示。

（三）通关作业无纸化——报关随附单据电子化

分类通关改革试点两年多来，成效明显，但受各方面因素制约，无纸化通关比率仍然很低，海关审核依据仍以纸质单证为主，这使海关需在接收企业递单、打印单证、内部流转单证、签印盖章等作业上花费大量的人力物力。同时，企业也需为交单而打印纸面单证，为缴税、放行等频繁往返海关现场，通关效率难以进一步提升。

为更大力度强化企业守法管理，完善风险管理运行机制，加快推进随附

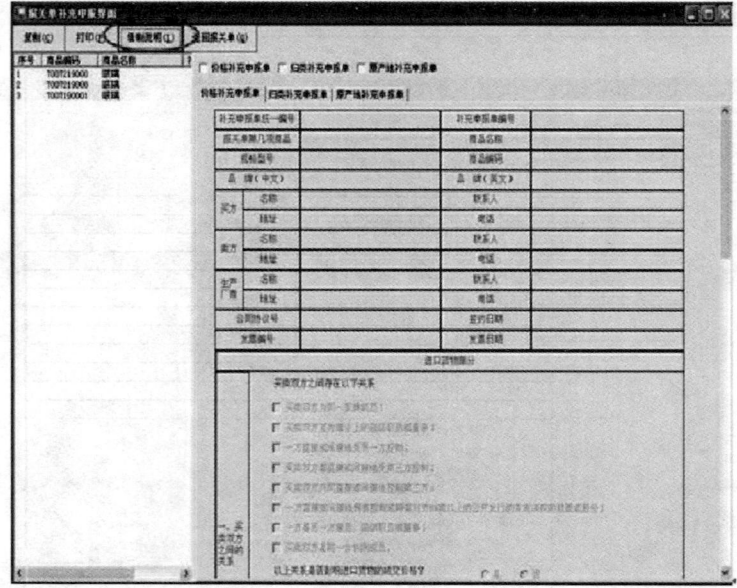

图 3 – 21

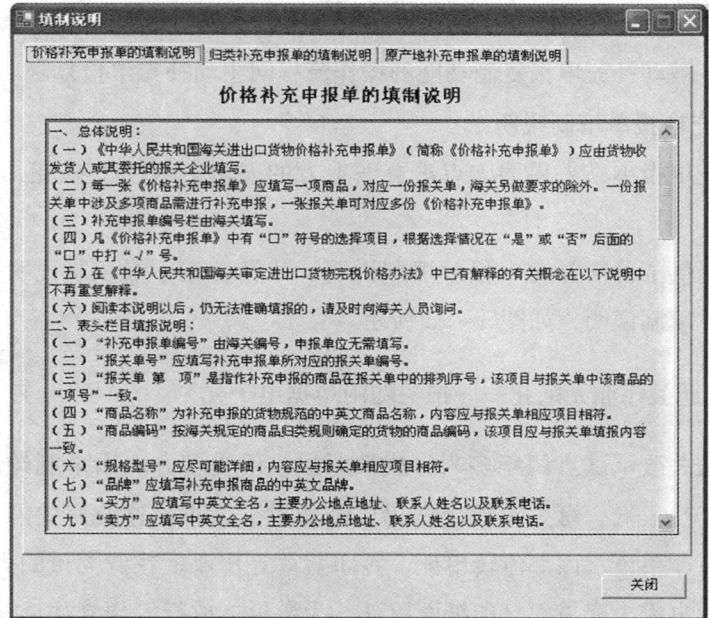

图 3 – 22

单证电子化，改善通关作业无纸化模式与通关流程，逐步推进单证审核依据由纸质单证为主向电子数据为主的转变，有效降低执法、廉政、管理风险，电子口岸预录入系统在报关环节增加了随附单证电子化功能，在报关申报系统内增加了电子随附单据上传、申报功能，将发票、装箱清单、提（运）单、代理报关委托书/委托报关协议、合同等随附单据按照海关要求（格式化数据或扫描件等）生成电子数据传输至海关。

1. 使用无纸通关功能前期准备

（1）企业向海关申请使用"通关无纸化作业"方式开展进出口业务之前，需通过中国电子口岸通关无纸化签约系统向办理进出口业务对应的直属海关发送"通关作业无纸化协议"，如图3-23所示。

图 3-23

（2）企业可与代理报关企业在"中国电子口岸代理报关电子委托系统中"建立委托报关关系，由代理报关公司向海关报关，如图3-24，图3-25所示。

（3）Ikey/IC卡具有报关单录入权，即有权限上传随附单据，其次，具有报关单申报权，即有随附单据申报权。

注意：（1）进口属地报关与出口属地报关无电子随附单据上传功能，因此界面无"随附单据"按钮。

（2）"随附单据"按钮是否可用，还可能与当前申报地海关的权限控制有关。

2. 报关单相关字段填制要求

（1）报关单表头数据：在报关单类型字段中选择"M通关无纸化"即

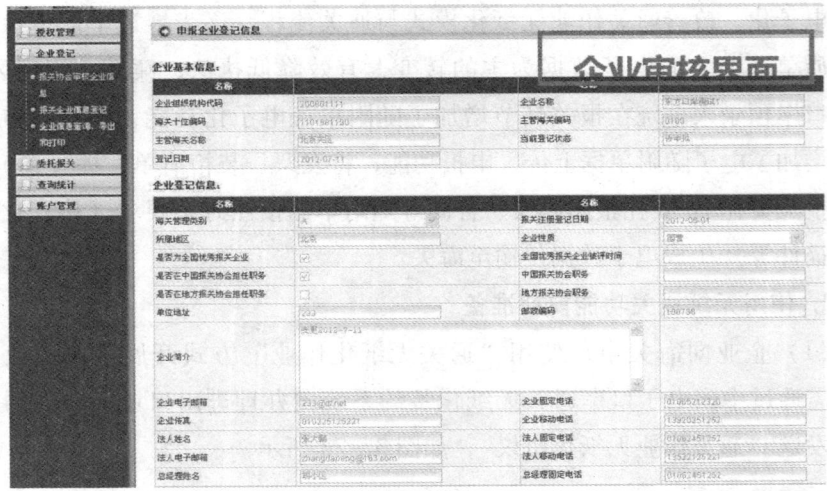

图 3 – 24

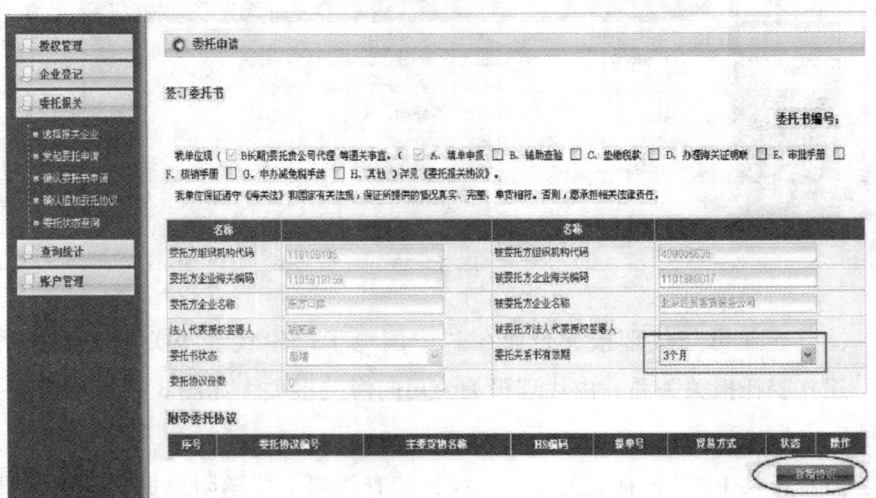

图 3 – 25

可点击界面右上角"随附单据"按钮进入随附单据上传页面，如图 3 – 26、图 3 – 27 所示。

（2）随附单据文件类别：必填项，企业可以在下拉菜单选择，或手工录入相应数字调出下拉菜单进行选择。

（3）随附单据编号：随附单据文件类别选择"电子代理报关委托协议编号"、"减免税货物税款担保证明"、"减免税货物税款担保延期证明"任意一

图 3 – 26

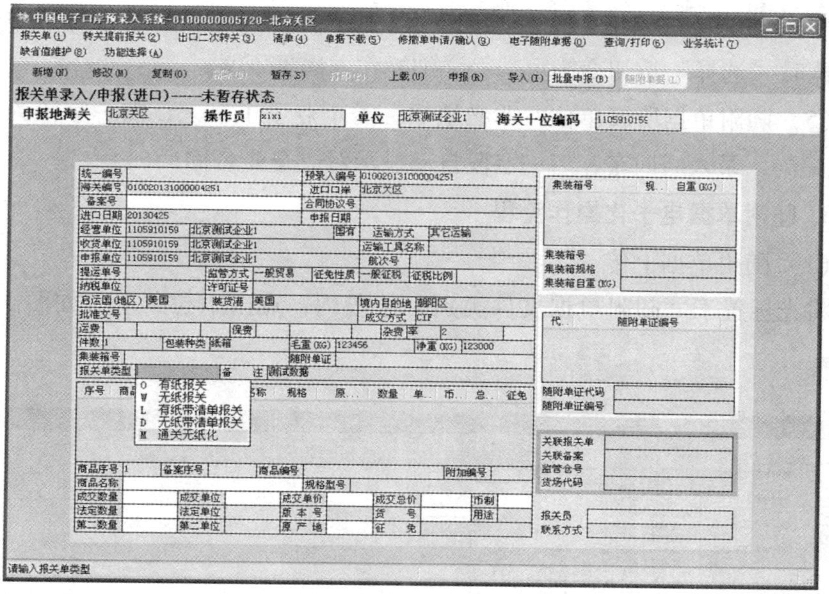

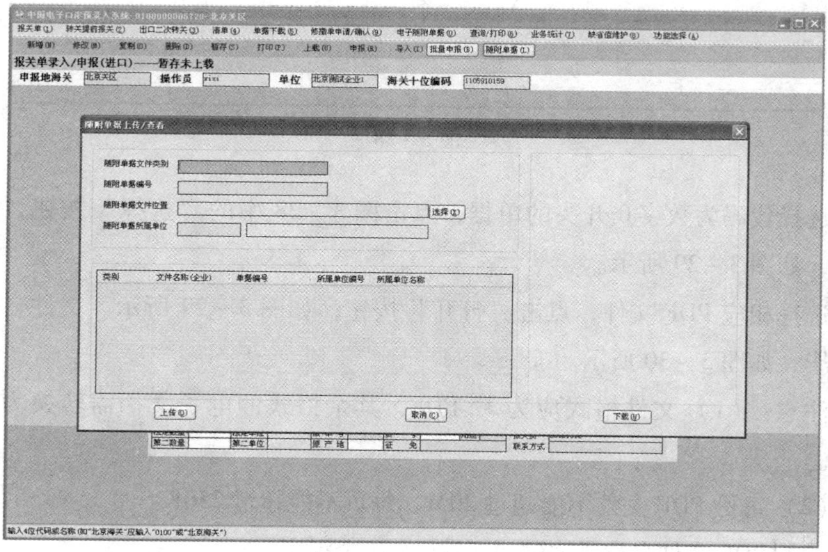

图 3 – 27

项时随附单据编号为必填项，需企业手工录入。

（4）随附单据文件位置：选择"发票"、"装箱单"、"提运单"、"合同"、"其他1"、"其他2"、"其他3"任意一项时随附单据文件位置为必填项。此时"选择"按钮变为可选,详细操作方法见下文。

(5)随附单据所属单位:非必填项,需企业手工录入,前一字段为海关10位编码,录入后回车,后一字段自动显示对应企业名称。

3. 随附单据电子化操作流程

(1)随附单据上传。

将光标置于"随附单据文件类别"字段内,点击下拉菜单,如图3-28所示。

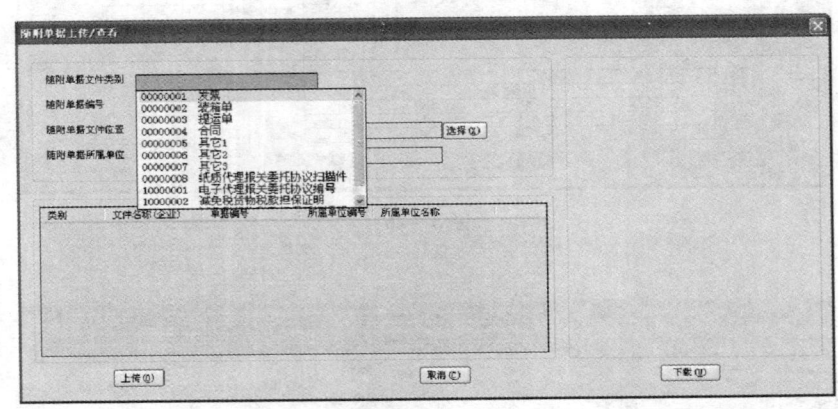

图 3-28

选择代码为数字0开头的单据,点击图3-28中的"选择"按钮,弹出界面,如图3-29所示。

选择相应PDF文件,点击"打开"按钮,如图3-29所示。文件自动添加完毕,如图3-30所示。

注意:(1)文件格式应为*.PDF,其余格式的电子文档需转换为PDF文件。

(2)每份PDF文件不能超过20M,每页不能超过250K。

(3)PDF文件名称需≤64个字符(32个汉字)。

上传随附单据的格式要求请参见海关总署公告2013年第29号《关于公布〈通关作业无纸化报关单证电子扫描文件格式标准〉及〈通关作业无纸化企业存单准入标准〉的公告》。

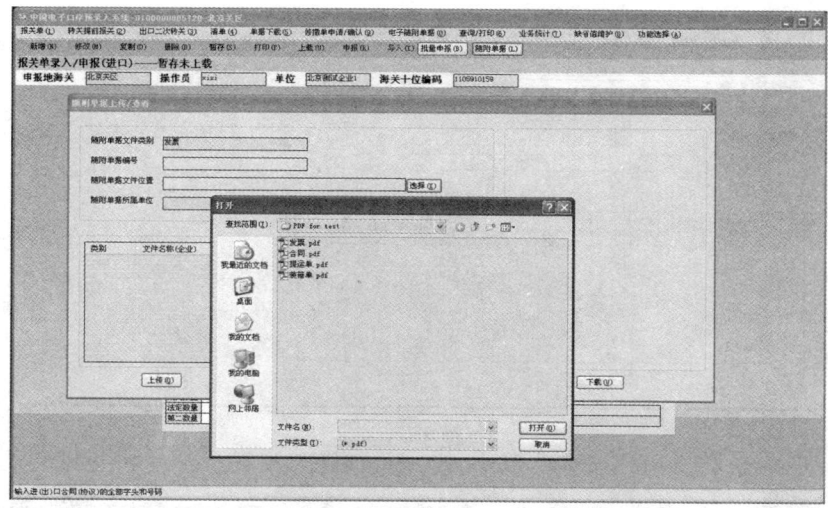

图 3 – 29

图 3 – 30

将该类别随附单据信息录入完毕后，点击回车键，所录信息跳转到下方列表中，如图 3 – 31 所示。

每票报关单内，随附单据文件类别与 PDF 文件或电子数据为一对一的关系，即随附单据文件类别相同的，只能对应一个 PDF 或电子数据。如多次传输，之前的数据将被覆盖。企业按上述步骤，依次录入所需申报的随附单据内容即可，如图 3 – 32 所示。

点击"上传"按钮，等待系统对文件进行合规性及签名检查，如遇提示

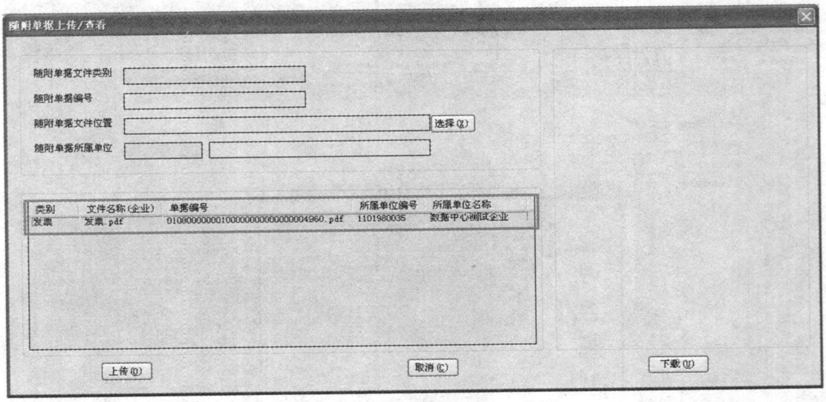

图 3 - 31

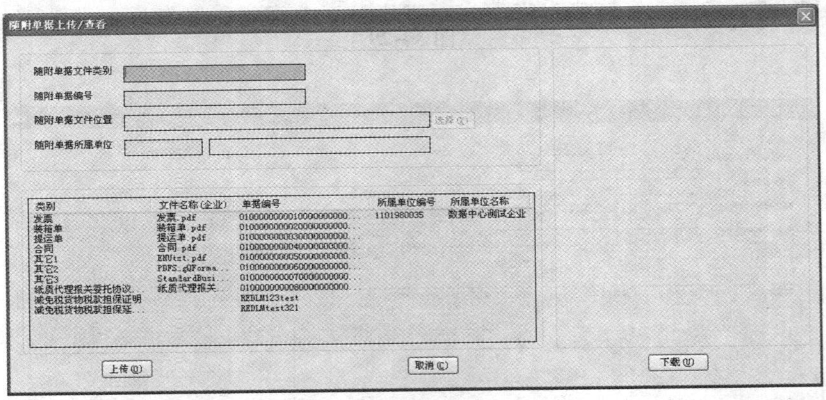

图 3 - 32

如图 3 - 33 所示，点击"是"按钮后继续。

图 3 - 33

上传成功后可在弹出窗口如图 1 - 34 中查看传输信息，任务名称中的单据编号为系统自动生成。

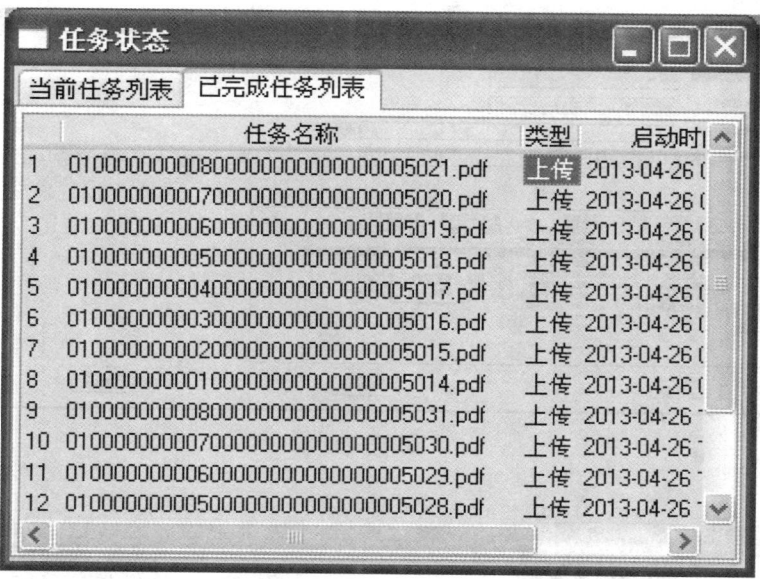

图 3 – 34

如果在图 3 – 31 中点击"取消"按钮,系统将给予提示如图 3 – 35 所示,请用户斟酌选择。

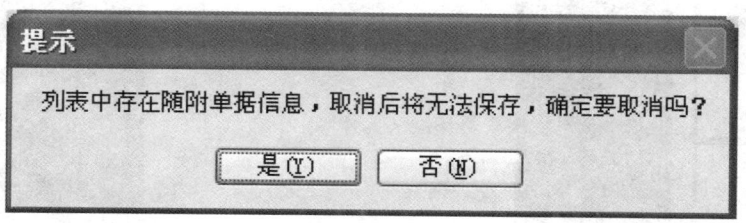

图 3 – 35

随附单据信息上传成功后,需返回报关单界面点击"暂存"按钮,将该票报关单与随附单据进行完整保存,否则之前上传的随附单据数据将丢失,需重新填写、上传。

(2)随附单据查看、修改及删除。

如需查看已经上传的随附单据,在"随附单据上传/查看"界面,选中一条随附单据,点击右键,选择查看文件即可,如图 3 – 36 所示。打开的随附单据如图 3 –37 所示。

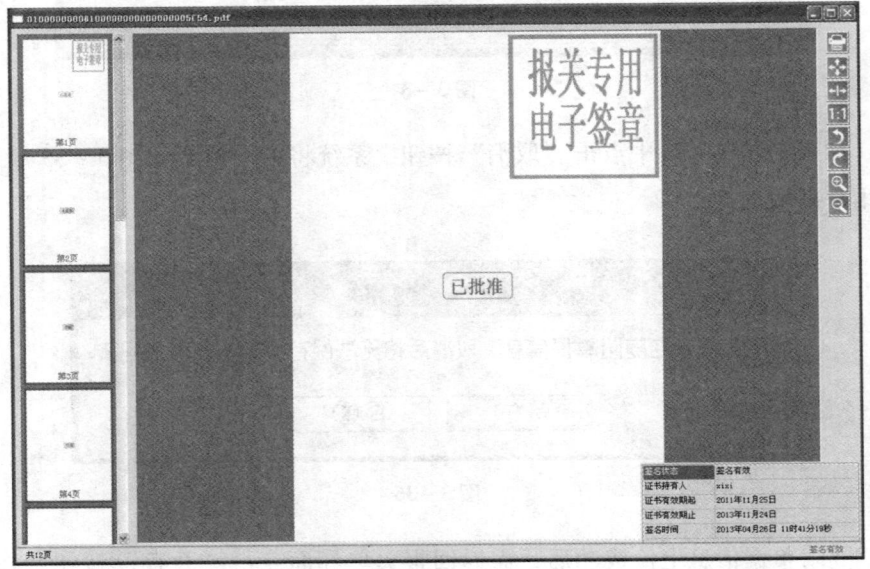

图 3－36

图 3－37

如果更换了电脑进行报关单操作，在查看随附单据信息前，需要先进行下载操作。在"随附单据上传/查看"页面，选中随附单据信息，点击"下载"按钮，下载成功后会跳出下载成功提示，如图 3－38 所示。

如需删除已经上传的随附单据信息，可以在选中随附单据后点击右键，如图 3－36 所示，点击"删除"选项即可将当前随附单据数据文件类别及其

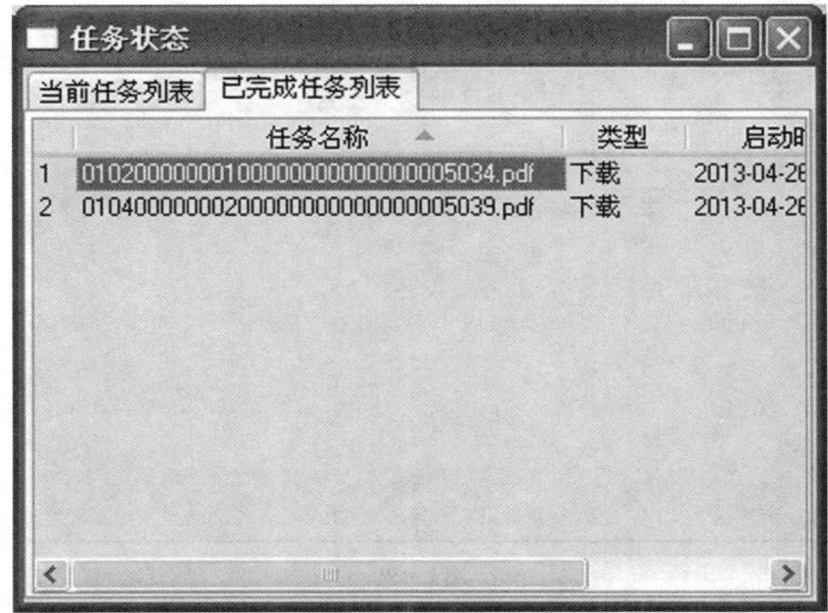

图 3 – 38

随附 PDF 文件或电子数据删除。

如需修改随附单据信息，在列表中选中随附单据信息点击右键，如图 3 – 36 所示，可以使用新增功能，修改随附单据文件类别，或者使用删除选项删除该条随附单据信息并重新选择上传文件即可。

（3）随附单据补传、重传。

用户申报通关无纸化报关单数据，海关审核时发现随附单据有问题或认为需要补传，会向企业发送重传或补传指令。此时，企业不需要修改报关单数据，直接在报关单菜单列表内点击"电子随附单据"——"补传/重传"，打开查询界面，如图 3 – 39 所示，使用报关单中心统一编号或报关单号任意一项进行查询。或者在"查询/打印"——"单据查询/打印"界面中进行查询。如某票报关单需要进行补传/重传随附单据，选中该条记录后，界面下方的"补传/重传"按钮自动变亮，如图 3 – 40 所示，点击此按钮后系统将自动跳转至图 3 – 41 界面。

使用上述两种查询方式，都能查询到需要进行补传/重传的报关单。选中一条报关单记录，界面下方的"电子随附单据信息"中，显示该票报关单内

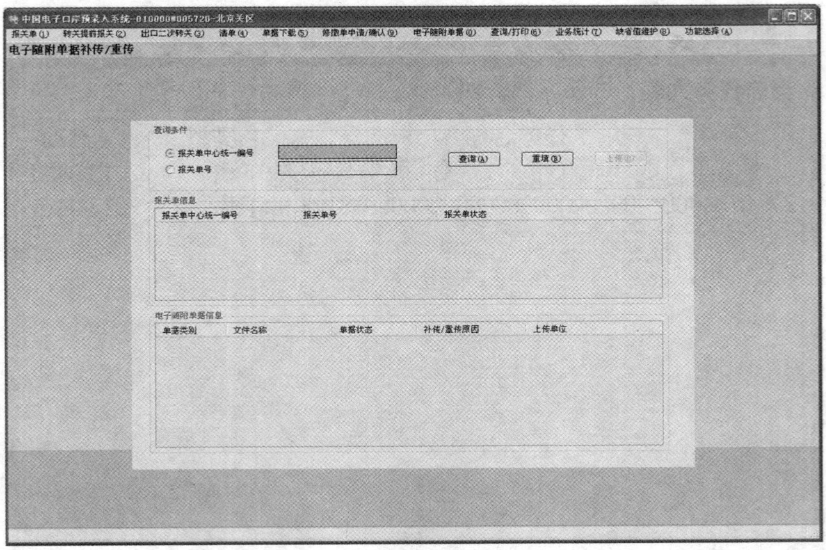

图 1 – 39

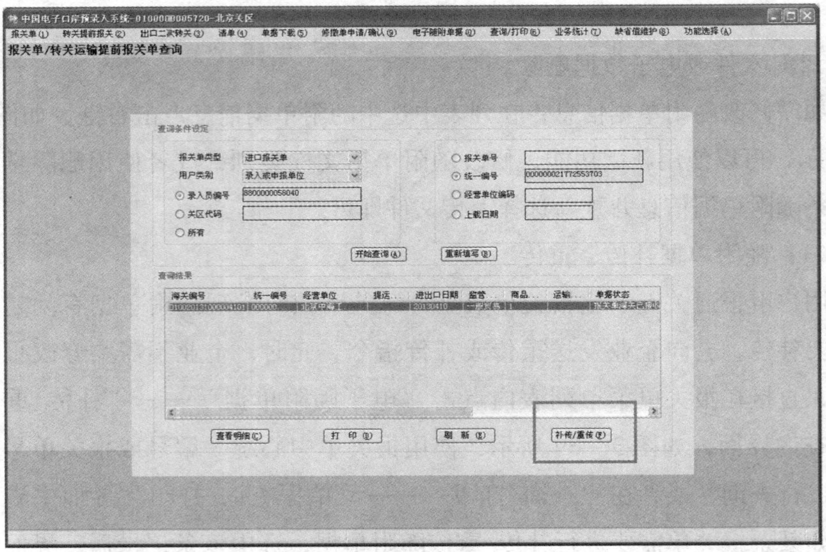

图 3 – 40

各类随附单据当前的状态，如图 3 – 41 所示。

通过电子随附单据信息栏内随附单据的所示状态，企业可以判断出哪条随附单据需要进行补传/重传，如图 3 – 42 所示。

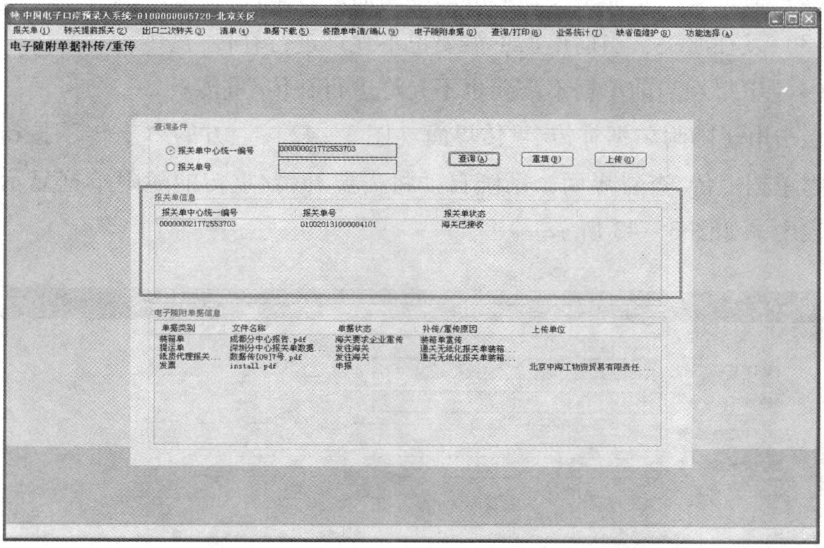

图 3 – 41

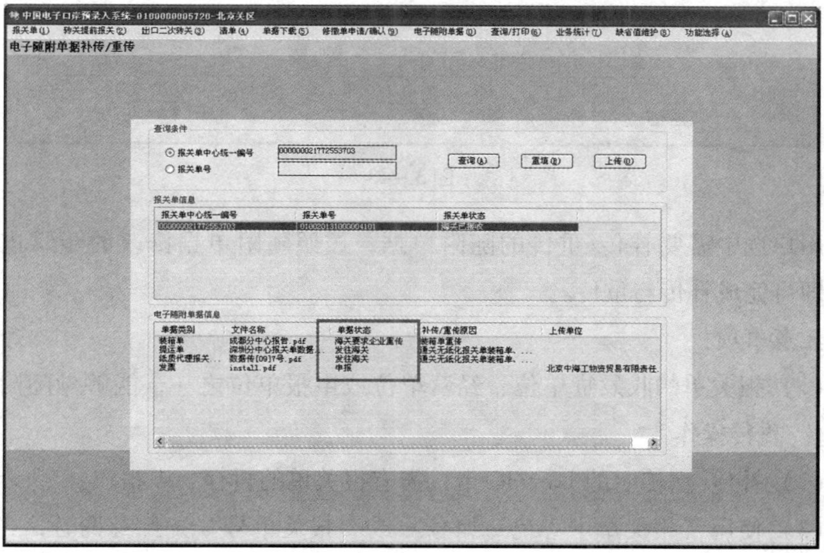

图 3 – 42

常见单据状态为：

（1）海关要求企业补传：对应的单据需进行补传。

（2）海关要求企业重传：对应的单据需进行重传。

（3）发往海关：当前单据不需要也不允许进行补传/重传。

（4）申报：当前单据不需要也不允许进行补传/重传。

点击电子随附单据补传/重传界面（图3-42）上方的"上传"按钮，弹出随附单据上传/查看界面，系统自动将需要补传/重传的随附单据显示在下方列表中，如图3-43所示。

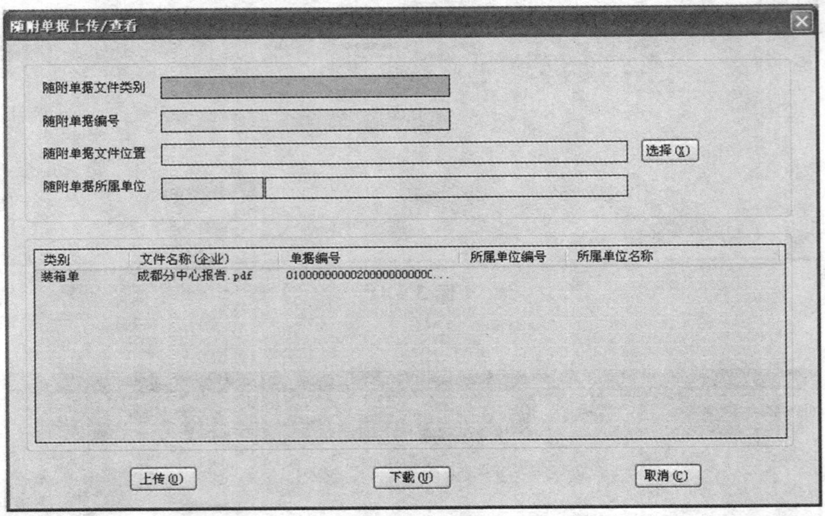

図3-43

图 3-43

用户选中需要补传/重传的随附单据，按照随附单据修改的步骤进行操作，即可完成补传与重传。

注意事项：

（1）报关单的收发货单位、经营单位或申报单位之一，能够做随附单据的补传/重传操作。

（2）补传/重传时的 Ikey/IC 卡，需有报关单的暂存、申报权。

（3）使用"报关单中心统一编号"或"报关单号"条件查询时，当前 I-key/IC 卡需拥有对应报关单的查阅权限。

（4）用户必须对需要补传或重传的随附单据 PDF 文件全部重新上传完毕，才能继续操作该票报关单。

（四）转关提前报关录入/申报

进行转关提前报关的录入/申报，企业需在报关单主界面点击"转关提前报关"选项，选择下拉菜单中的相应业务，进入界面录入相关数据，如图3－44所示。

图 3－44

在转关提前运输报关单界面完成相应的录入、暂存后，再点击右上方"转关运输申报单"按钮，即可进入"转关运输提前报关录入/申报"界面进行数据录入，如图3－45所示。

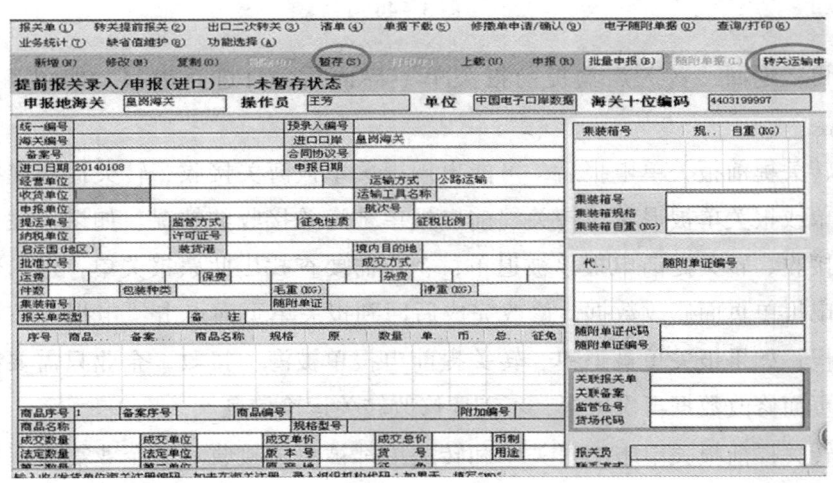

图 3－45

需要注意的是，如果报关单内申报地口岸不是广东关区，即为"非广东模式"，报关单页面内"运输工具名称"一栏为灰，无须填写；如果申报地口岸是广东关区，则为"广东模式"，"运输工具名称"一栏不为灰，即需要填写。

转关运输单录入完毕后，先进行暂存，再点击右上方的"报关单"按钮，如图 3－46 所示。

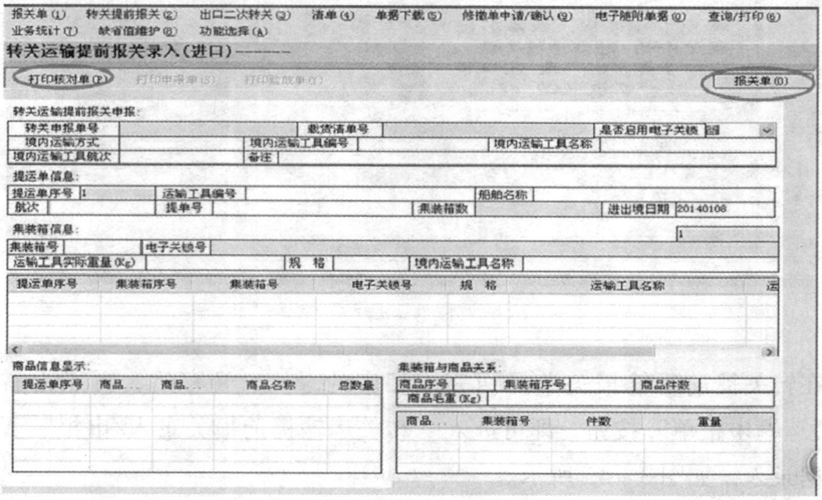

图 3－46

再次返回"转关运输提前报关单"界面后，再进行申报，如图 3－47 所示。

转关提前报关单申报后，可能出现报关单被海关接收、转关提前申报单被退单或报关单被退单、转关提前申报单被海关接收的情况。如果报关单被海关接收、转关提前申报单被退单，企业需要查找出此票报关单，进入转关运输申报单页面修改数据，修改完成后回到报关单页面点击"申报"按钮进行申报；如果报关单被退单、转关提前申报单被海关接收，企业只需要在报关单页面修改数据再次申报，不需要修改转关运输信息。

转关提前报关单中的报关单和转关单都被海关接收后，企业需要在系统中查出此票报关单，打印报关单及转关运输单，一同提交办理货物放行手续。

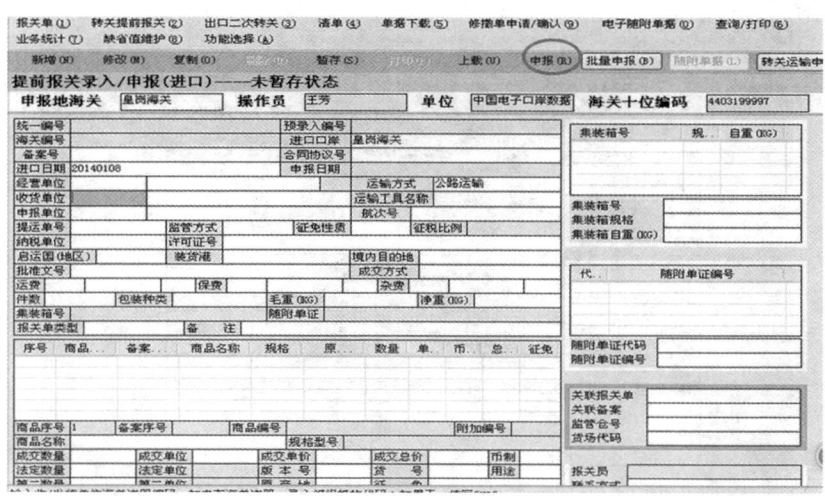

图 3 - 47

（五）出口二次转关

出口二次转关的相关操作与转关提前报关中的业务操作相同。具体操作参见"转关提前报关"。

（六）清单录入/申报

实施电子账册管理的企业向海关报关时，企业首先需向数据中心进行大清单申报，清单界面如图 3 - 48 所示，数据中心按一定原则将企业申报的大清单生成报关单和与之一一对应的小清单，并向企业发出清单拆分回执信息（包含报关单统一编号）。企业申报的大清单归并拆分后，如果货物项数超过20 项，则无法填写到同一份报关单上，系统会生成多份报关单。企业查询出拆分后的报关单信息，补充完整报关单后，向海关申报即可。

清单和清单拆分报关单的录入及申报请参考本书第四章第二节电子账册报关申报部分内容。

数据录入完毕后，需要上载到数据中心，点击"上载"按钮，如图 3 - 49 所示。

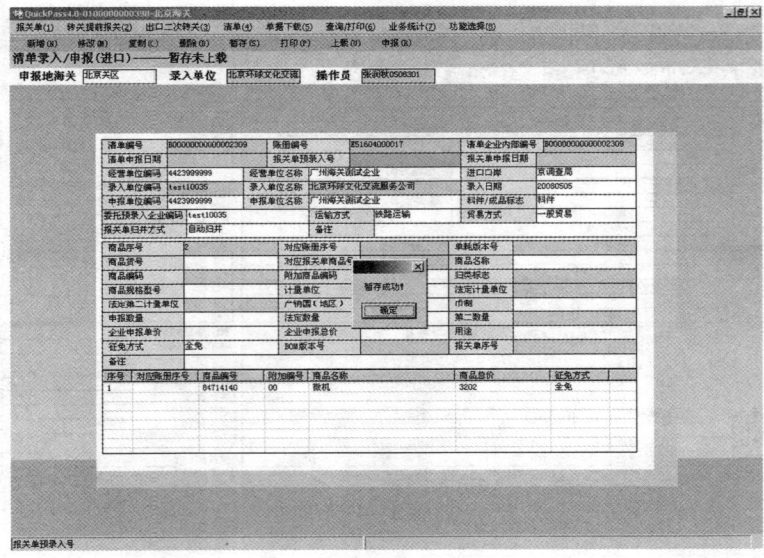

图 3 - 48

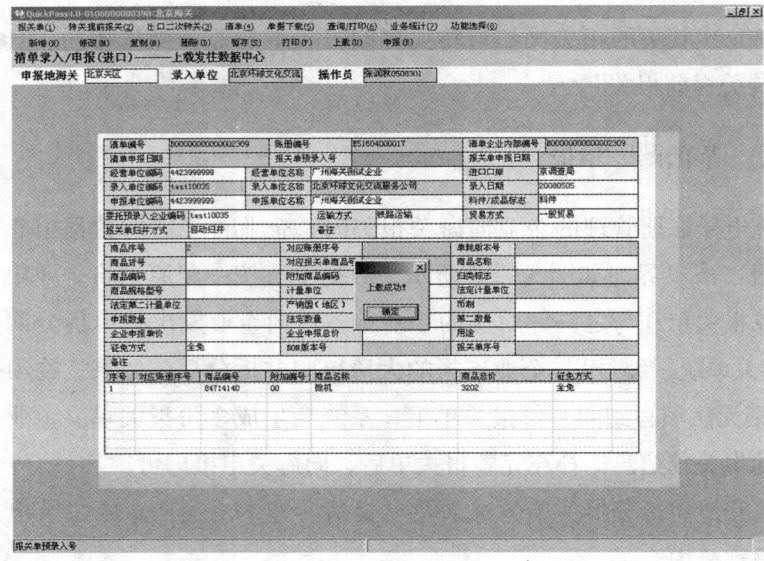

图 3 - 49

（七）数据下载

在企业需要跨平台录入报关单或清单数据时，可以使用报关单和清单界面内的上载功能，将数据先上载到数据中心，再在其他平台上使用数据下载功能查询出数据后进行下载。

以清单下载为例，点击"单据下载"在下拉菜单中选择"清单下载"，即可进入单据下载界面。设定下载条件，点击"查询"按钮，在查询结果列表选中该清单，还可以选择"下载单据类型"为"大清单"、"小清单"或"清单报关单"，点击"下载"按钮，如图3-50所示。

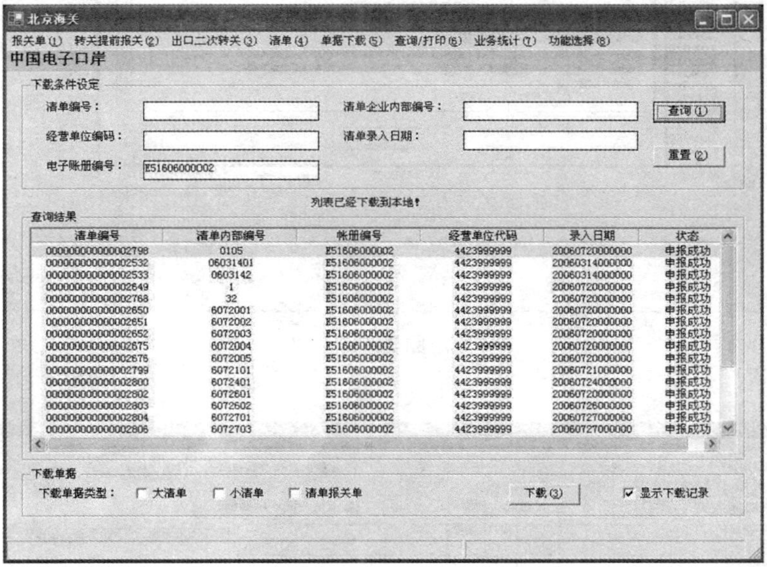

图3-50

下载完成后，系统提示所有下载记录，显示框显示"下载操作完成"时，清单的下载全部结束，点击"关闭"按钮即可，如图3-51所示。

（八）报关单批量申报

在报关单录入界面下，点击右上方的"批量申报"按钮，进入批量申报界面，如图3-52所示。

设定查询条件，点击"开始查询"按钮，系统将自动列出所有符合查询条件的结果，选择需要批量申报的报关单，点击"批量申报"，如图3-53所示。

批量申报后，系统会自动提示已申报成功的报关单，并将申报失败的报

图 3-51

图 3-52

关单原因显示出来,按照提示进行修改后,均可进行再次申报,如图 3-54
所示。

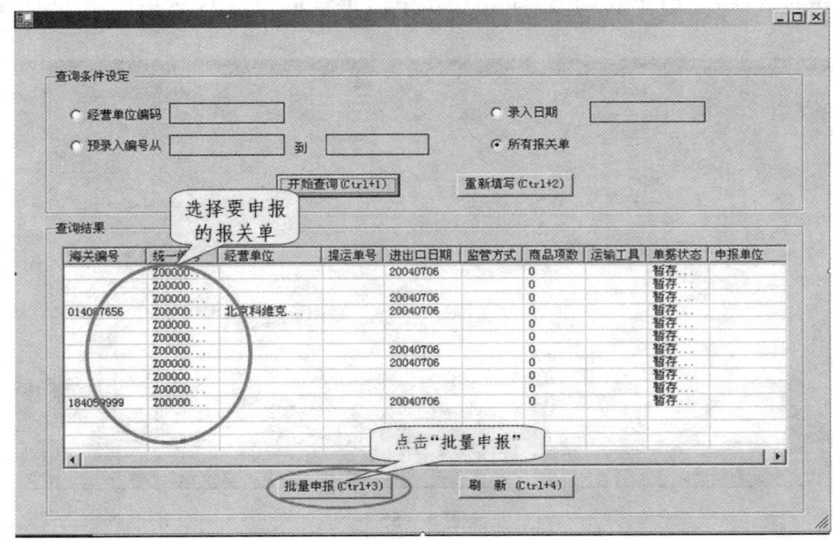

图 3 - 53

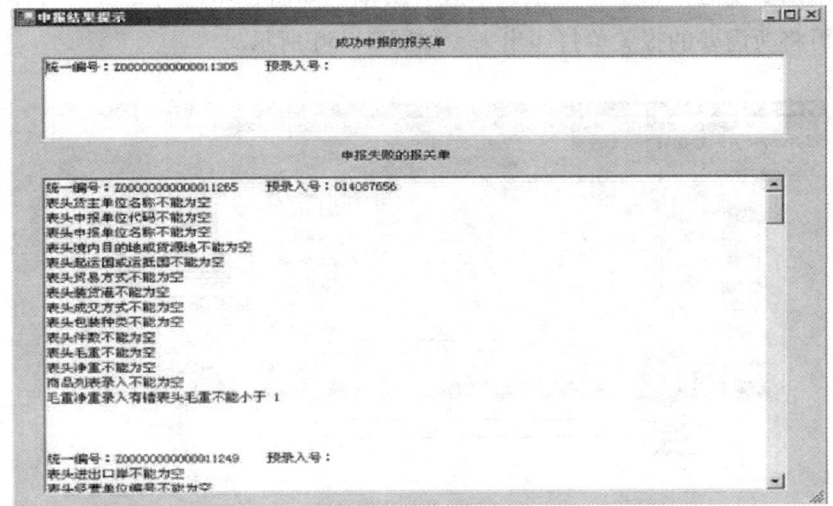

图 3 - 54

（九）查询/打印

企业用户在报关单主界面，选择"查询/打印"，弹出的下拉菜单中包括

电子口岸实务精讲

单据查询/打印、清单查询/打印、补充申报单查询/打印，如图 3 - 55 所示。

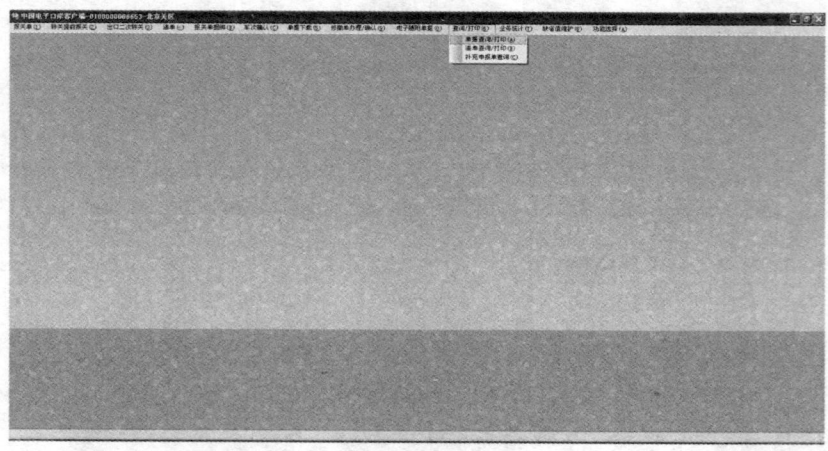

图 3 - 55

选择任一查询方式，输入相应查询条件，点击"开始查询"按钮，在查询结果列表中选择其中一份报关单查看明细。如需打印，则点击"打印"按钮，可将所需要的报关单打印出来，如图 3 - 56 所示。

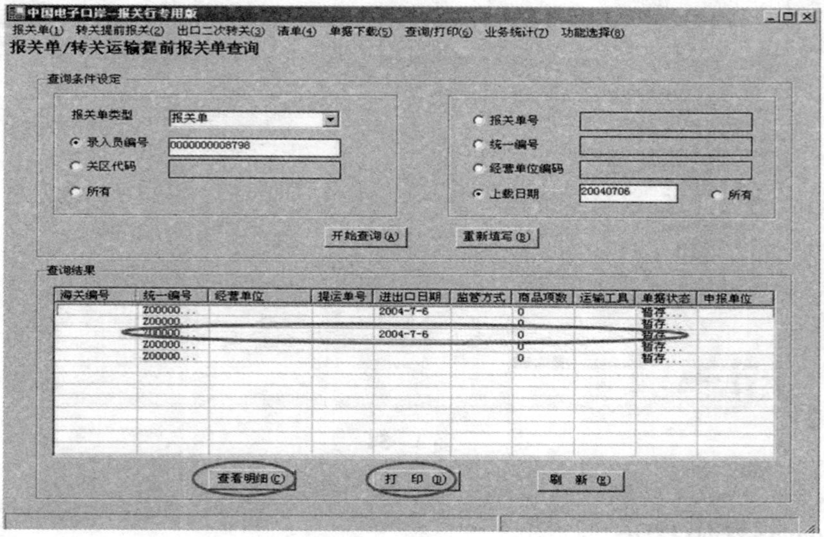

图 3 - 56

常见报关单状态有以下几种：

（1）暂存未上载：用户执行了"暂存"操作，已经将该票单据存于本地服务器中，而尚未向数据中心上传，也未向海关进行申报。

（2）上载成功：用户执行了"上载"操作，已经将该票单据上传至数据中心，而尚未向海关申报。

（3）申报成功：用户执行了"申报"操作，数据中心已经将该票单据向海关申报，而海关尚未接收到该票单据。

（4）海关已接收：用户执行了"申报"操作，该票单据已经通过数据中心申报至海关，海关已经接收到该票单据。

（5）不被受理，退单后入库失败：用户执行了"申报"操作，海关认为该票单据不符合申报条件，予以退单。

（6）报关单已审结：用户执行了"申报"操作，该票单据已经海关审核通过。

在报关单打印界面，系统提供了标准格式与套打格式两种打印格式，使用标准格式打印，即用 A4 纸直接进行打印；使用套打格式打印，即用已购买的报关单进行打印。选择完毕后，勾选打印的单据种类，点击"打印"按钮即可，如图3－57所示。

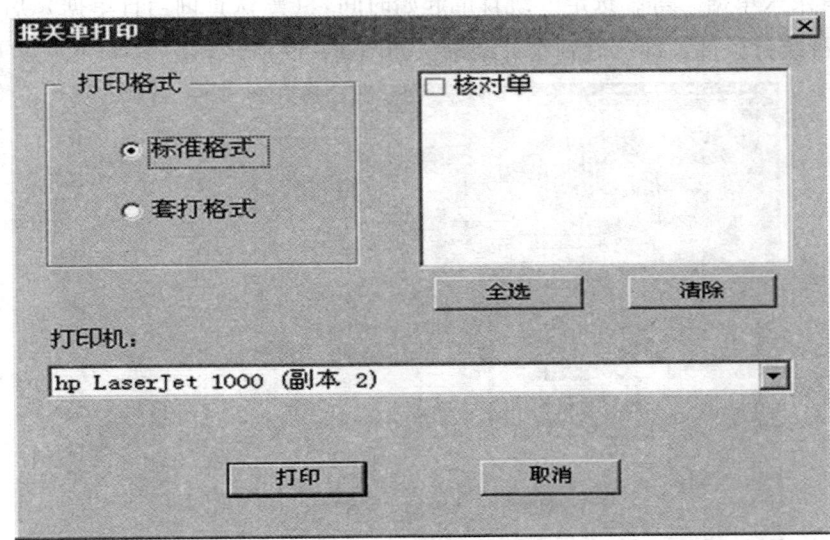

图 3－57

（十）业务统计

企业用户在报关单主界面点击"业务统计"，进入业务统计界面，如图 3－58 所示。

图 3－58

"业务统计"界面的统计条件设定包括："统计的起始时间"、"进出口方式"、"录入员编号"、"申报单位代码"、"申报地海关"、"经营单位编码"、"所有录入单据"等，选定"统计的起始时间"（默认查询当日单据）后，任选一种统计条件，即可看到统计结果，如图 3－59 所示。

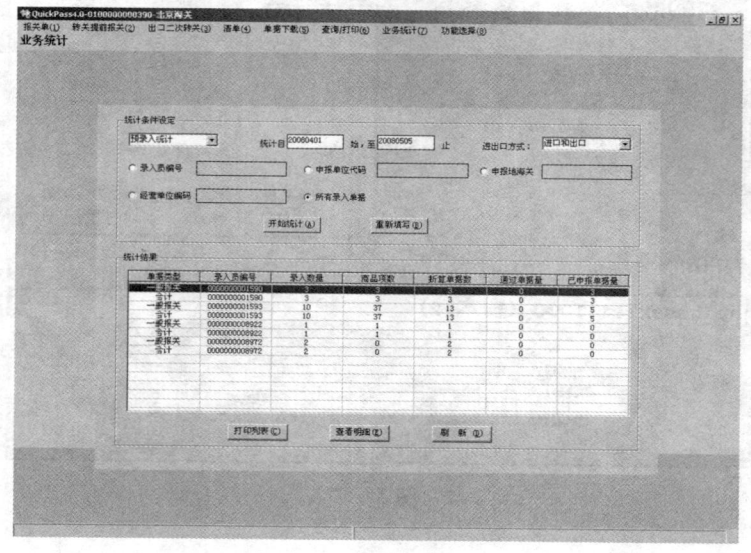

图 3－59

统计条件设定可以选择实施状态统计或预录入统计。实施状态统计功能可以根据设定条件统计企业所有已申报数据状态；预录入统计功能统计的是企业所有录入数据状态，包括暂存数据及已申报数据。

统计结果中显示本录入单位在同一服务器中不同录入员的录入数量。其中，录入员通过13位录入员编号来区分，录入数量根据录入单据的种类分别统计。

如果没有数据，则系统提示无法打印，如图3-60所示。

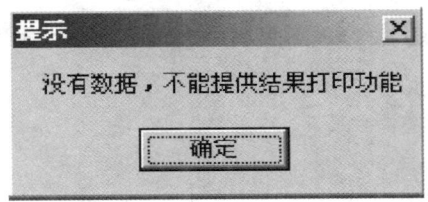

图 3-60

如需打印统计结果，点击"打印列表"按钮，即可弹出页面，如图3-61所示，点击打印图标，即可进行打印。

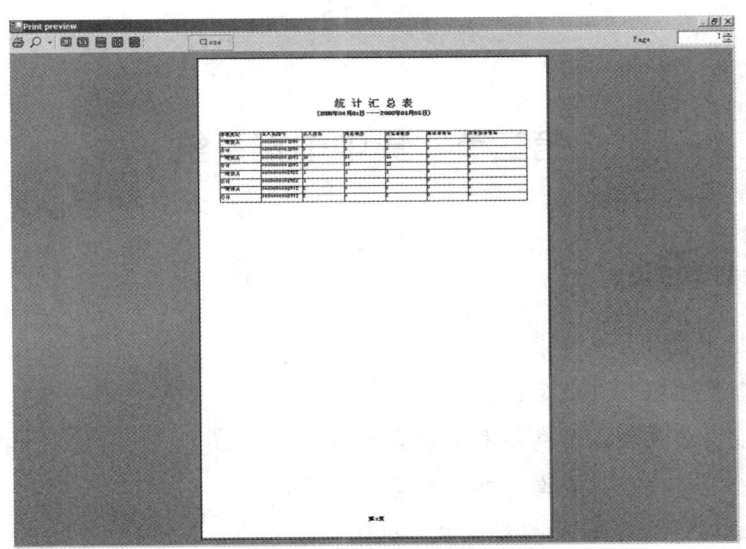

图 3-61

补充申报单的统计也可以在业务统计系统内进行，点击"业务统计"——"补充申报单统计",进入业务统计界面,设定统计条件,点击"开始统计"按钮,即可完成统计操作,如图 3 – 62 所示。

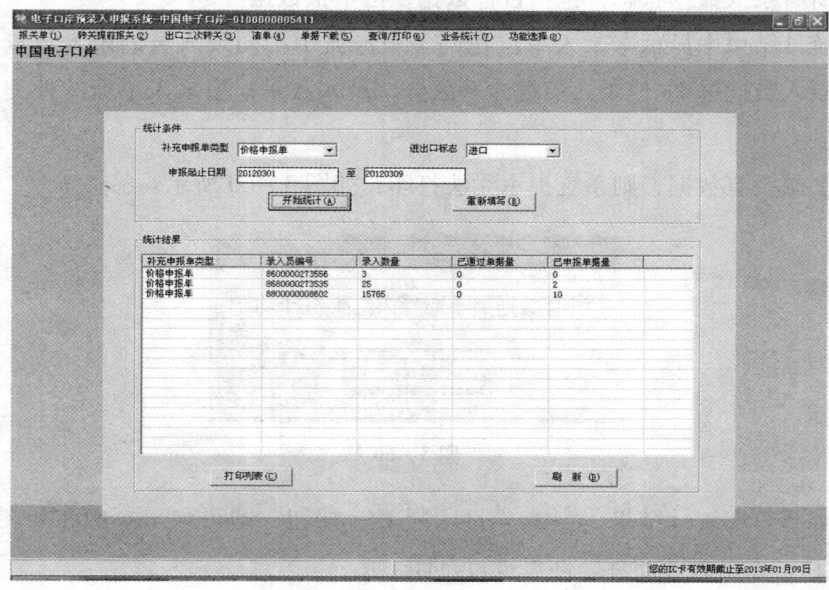

图 3 – 62

第二节 集中申报系统

本节主要内容

◆ 集中申报开发背景;

◆ 集中申报相关概念;

◆ 企业资质商品信息备案基本操作;

◆ 企业备案信息查询变更基本操作;

◆ 集报清单录入/申报汇总基本操作;

◆ 集报报关单、业务统计基本操作。

集中申报是海关针对频繁进出、通关时效要求高的货物所采取的一种特殊通关方式。

集中申报系统是为规范海关对频繁进出、通关时效要求高的货物等集中申报货物的监管，切实提高通关效率，方便企业合法进出而开发的系统。企业用户通过该系统办理集中申报备案手续，向海关申报办理进出口货物集报清单验放手续。在海关规定的期限内将集报清单进行汇总，生成集中申报报关单向海关申报。在海关对集中申报报关单进行审核后，企业按照海关要求办理涉证涉税货物监管手续即可。

下面介绍一下集中申报的知识要点及概念解析，请着重掌握。

一、知识点解析

（一）集中申报

集中申报是指经海关备案，进出口货物收发货人在同一口岸多批次进出口货物，可以先以"集中申报清单"申报货物进出口，再以报关单集中办理海关手续的特殊通关方式。

（二）集中申报通关方式的适用范围

适用集中申报通关方式的进出口货物包括以下三类。

（1）图书、报纸、期刊类出版物等时效性较强的货物。

（2）危险品或者鲜活、易腐、易失效等不宜长期保存的货物。

（3）公路口岸进出境的保税货物。

了解了集中申报的有关概念后，下面详细介绍集中申报的业务流程。

二、业务流程

集中申报业务流程如图 3 - 63 所示。

企业用户在中国电子口岸客户端主界面点击"集中申报"，即可进入集中申报系统界面，如图 3 - 64 所示。

集中申报系统

| | | | | 报关申报系统 |

企业　　　　商品　　　　集报　　　　集报

资质　──→　信息　──→　清单　──→　清单　──────→　报关申报

备案　　　　备案　　　　申报　　　　汇总

　　　　　　　　　│
　　　　　　　　　│　清单海关审批通过
　　　　　　　　　│
　　　　　　　公路口岸系统
　　　　　　　　　↓

货运委托　──────────→　清单承运（运输公司）

图 3 - 63

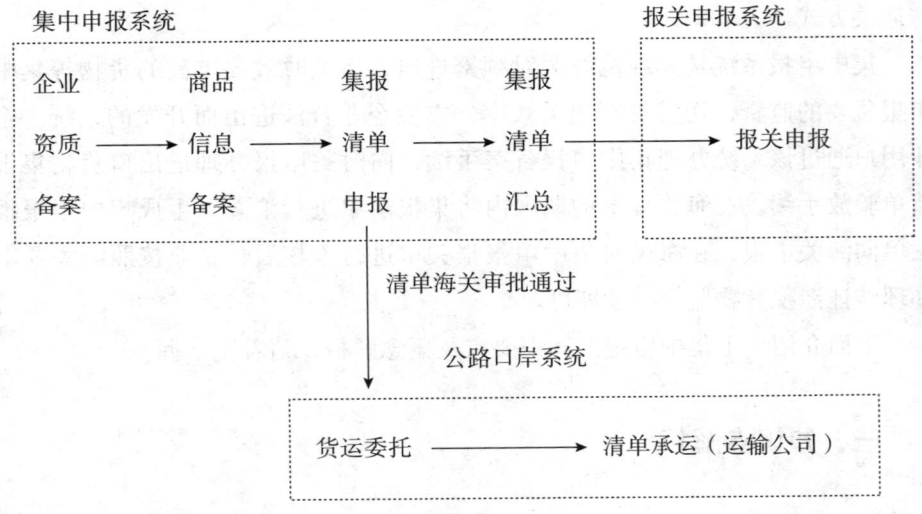

图 3 - 64

（一）企业资质备案

企业用户在集中申报系统主界面点击"集报备案"菜单下的"企业资质备案"，进入企业资质备案录入/申报界面，录入申报地海关（一般贸易货物集中申报的"申报地海关"填写货物所在地海关，加工贸易集中申报的"申报地海关"填写企业的主管地海关），录入企业海关编号并回车后系统自动返填企业名称，选择集中申报货物性质，继续录入进出口批次/月等，录完后点击"暂存"按钮，系统自动生成备案企业中心统一编号，如图3-65所示。

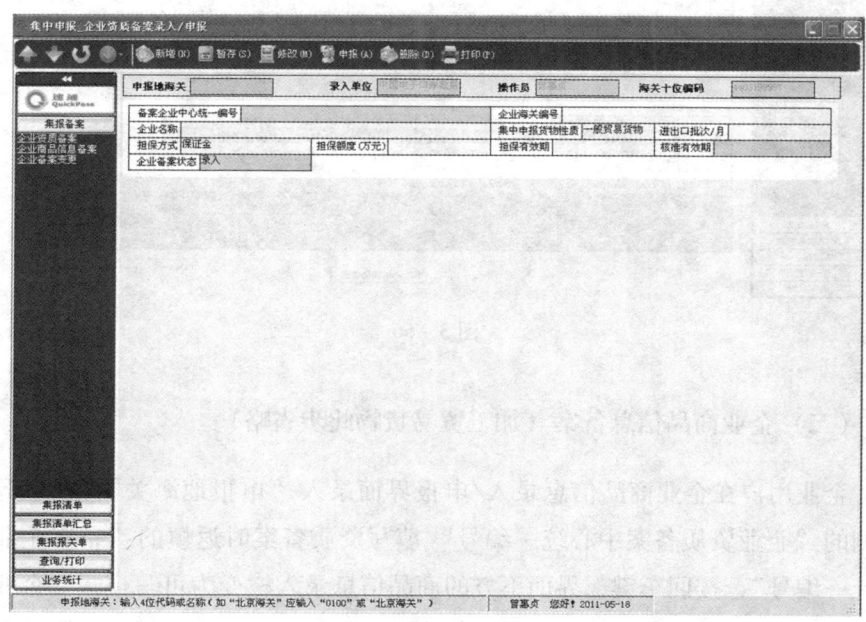

图 3-65

一般贸易货物集中申报业务的企业资质备案海关审核通过后，需进行企业商品信息备案并经海关审核通过，方能进行集报清单申报。加工贸易货物集中申报业务的企业资质备案海关审核通过后，即可通过手册调取企业商品信息进行集报清单申报。

企业用户若想对以前暂存后未申报的数据或被海关退单的数据进行修改，可在企业资质备案界面点击"修改"按钮。在查询界面的条件设定输入需修改数据的"企业海关编号"或"备案企业中心统一编号"，调出原来的数据，选择"修改企业资质信息"。在企业资质信息界面修改资质信息，修改完毕点击"申报"按钮，完成申报，如图3-66所示。

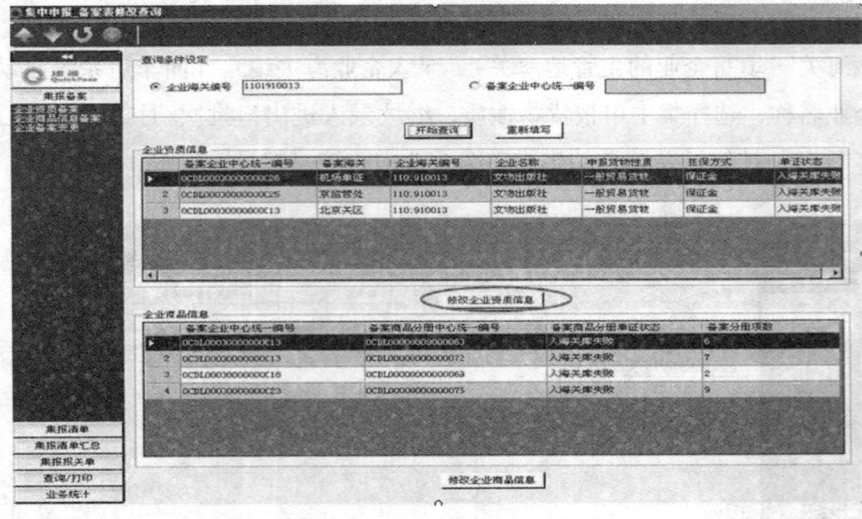

图 3－66

（二）企业商品信息备案（加工贸易货物此步省略）

企业用户在企业商品信息录入/申报界面录入"申报地海关"，在该界面右侧的"企业资质备案中心统一编号"填写资质备案时返填的"备案企业中心统一编号"，按回车键，界面下方的商品信息录入栏变为可写模式。企业商品信息备案由分册组成，同一份资质备案可对应多本分册（每一分册最多可录入 99 项商品信息，多于 99 项时系统自动生成新的分册），如图 3－67 所示。

新增分册可点击页面上方的"新增"按钮，在新增界面右侧的"企业资质备案中心统一编号"处，再次填写资质备案时返填的"备案企业中心统一编号"，按回车键，即可新增一本分册。备案的商品编码至少具体到四位以上的编码，实际操作中按海关要求录入。

企业用户若想对以前暂存后未申报的数据或被海关退单的数据进行修改，可在"企业商品信息备案"界面点击"修改"按钮。在查询界面的条件设定输入需修改数据的"企业海关编号"或"备案企业中心统一编号"，调出原来的数据，选择"修改企业商品信息"。在企业商品信息界面修改商品信息，修改完毕点击"申报"按钮，完成申报，如图 3－68 所示。

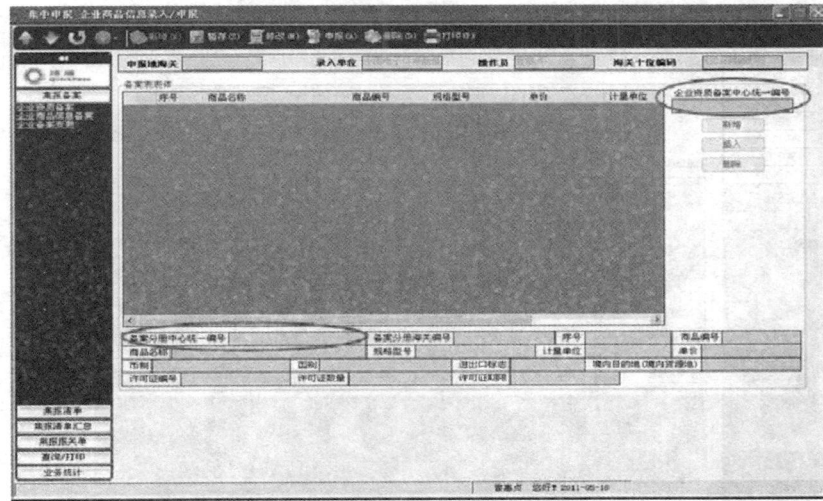

图 3 – 67

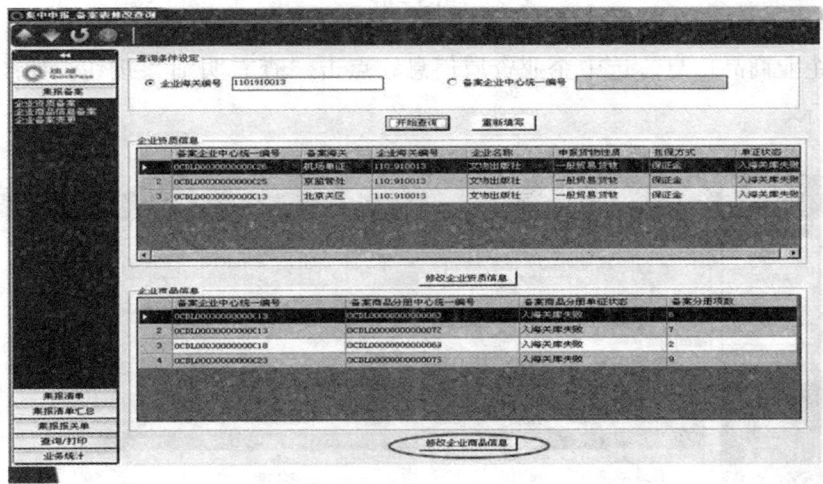

图 3 – 68

（三）备案信息查询

在集中申报界面"查询/打印"主菜单下，点击"备案表查询"，进入备案查询界面，如图 3 – 69 所示。

进行查询条件设定，点击"开始查询"。系统调出所要查询的企业资质信

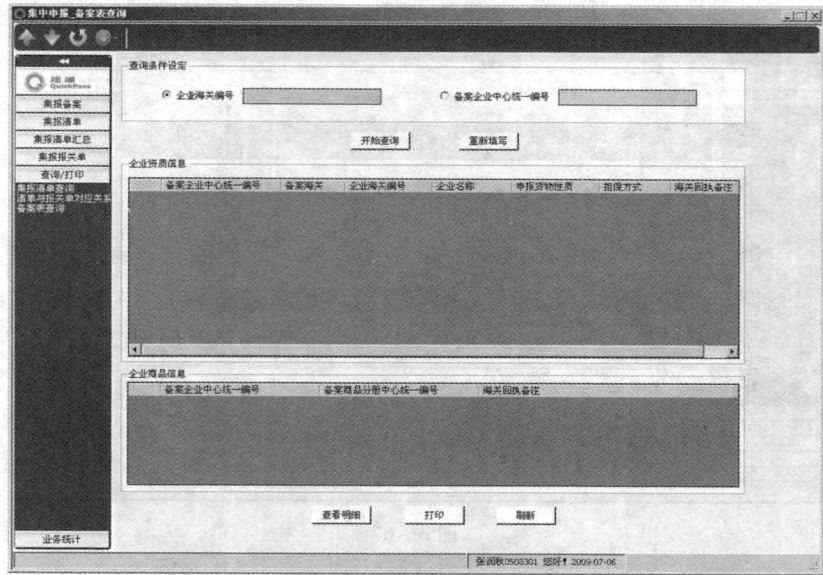

图 3 – 69

息、企业商品信息，选中企业资质信息，点击"查看明细"按钮，如图 3 – 70 所示。

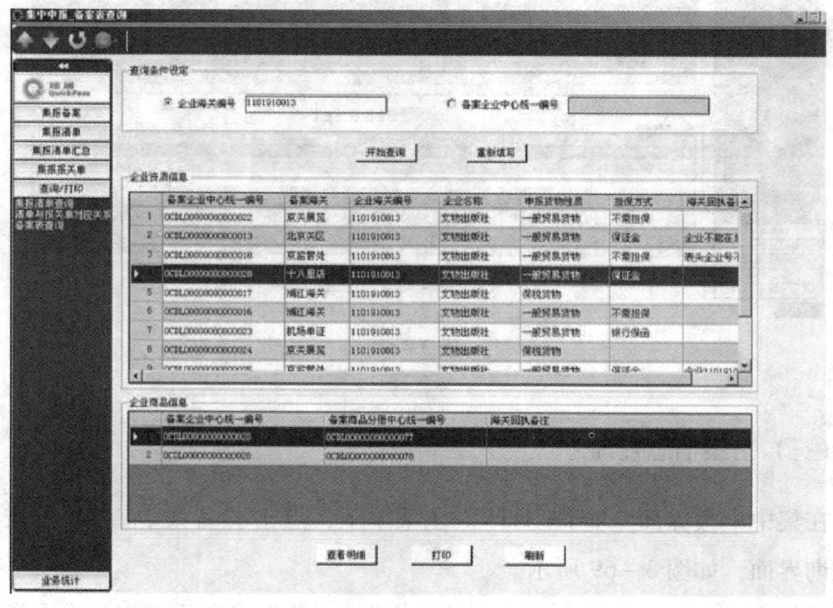

图 3 – 70

系统进入详细信息界面，可查看企业资质备案状态及企业商品信息状态。当企业资质备案状态及备案商品分册列表下的分册状态均为海关审批通过后，即可申报集报清单。在备案商品分册列表中点击海关审批通过的分册，页面下方可查看该分册所对应的"备案分册海关编号"，记录此号以便进行集报清单申报，如图3-71所示。

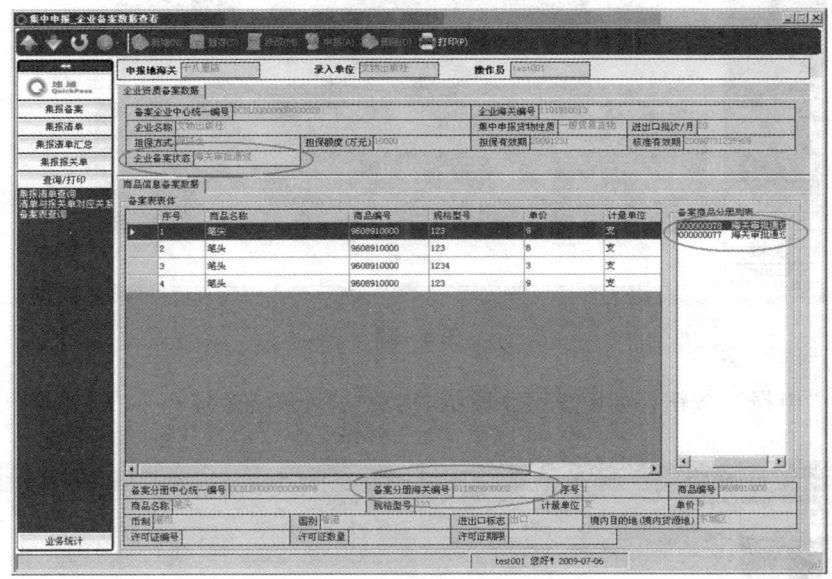

图3-71

(四) 企业备案变更

对于海关审批通过的备案信息，需要在"集报备案"——"企业备案变更"中对该备案信息进行变更。企业商品信息备案在变更时只能新增或停用商品，不能修改海关审批通过的商品信息。

点击进入"企业备案变更"选项进入变更查询界面，进行查询条件设置，点击"开始查询"按钮，即可调出所要变更的备案信息。如果需要变更企业资质信息，则需选中该资质信息，点击"变更企业资质信息"按钮，如图3-72所示。

在企业资质变更界面中变更相应信息，并填写"变更理由"，变更完毕，

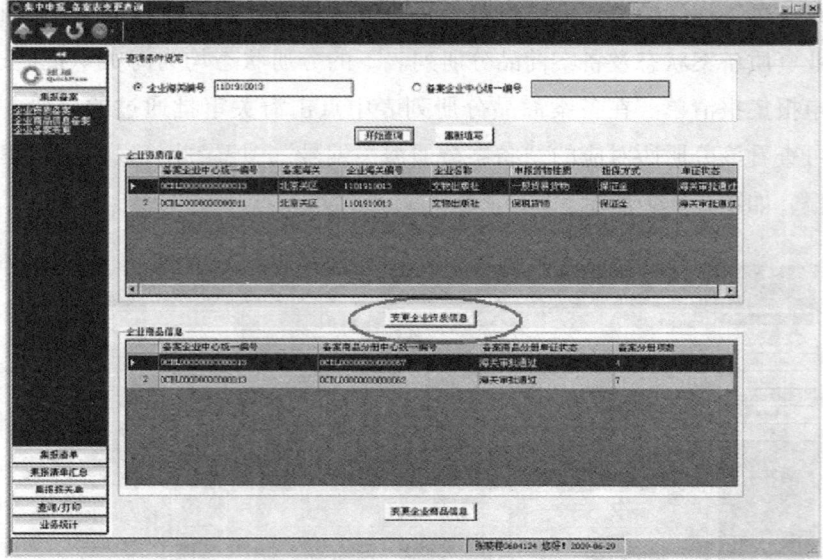

图 3 - 72

点击"申报"按钮，如图 3 - 73 所示。

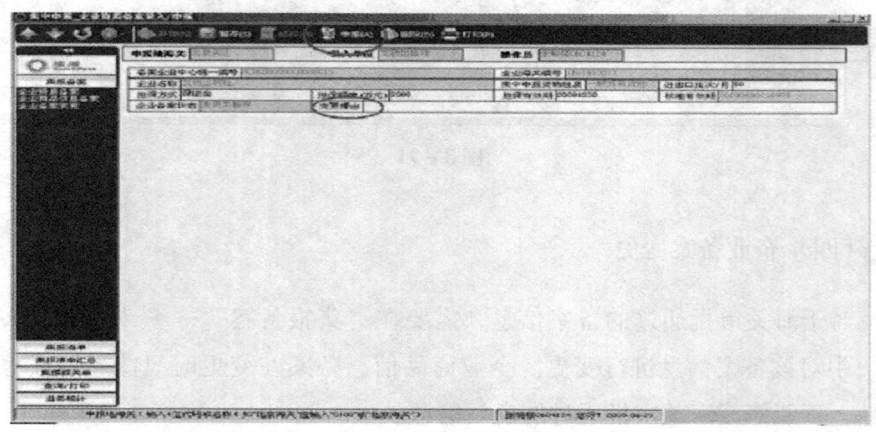

图 3 - 73

如果需要新增或停用企业商品信息，则需选中该商品信息，点击"变更企业商品信息"按钮，在企业商品信息变更界面，企业操作员可点击"新增"按钮，新增商品信息，或选中需要停用的商品项，点击"停用"按钮。变更完毕，进行申报即可，如图 3 - 74 所示。

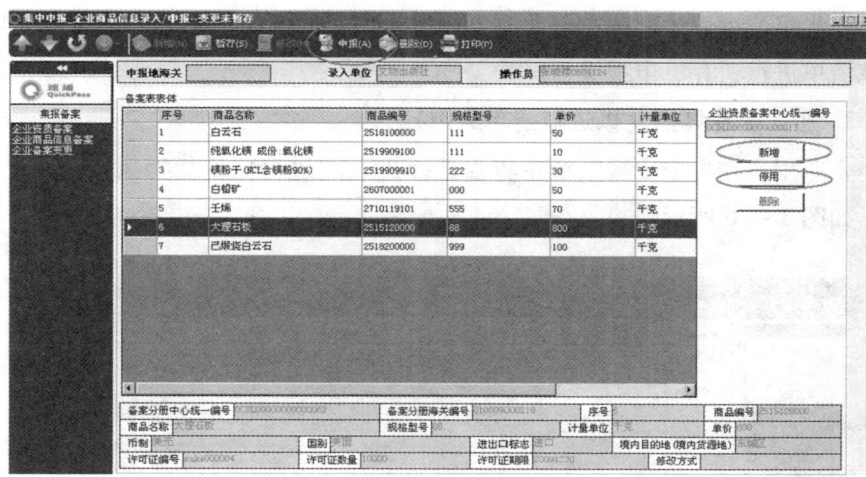

图 3-74

（五）集报清单录入、申报

1. 一般贸易集报（以进口清单为例）

企业用户在集中申报系统主界面点击左侧的"集报清单"模块，选择进入"进口一般贸易集报清单"界面，如图 3-75 所示。

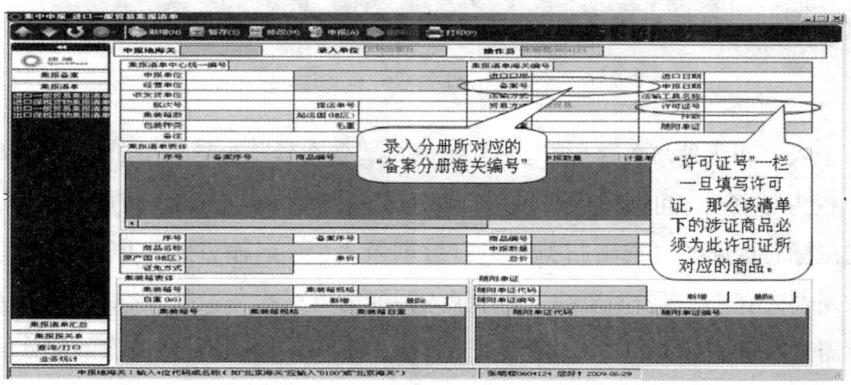

图 3-75

录入完表头信息后，按回车键，表体录入栏变为可写状态。在"备案序号"处填写所需录入商品在备案分册中的序号，按回车键，即可调出该商品所备案的部分信息，将该商品的所有信息填写完毕后按回车键，该商品信息出现在集报清单表体列表中。此时可再次录入新的商品信息。全部录入完毕，对该清单进行暂存、申报操作。

2. 加工贸易集报（以进口清单为例）

企业用户在集中申报系统主界面选择进入"进口保税货物集报清单"界面，如图 3-76 所示。

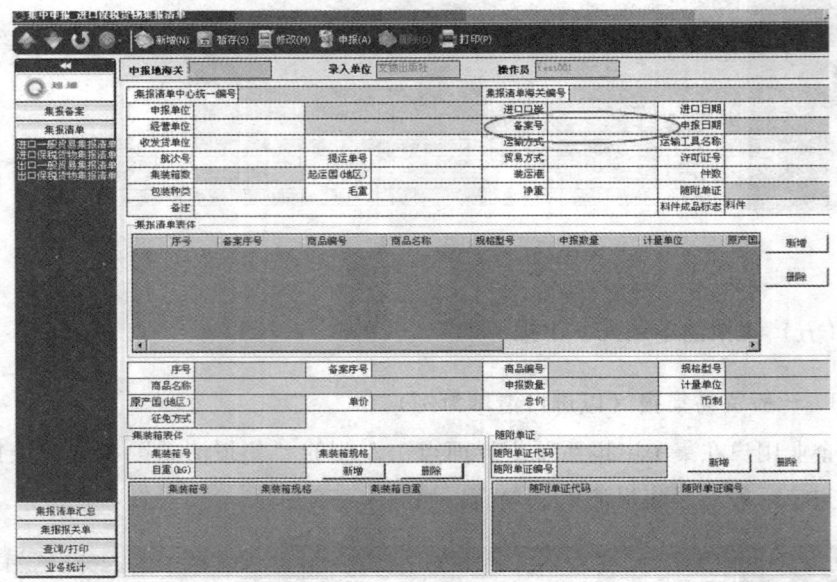

图 3-76

录入"申报地海关"（填写主管海关），"备案号"处填写手册号，"规格型号"栏为必填项，可通过手册调用，如手册备案环节未备案商品规格型号，需点击鼠标右键选择"重新归类"进行数据录入，"运输方式"填写公路运输，录入完表头信息后点击回车键，表体录入栏变为可写状态。在"备案序号"处填写所需录入商品在手册中的序号点击回车键，即可调出该商品所备案的部分信息，录入完毕后点击回车键，商品信息返填至集报清单表体列表中。待全部商品信息录入完毕后，对该清单进行暂存、申报操作。一份清单可录入8项商品。

（六）集报清单查询

清单申报后，在"查询/打印"模块下点击进入集报清单查询界面，设定查询条件后，点击"开始查询"按钮，调出所要查询的清单信息。当"集报清单状态"为"海关审批通过"时，企业需登录公路口岸子系统操作货运委托及联系运输企业操作清单承运。

当该清单的集报清单状态为已结关时，即可进行下一步的集报清单汇总，如图 3 - 77 所示。

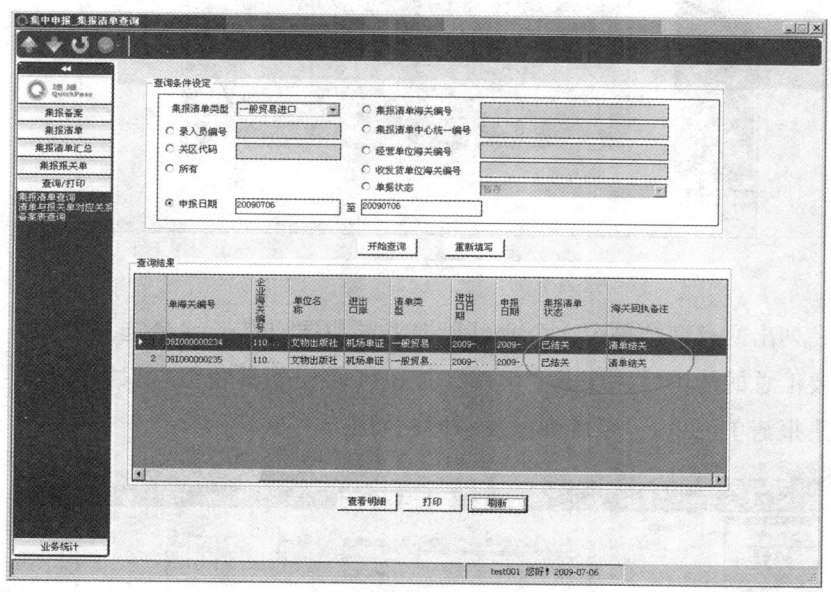

图 3 - 77

（七）集报清单汇总

点击集中申报系统主界面左侧的"集报清单汇总"，进行集报清单的汇总查询操作。

1. 集报清单查询及汇总

在清单汇总查询界面中，"申报单位"栏自动读取操作员卡所属单位名称信息，设定"申报日期"，选择"货物性质"、"进出口方式"，其他条件可根据具体情况自行设置，设置完查询条件后，点击"开始查询"按钮，系统自动将符合查询条件的已结关的清单调出并显示到"查询结果"栏，如图 3 - 78 所示。

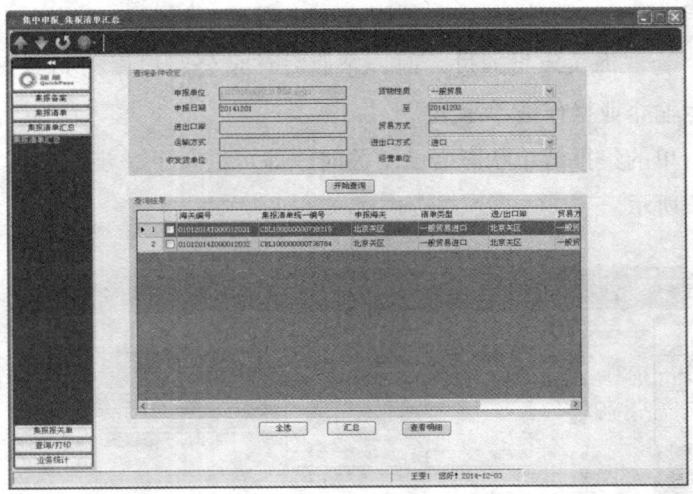

图 3 – 78

在列出的查询结果中，企业可根据需要勾选或点击"全选"按钮，选择好需要汇总的清单后，点击"汇总"按钮（需使用具备汇总权限的操作员卡操作集报清单汇总），系统弹出提示框，如图 3 – 79 所示。

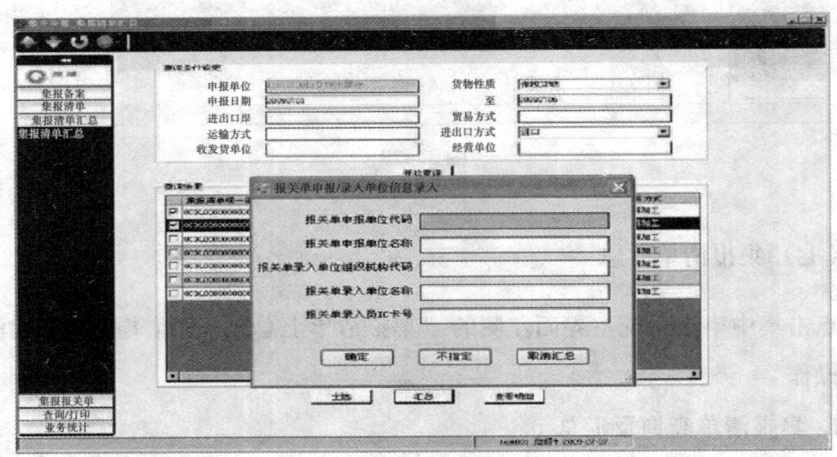

图 3 – 79

"报关单申报单位代码"录入申报单位海关 10 位编码。填写完毕点击回车键，系统自动调出"报关单申报单位名称"，"报关单录入单位组织机构代码"录入汇总单位组织机构代码，填写完毕点击回车键，系统自动调出"报关单录入单位名称","报关单录入员 IC 卡号"录入汇总单位录入员 IC 卡卡号。填写完毕点击"确定"按钮完成汇总,如图 3 – 80 所示。

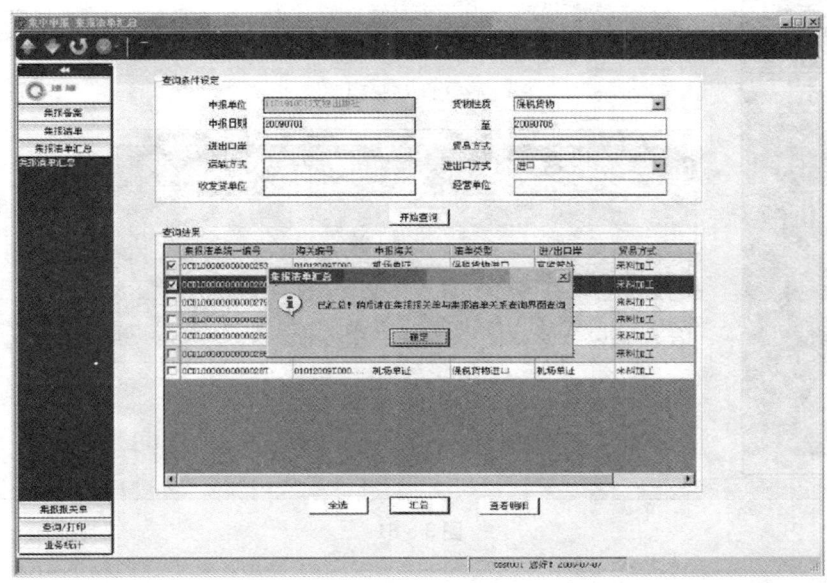

图 3 – 80

此时清单尚未真正汇总成报关单,需待集报报关单状态变为"上载成功"后方可申报报关单。

集报清单汇总原则为海关总署令第 169 号规定的归并条件自动汇总成一份或多份报关单。

2. 清单与报关单对应关系查询

在"查询/打印"模块下,点击进入"清单与报关单对应关系"查询界面,设定查询条件,点击"开始查询"按钮,系统自动将清单汇总生成的报关单与清单的对应关系显示在查询结果处,如图 3 – 81 所示。记录"集报报关单中心统一编号",通知代理报关企业进行报关单申报,或企业用户登录报关申报子系统进行申报。企业用户也可直接通过"集报报关单"功能查询对应的集报报关单中心统一编号。

(八)集报报关单

企业用户在集中申报子系统界面点击左侧的"集报报关单"模块。

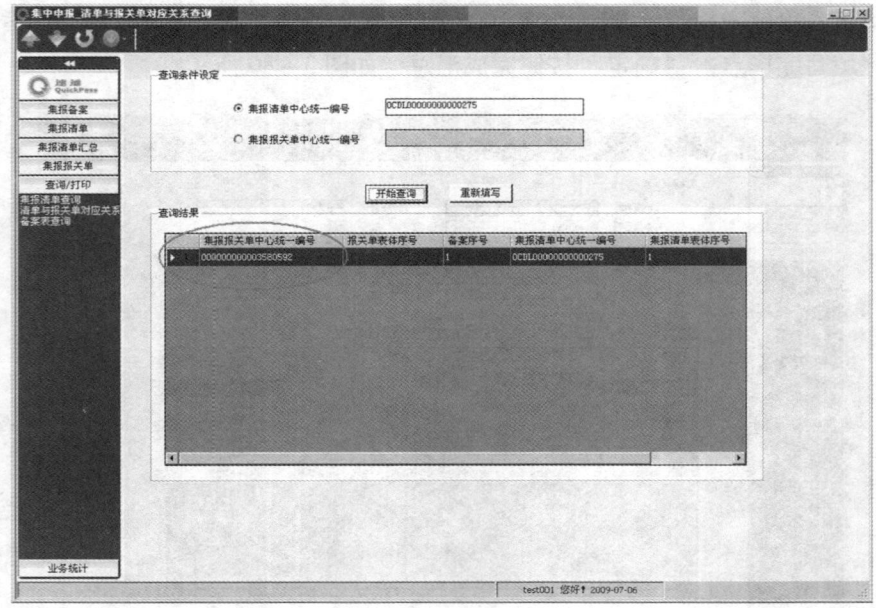

图 3－81

1. 集报报关单查询及删除

在"集报报关单"模块下，点击进入集报报关单查询界面，操作员卡需具备报关单查询权限方可查询，否则，系统提示无权限操作。

在查询条件设定处，输入查询条件，点击"开始查询"按钮，系统将符合该查询条件的报关单信息列在查询结果列表处，如图 3－82 所示。当所需查询的报关单状态为"上载成功"时，选中该报关单，点击"查看明细"按钮，进入报关单详细信息界面。

在报关单详细信息界面，查看报关单内容，此时的报关单所有信息均为不可写状态。

如需要重新汇总，则可删除该报关单，点击页面上方的"删除"按钮，如图 3－83 所示。报关单在申报前或申报后被退单时均可删除重新汇总。删除成功后，用户可根据需要重新操作清单汇总，形成新的集报报关单。

2. 集报报关单申报

企业用户在中国电子口岸客户端点击进入"报关申报"子系统，在"查询/打印"模块下点击"单据查询/打印"，在查询条件设定栏设定查询条件，

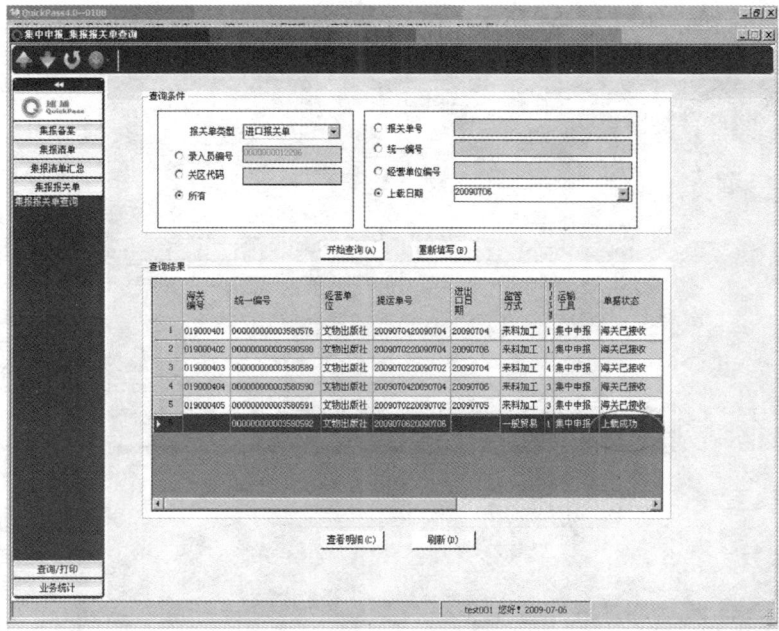

图 3 – 82

图 3 – 83

点击"开始查询"按钮，调出需要申报的报关单，选中该报关单，点击"查看明细"按钮,如图 3 - 84 所示。

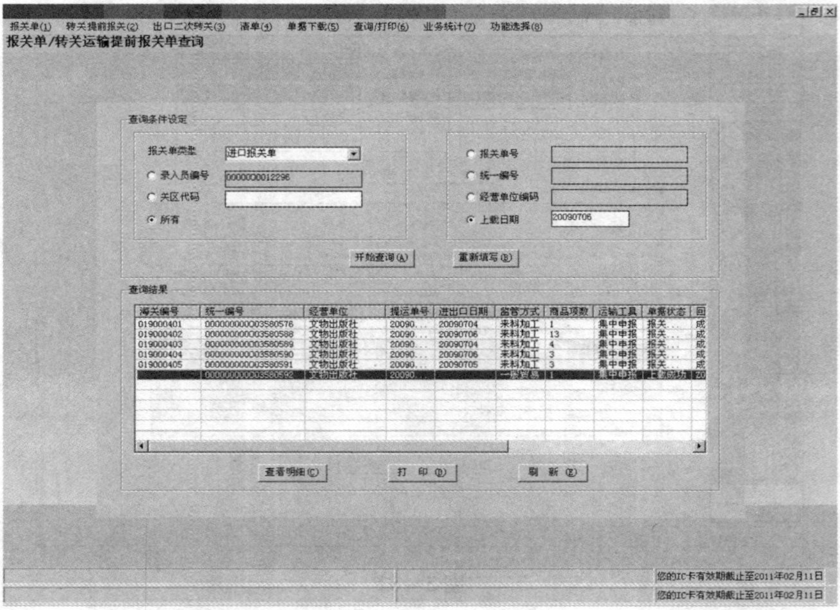

图 3 - 84

集报报关单申报流程同普通报关单一致,输入报关单数据中心统一编号,系统自动调出相应的集报报关单,在此界面中"备案号"栏为空,"运输工具名称"栏自动显示为"集中申报",将其他内容补充完毕后分别点击"暂存"、"申报"按钮,如图 3 - 85 所示,即可完成申报。

报关单申报成功后用户可以在"报关申报"子系统下的单据查询界面,查询到该票报关单数据,如图 3 - 86 所示。同时,也可以在"集中申报"子系统下的集报报关单查询界面,查询到该票报关单数据,如图 3 - 87 所示。报关单的状态变为"已结关"后,整个业务流程完成。

(九)业务统计

用户在集中申报系统"业务统计"模块,点击进入"集报清单业务统计"界面,用户可以根据设定的查询条件,来实现对一定时间内集报清单的统计工作,如图 3 - 88 所示。

图 3 - 85

图 3 - 86

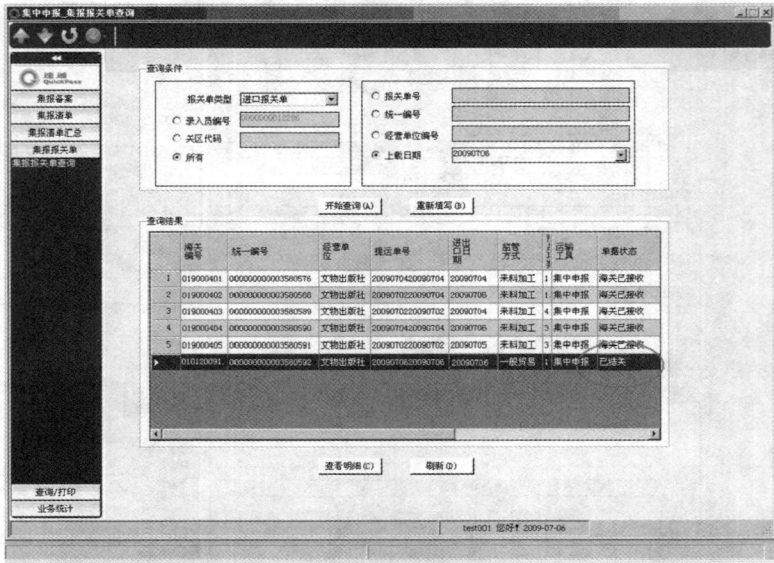

图 3-87

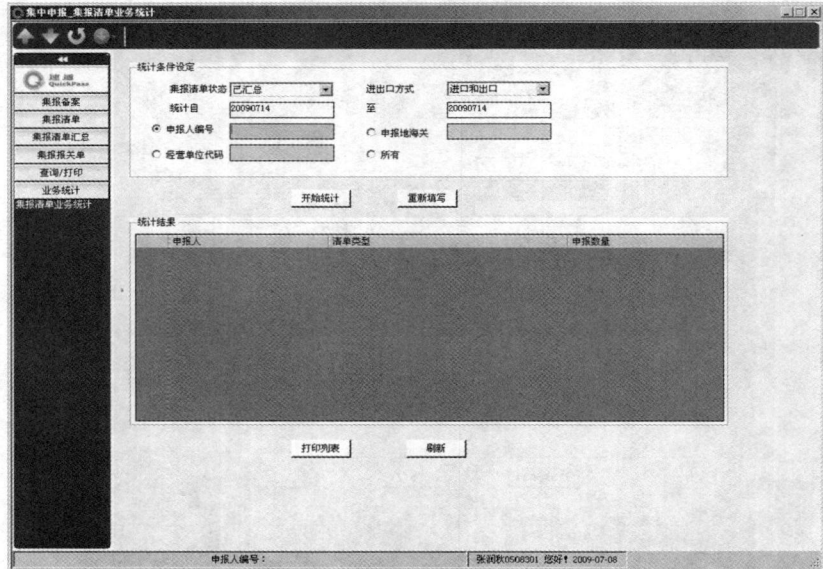

图 3-88

第三节　舱单及运输工具申报系统

本节主要内容

◆ 海运舱单及运输工具系统开发背景；

◆ 海运舱单及运输工具相关概念；

◆ 海运进口基本操作；

◆ 海运出口基本操作。

为了规范海关对进出境运输工具舱单的管理，促进国际贸易便利，保障国际贸易安全，电子口岸按照一点接入的原则，开发了新舱单及运输工具动态管理系统（简称新舱单系统），新舱单系统实现了电子口岸、船代、货代、码头、堆场和地方海关之间的数据传输。

新舱单系统包括海运、空运和公路运输三个方面的业务，为方便初学者，本节主要就海运舱单及运输工具系统进行介绍。

一、知识点解析

新舱单系统以通关舱单作为物流监控的主线，整合了运输工具动态申报、舱单核注核销、货物堆存、移动、分流、分拨、放行、进出卡口等整个物流链的信息，从而建立了以国际标准格式数据为基础的进出口舱单管理系统。

（一）舱单

舱单是指进出境船舶、航空器、铁路列车、公路车辆等运输工具负责人或其代理人向海关递交或传输的真实、准确反映运输工具所载货物、物品情况的纸质载货清单及电子数据。

（二）原始舱单

原始舱单是指舱单传输人向海关传输的反映进境运输工具装载货物、物品或者乘载旅客信息的舱单。

（三）预配舱单

预配舱单是指反映出境运输工具预计装载货物、物品或者乘载旅客信息的舱单。

（四）装载舱单

装载舱单是指反映出境运输工具实际配载货物、物品或者载有旅客信息的舱单。

（五）提（运）单

提（运）单是指用以证明货物、物品运输合同和货物、物品已经由承运人接收或者装载，以及承运人保证据以交付货物、物品的单证。

（六）总提（运）单

总提（运）单是指由运输工具负责人、船舶代理企业所签发的提（运）单。

（七）分提（运）单

分提（运）单是指在总提（运）单项下，由无船承运业务经营人、货运代理人或者快件经营人等签发的提（运）单。

（八）运抵报告

运抵报告是指进出境货物、物品运抵海关监管场所时，海关监管场所经营人向海关提交的反映货物、物品实际到货情况的记录。

（九）理货报告

理货报告是指海关监管场所经营人或者理货部门对进出境运输工具所载货物、物品的实际装卸情况予以核对、确认的记录。

（十）疏港分流

疏港分流是指为防止货物、物品积压、阻塞港口，根据港口行政管理部门的决定，将相关货物、物品疏散到其他海关监管场所的行为。

（十一）分拨

分拨是指海关监管场所经营人将进境货物、物品从一海关监管场所运至另一海关监管场所的行为。

（十二）装箱清单

装箱清单是指反映以集装箱运输的出境货物、物品在装箱以前的实际装载信息的单据。

二、业务流程

本节将重点介绍海运过程中运输工具备案、船舶动态的申报及舱单相关单据的申报等操作，内容主要按照进出境进行分类。

在进行业务数据录入时，需要使用电子口岸预录入系统内的新舱单系统及运输工具系统，点击预录入系统内相应子系统图标，进入系统进行录入申报操作，如图 3 - 89 所示。

（一）海运进口

1. 业务流程说明

（1）船务公司要先在海关做"企业备案"由海关给出企业备案号，才可进入舱单申报系统进行数据申报。

（2）船公司及其代理应事先向海关提交船舶备案电子数据，办理船舶备案手续。

（3）在原始舱单电子数据传输之前，船务（船代）公司需录入"船舶进境（港）动态预报"，并向海关申报，等待海关审批通过回执。

（4）接收到"船舶进境（港）动态预报"海关审批通过回执后，船务

图 3 – 89

（船代）公司向海关申报"海运原始舱单"电子数据。

（5）货运代理公司申报报关单信息，办理进口报关手续。

（6）货物进入中国国境在抵港 24 小时前申报"船舶进境（港）动态确报"电子数据信息。

（7）海关接受船舶进境动态确报传输后，船务（船代）公司方可向海关办理"船舶单据"申报的手续。

（8）船舶到港后，船务（船代）公司录入申报"船舶进境（港）动态抵港"信息，如果船舶在港口发生泊位变化，则还需要申报"船舶移泊动态"信息。

（9）船靠港卸货后，理货公司根据现场理货情况，录入"海运进口理货报告"，向海关申报，海关将理货报告与原始舱单数据进行比对，如校验无误，给予放行；如校验有误，海关将审批不通过的回执同时发给理货公司和船务公司，由理货公司查验理货结果是否正确，如信息有误，需要将之前录入的理货报告信息删除后重新申报，由船务公司核对申报原始舱单信息是否准确，如信息有误，需要将之前录入的原始舱单信息变更后重新申报。

（10）进境货物、物品需要分拨的，港口应当以电子数据方式向海关提出分拨货物、物品申请，经海关同意后方可分拨。货物、物品需要疏港分流的，港口应当以电子数据方式向海关提出疏港分流申请，经海关同意后方可疏港分流。

（11）分拨货物、物品运抵港口时，港口应当以电子数据方式向海关提交分拨货物、物品运抵报告。疏港分流完毕后，港口应当以电子数据方式向海关提交疏港分流货物、物品运抵报告。

（12）需要二次理货的，经海关同意，理货公司可以在运输工具卸载货物、物品完毕后的24小时以内以电子数据方式向海关提交理货报告。

（13）进口货物、物品和分拨货物、物品提交理货报告后或疏港分流货物、物品提交运抵报告后，海关即可办理货物、物品的查验、放行手续。

注意：运输工具数据的格式及必、选填项请参考海关总署公告2013年第68号及第75号规定。在运输工具系统各界面内必填项以红色栏目显示，非必填项以蓝色栏目显示。

新舱单系统各项数据填制要求请参考海关总署2010年第70号及第77号公告，各项数据必填选填等要求请参考公告内容。

2. 系统操作流程

下面按照海运进境业务流程逐步介绍新舱单系统及运输工具系统的业务操作。

（1）船舶备案。

进入运输工具子系统，点击"船舶备案"按钮，出现下拉菜单。单击"船舶备案"进入相应界面，如图3-90所示。

（2）船舶进境（港）动态预报。

单击"船舶动态"进入相应界面，如图3-91所示。

录入"IMO号码、进境（港）航次、到达港代码、出境（港）航次"等必填项后即可申报数据。

（3）海运原始舱单。

海运原始舱单申报分为主要数据申报、其他数据申报。其中进境运输工具载有货物、物品的，舱单传输人应当在集装箱船舶装船的24小时以前，非

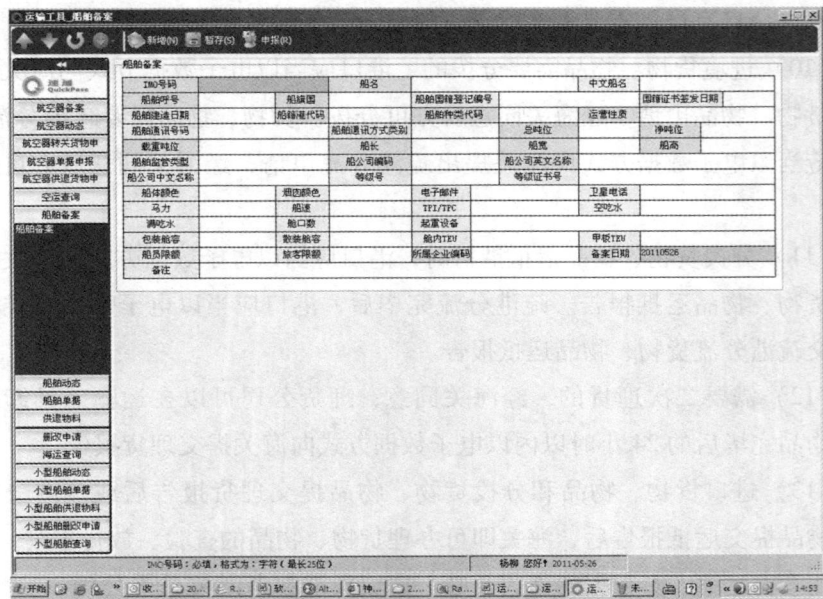

图 3 - 90

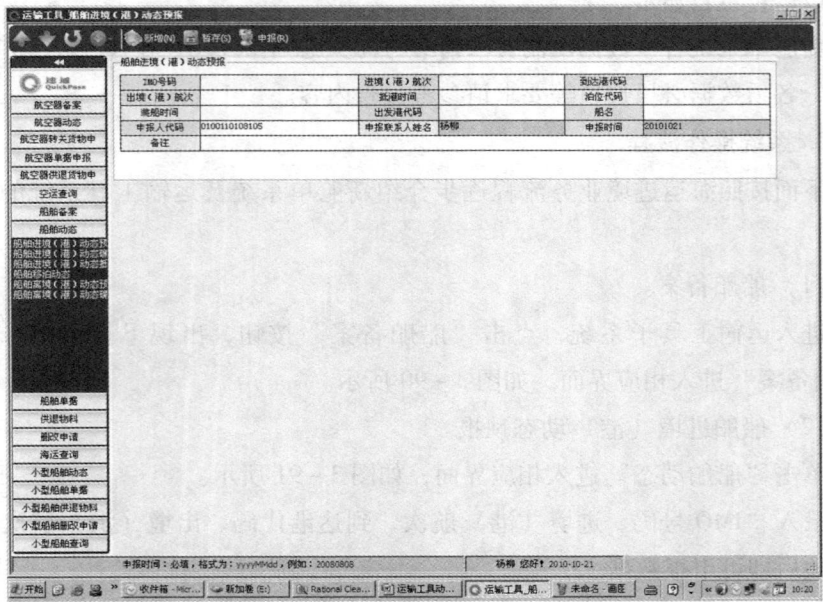

图 3 - 91

集装箱船舶抵达境内第一目的港的 24 小时以前向海关传输原始舱单主要数

据；原始舱单其他数据应当在进境货物、物品运抵目的港以前向海关传输，主要数据、其他数据的分类请参考总署公告，如图 3 - 92 所示。

图 3 - 92

输入航次航班号及运输工具代码后，如之前已录入过该原始舱单信息，系统会自动返填已录入数据。表头数据录入完毕后，在表体中有若干"详细"按钮，其内容也需填制，操作方法如下（仅以海运原始舱单为例，其他业务中所涉及"详细"按钮不再赘述）。

在表体"途经国家代码"中点击"详细"按钮，跳出信息框，如图 3 - 93 所示。点击"新增"选择"国家代码"，将鼠标挪至蓝条里单击返填出代码数据，关闭信息框，录入完毕。其他详细按钮操作方式也相同，在此不再赘述。

舱单数据填制完毕，点击"暂存"按钮，跳出"暂存成功"的提示框，在申报主要数据和其他数据时，需要勾选提运单信息，即在总运单号前加"√"，如图 3 - 94 所示。

若没有勾选，申报时系统会跳出"请勾选需要申报的记录"提示框。

原始舱单申报成功后，系统将提示"已成功传入申报邮箱"。

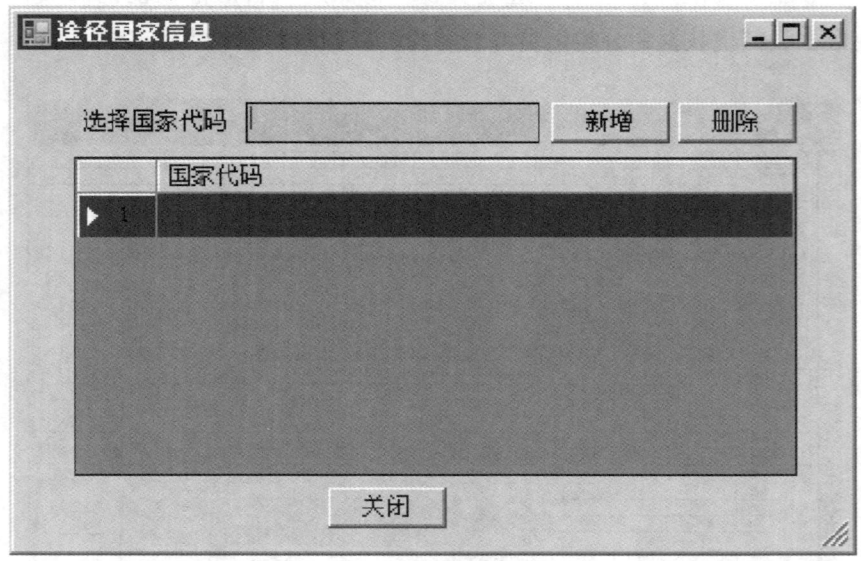

图 3 – 93

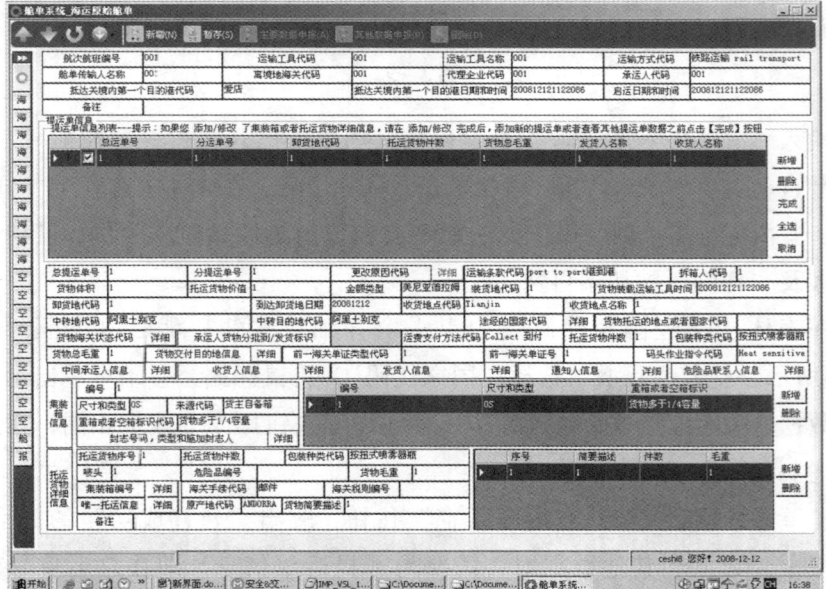

图 3 – 94

若想删除此单则点击"删除"按钮，系统跳出删除提示框，如图 3 – 95

所示。点击"是",即可删除该票舱单。此删除操作仅限传入电子口岸端的舱
单数据,若要删除已传入内网(海关)的舱单数据,需做"海运原始舱单删
除"申请。

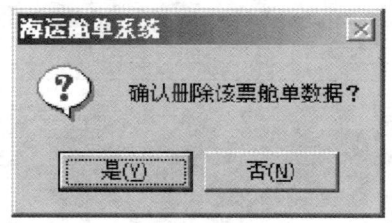

图 3 - 95

若需变更已发往海关的原始舱单数据,则要进入"海运原始舱单变更申
请"界面,更改数据,变更申请不能暂存,只能申报,如图 3 - 96 所示。

图 3 - 96

录入航次航班编号、运输工具代码,系统将调出已申报原始舱单数据,
表头数据可直接修改。申报时,需要勾选需变更的提运单数据再申报。

若已发往海关的原始舱单数据需做删除处理,则需进入"海运原始舱单

删除申请"界面，通过录入航次航班编号及运输工具代码可调阅出已申报数据，直接勾选需删除的提运单记录点击申报删除数据，需要删除整票原始舱单的需勾选全部提运单，如图3-97所示。

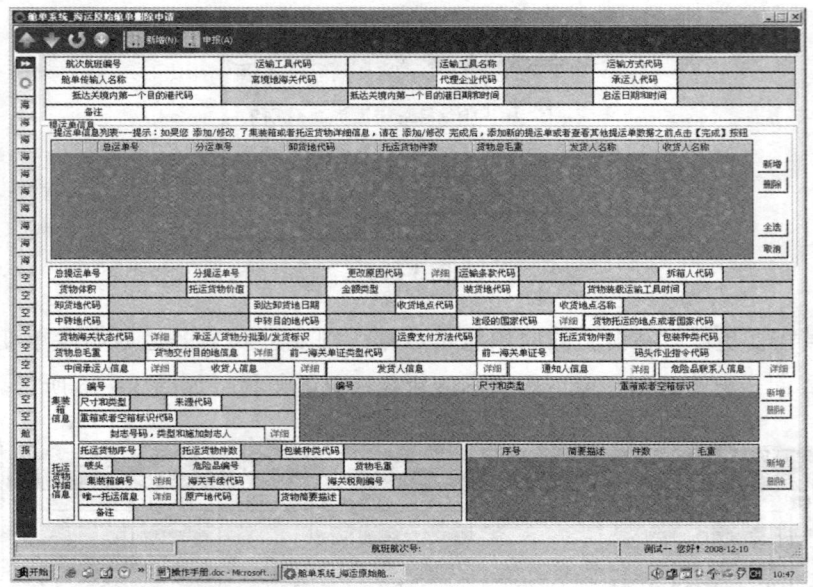

图3-97

注意：仅原始/预配舱单有变更申请，其他舱单单证不能申报变更数据，如用户需变更，只能先申报删除申请，再重新录入申报。删除申请不能暂存，只能申报。

（4）船舶进境（港）动态确报。

船舶有确定的抵达或者直接进港的时间和港口码头泊位后，运输企业或者代理人应在海关规定的时限（24小时）内提前向海关申报进境（港）动态确报数据，如图3-98所示。

（5）船舶单据。

船舶单据是对该船舶非进出口物品的凭证，如图3-99所示。

船舶单据分为10个录入界面，分别为：总申报、货物申报单、船用物品申报单、船员名单、船员物品清单、船次摘要、沿海空箱、内贸集装箱货物、转关货物及危险货物申报。

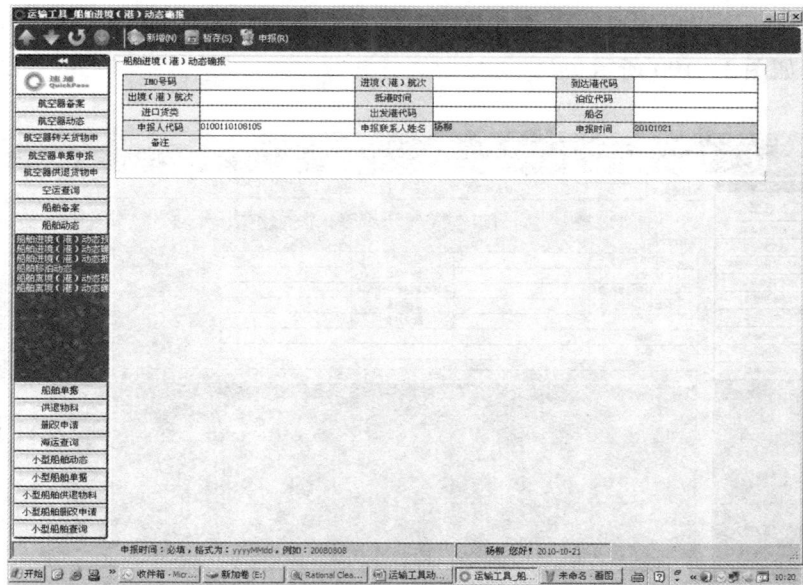

图 3 – 98

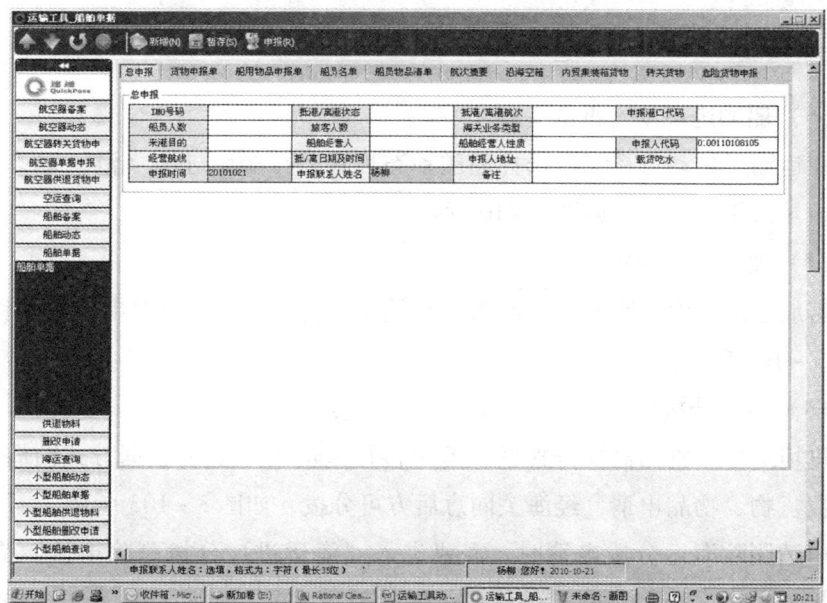

图 3 – 99

以货物申报单为例，在录入数据时，需点击右侧"添加"按钮才可录入数据，如图 3 – 100 所示。

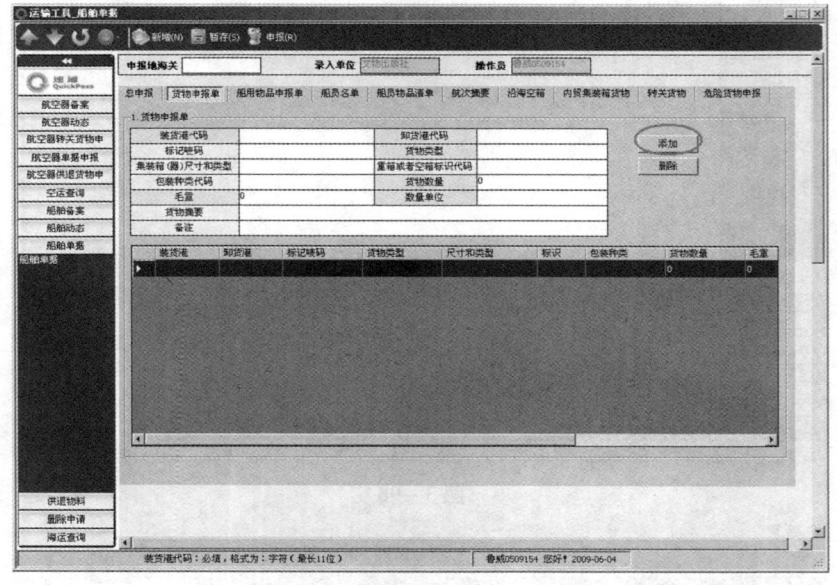

图 3 – 100

（6）船舶进境动态抵港。

在运输工具动态系统内选择船舶动态栏目，在船舶进境（港）动态抵港页面内录入相应数据，如图 3 – 101 所示。

（7）船舶移泊动态。

若船舶需移泊，则港口（码头）运输工具传输人需向海关申报船舶移泊，如图 3 – 102 所示。

（8）海运分拨申请。

进境货物、物品需要分拨的，舱单传输人应当以电子数据方式向海关提出分拨货物、物品申请，经海关同意后方可分拨，如图 3 – 103 所示。

申请删除海运分拨申请时，需要进入"海运进口分拨删除申请"界面，在该界面内只需填写运输工具代码、航次航班编号、总提运单号、分提运单号字段，在选择删除的提运单信息前打"√"，选择"申报"即可申请删除数据。

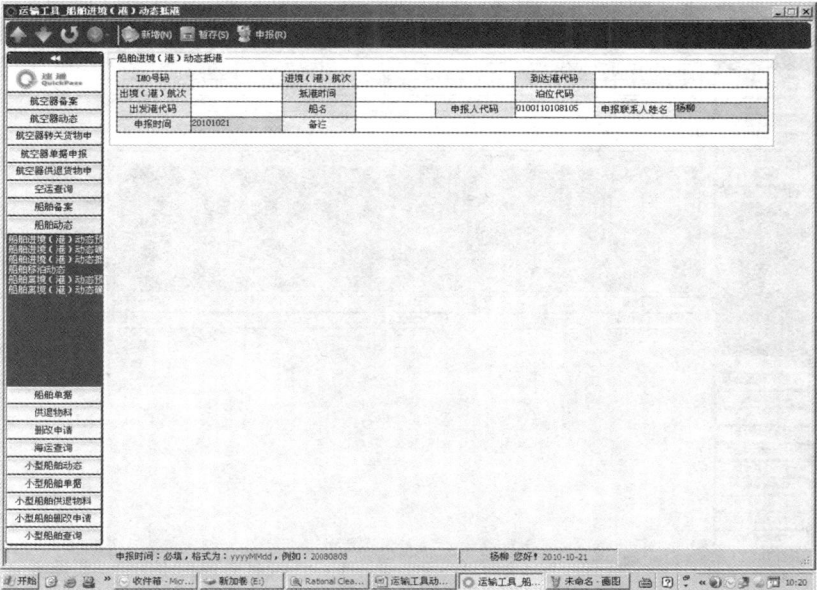

图 3 – 101

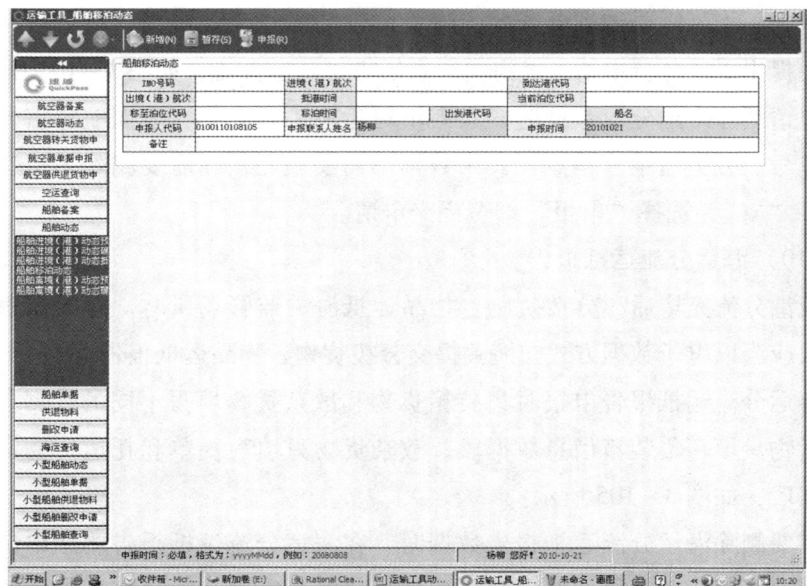

图 3 – 102

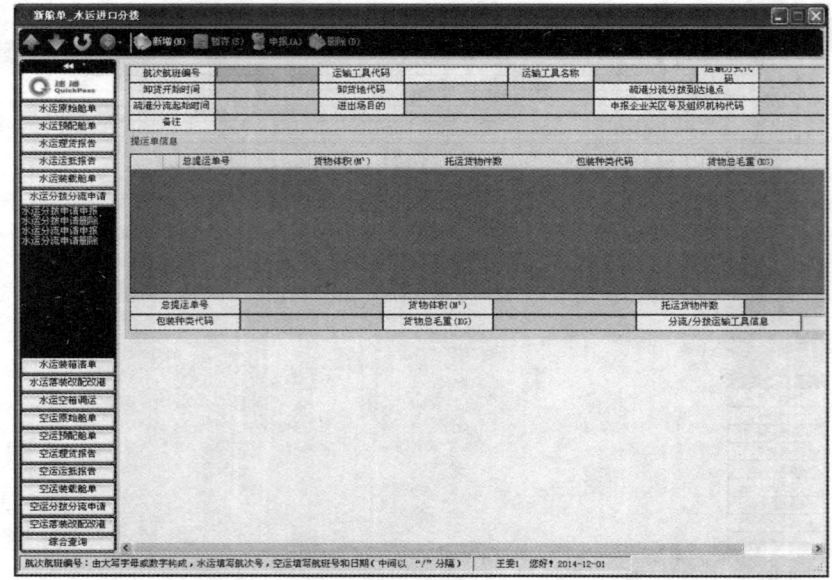

图 3 - 103

（9）海运分流申请。

货物、物品需要疏港分流的，海关监管场所经营人应当以电子数据方式向海关提出疏港分流申请，经海关同意后方可疏港分流，如图 3 - 104 所示。

申请删除海运分流数据时，只需填写运输工具代码、航次航班编号、总提运单号、分提运单号信息，其余数据不需要填写，在需要删除的提运单信息前打"√"，选择"申报"即可提交申请。

（10）海运分流运抵报告。

疏港分流完毕后，分拨货物、物品运抵海关监管场所时，海关监管场所经营人应当以电子数据方式向海关提交分拨货物、物品运抵报告。

海运分流运抵报告申报时集装箱货物和散杂货物填写不同的数据段，集装箱货物只填写集装箱信息数据段，散杂货物只填写提单和托运货物详细信息数据段，如图 3 - 105 所示。

需要删除海运分流运抵报告数据时，在海运分流运抵报告删除申请界面只填写申报地海关代码、航次航班编号、总提运单号、分提运单号（条件）、运输工具代码、集装箱编号，其余数据元不填写，点击"申报"即可删除数据。

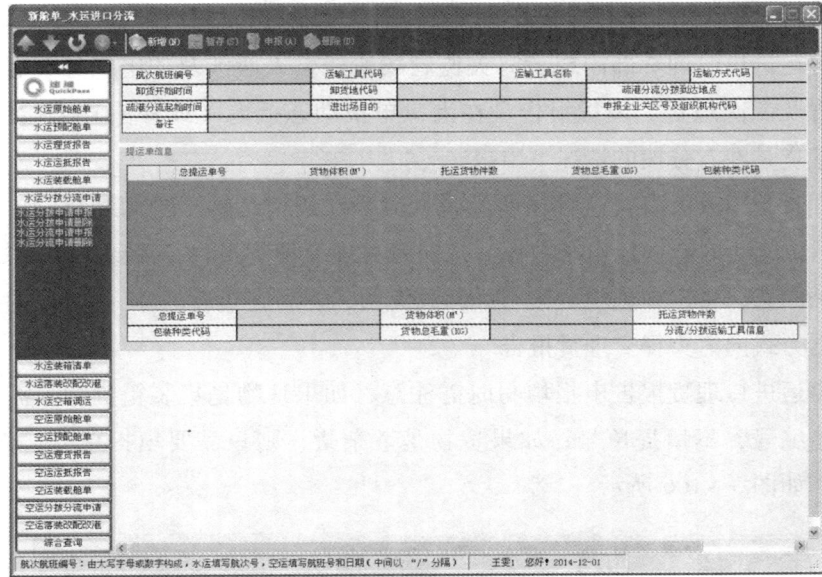

图 3 - 104

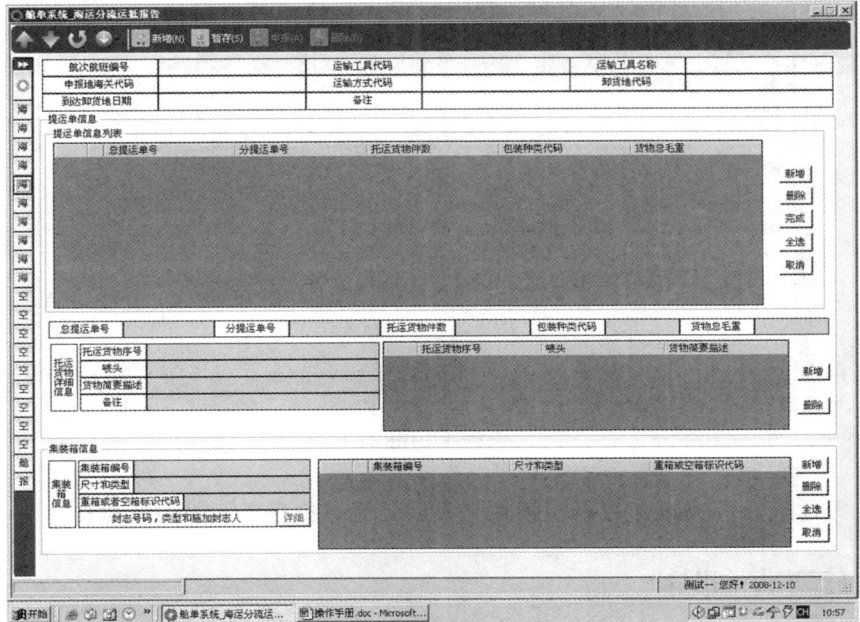

图 3 - 105

（11）海运进口理货报告。

海运进口时理货部门或者海关监管场所经营人所涉及的申报环节有：理货报告及二次理货。理货报告是在港口申报动态抵港（或移泊）之后申报，二次理货是在有分拨的情况下申报。

理货部门或者海关监管场所经营人应当在进境运输工具卸载货物、物品完毕后的 6 小时以内以电子数据方式向海关提交理货报告。需要二次理货的，经海关同意，可以在进境运输工具卸载货物、物品完毕后的 24 小时以内以电子数据方式向海关提交理货报告。

海运进口理货报告申报填写时需注意，如果货物是集装箱货物只需要填集装箱编号，不填提单号；如果货物是散杂货，则只需要填提单号、件数、重量，如图 3 - 106 所示。

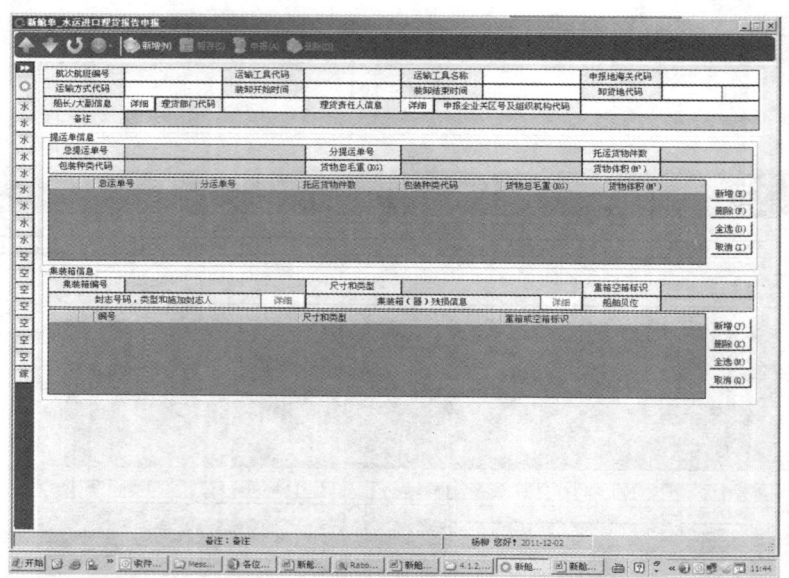

图 3 - 106

海运进口理货报告数据的删除同海运分流运抵报告删除申请操作。

（二）海运出口

1. 业务流程说明

（1）船务公司要先在海关做"企业备案"，由海关给出企业备案号，才可进入舱单申报系统进行数据申报。

（2）船公司及其代理应事先向海关提交船舶备案电子数据，办理船舶备案手续。

（3）货代公司应当在货物、物品装箱以前向海关传输"装箱清单"电子数据。

（4）在预配舱单电子数据传输之前，船务（船代）公司应先向海关申报"船舶离境（港）动态预报"电子数据信息。

（5）接收到"船舶离境（港）动态预报"海关审批通过回执后，船务（船代）公司录入"海运预配舱单"并向海关申报，等待海关审批通过回执。

（6）出境货物、物品运抵港口时，港口方应当以电子数据方式向海关提交"海运出口运抵报告"。

（7）货运代理公司申报报关单，办理出口报关手续。

（8）船务（船代）公司应当在运输工具开始装载货物、物品的30分钟以前向海关传输"海运装载舱单"电子数据。

（9）船务（船代）公司应当在运输工具驶离设立海关的地点的2小时以前将"船舶离境（港）动态确报"电子数据向海关申报。

（10）海关接收原始舱单主要数据传输后，船务（船代）方可向海关办理"船舶单据"申报的手续。

（11）出境驶离装货港的6小时以内，理货公司应当以电子数据方式向海关提交"海运出口理货报告"。海关应当将装载舱单与理货报告进行核对，对二者不相符的，以电子数据方式通知负责人。负责人应当在装载货物、物品完毕后的48小时以内向海关报告不相符的原因。

2. 系统操作流程

（1）船舶离境（港）动态预报（图3-107）。

船舶离境（港）动态预报操作同船舶进境（港）动态预报，录入IMO编号、出境航次等必填字段数据后即可申报。

（2）海运预配舱单。

海关接受预配舱单主要数据传输后，舱单传输人应当在集装箱船舶装船的24小时以前，非集装箱船舶在开始装载货物、物品的2小时以前向海关传输预配舱单其他数据。申报界面如图3-108所示。

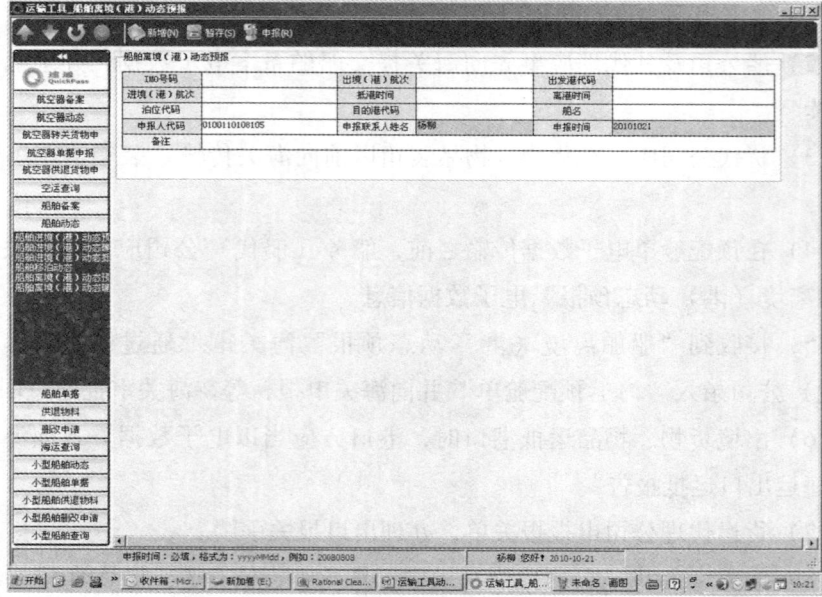

图 3 - 107

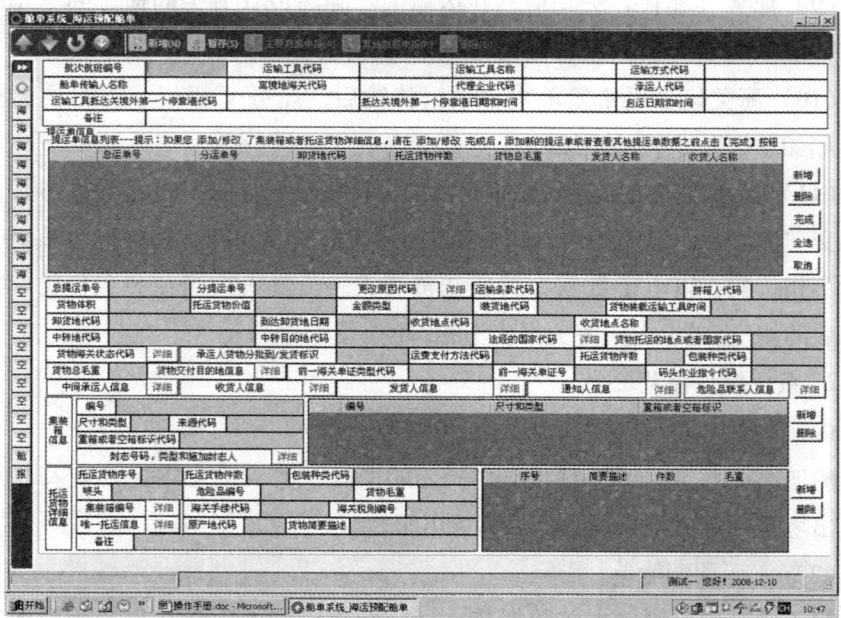

图 3 - 108

预配舱单数据的变更和删除请参考本章海运进口原始舱单部分的内容。

（3）海运装载舱单。

舱单传输人应当在运输工具开始装载货物、物品的30分钟以前向海关传输装载舱单电子数据。装载舱单中所列货物、物品应当已经海关放行，如图3－109所示。

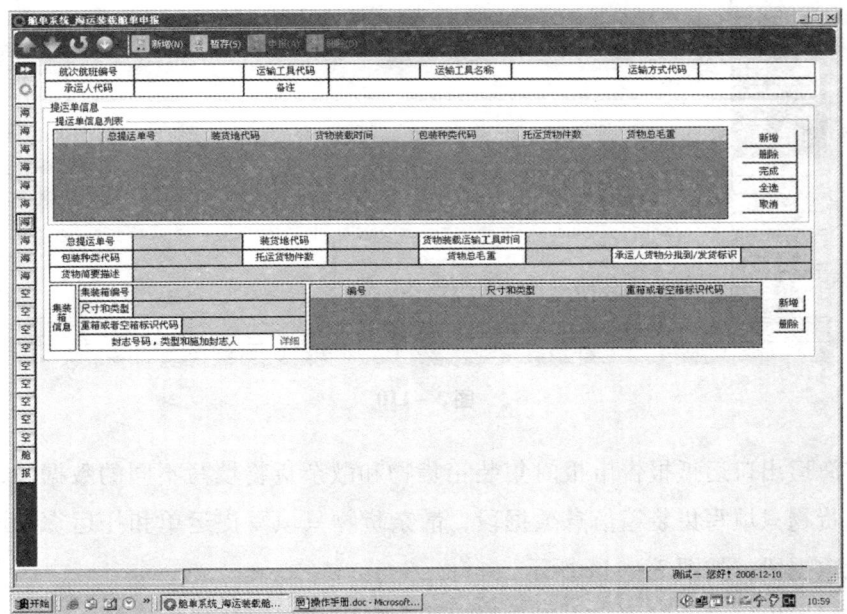

图 3－109

装载舱单的变更和删除请参考本章海运进口原始舱单部分的内容。

（4）船舶离境（港）动态确报。

界面同船舶进境（港）动态确报，如图3－110所示。

（5）船舶单据。

同上述海运进口船舶单据，从略。

（6）海运出口运抵报告。

在海运出口时港口（码头）所涉及的申报环节仅有海运出口运抵报告。

出境货物、物品运抵海关监管场所时，海关监管场所经营人以电子数据方式向海关提交运抵报告。

运抵报告提交后，海关即可办理货物、物品的查验、放行手续。

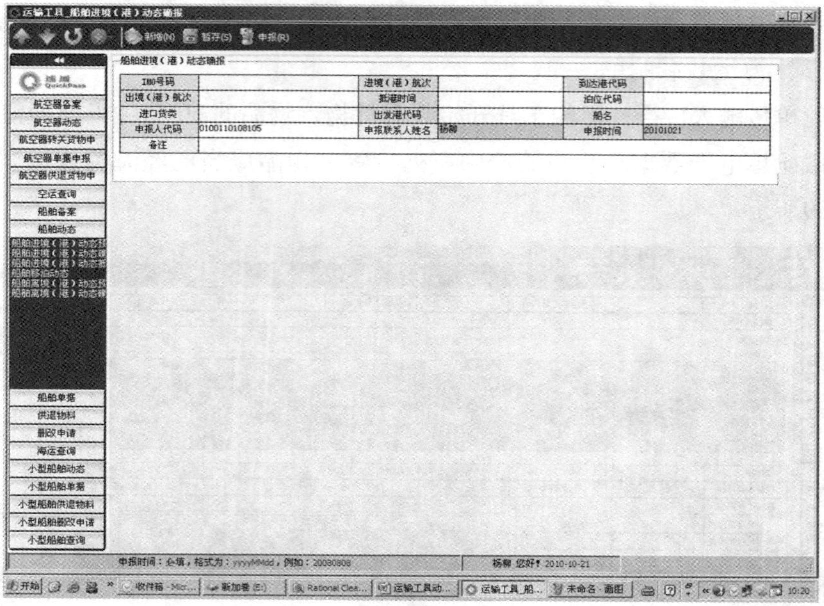

图 3－110

海运出口运抵报告申报时集装箱货物和散杂货物填写不同的数据段，集装箱货物只填写集装箱信息数据段，散杂货物只填写提运单和托运货物详细信息数据段，如图 3－111 所示。

海运出口运抵报告的变更和删除请参考本章海运进口原始舱单部分的内容。删除时只填写申报地海关代码、航次航班编号、总提运单号、分提运单号（条件）、运输工具代码、集装箱号，其余数据元可不填写。

（7）海运出口理货报告。

理货部门或海关监管场所经营人在海运出口时仅申报出口理货报告，该报告应在出境运输工具驶离装货港的 6 小时以内，以电子数据方式向海关申报。此环节也是海运出口舱单申报的最后一步。

集装箱货物只填集装箱编号，不填提单号；散杂货物填提单号、件数、重量，如图 3－112 所示。

海运出口理货报告变更和删除请参考本章海运进口原始舱单部分的内容。

（8）海运装载清单。

装载清单是指反映以集装箱运输的出境货物、物品在装箱以前的实际装

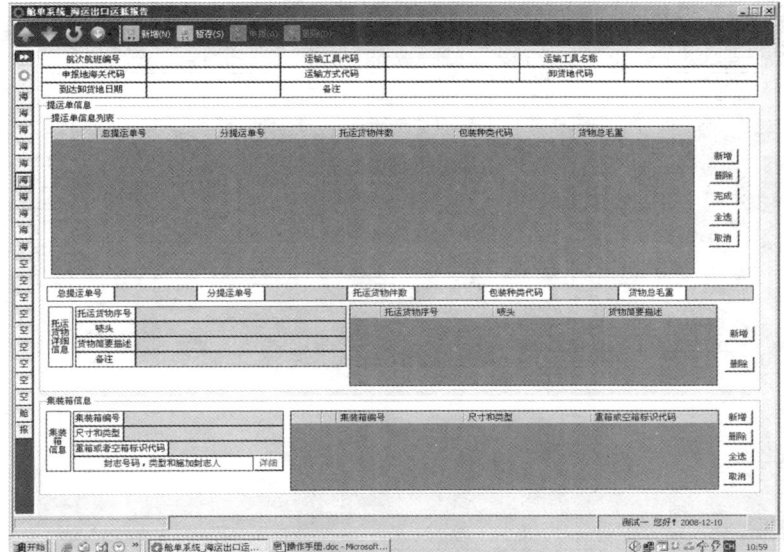

图 3 – 111

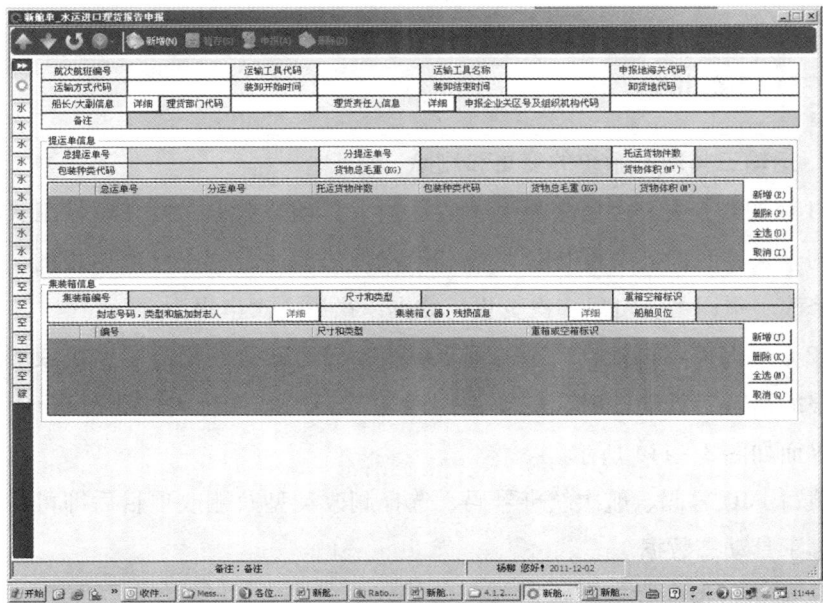

图 3 – 112

载信息的单据, 如图 3 – 113 所示。

　　海运装载清单删除请参考本章海运进口原始舱单部分的内容。

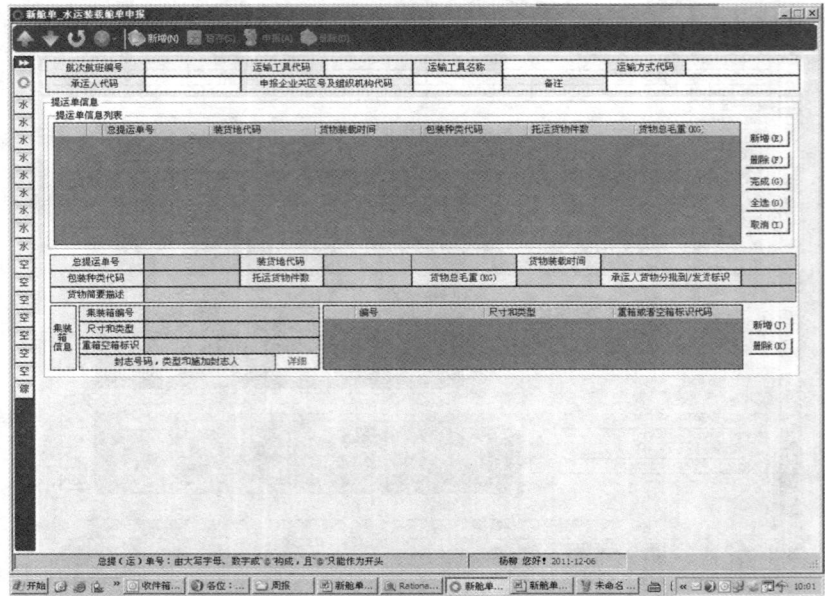

图 3 – 113

（三）注意事项

1. 运输工具动态系统的变更和删除

（1）如需变更已经申报至海关的运输工具动态数据，可在运输工具动态系统的录入界面直接录入 IMO 号码和航次航班编号，调出已经申报的数据后直接修改申报即可，可以多次变更，数据以最后一次申报为准。

（2）如海关不再接收动态的重复申报，而运输企业仍需要变更或删除已经申报的运输工具动态时，需要使用运输工具动态系统内的删改申请功能。操作界面如图 3 – 114 所示。

填写 IMO 号码、航次航班号码，选择删改类型及删改项目后即可对应删除运输工具动态数据。

2. 舱单数据的变更和删除

舱单系统内，所有数据的变更和删除操作都是通过单独的页面进行的。

（1）进行变更操作时，需要在"×××变更申请"页面录入 IMO 号码及航次航班号码，调出已申报数据，修改表头数据或者提运单信息。如果变更

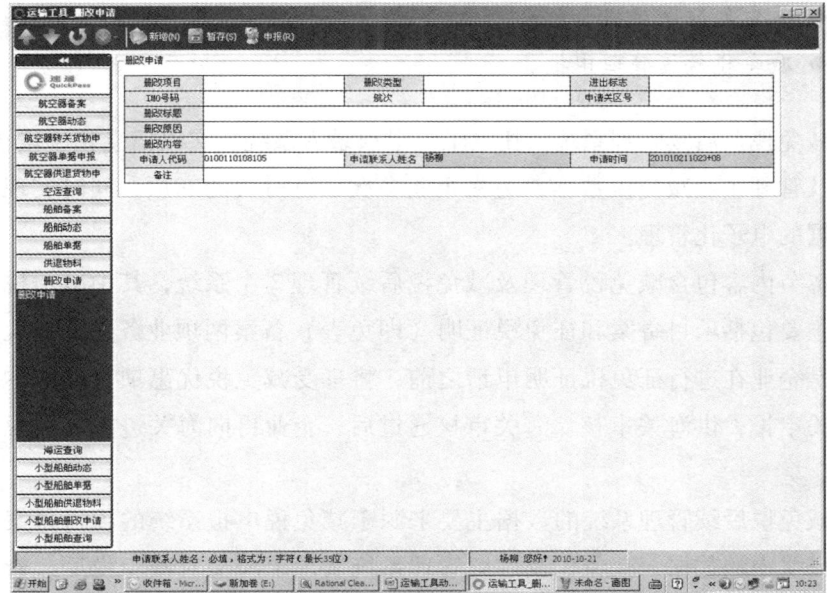

图 3－114

了提运单信息，需勾选相应提运单信息后再申报。

（2）进行删除操作时，需要在"×××删除申请"界面录入 IMO 号码及航次航班号码，调出已申报数据，勾选需删除提运单信息后点击"删除"按钮，如果需要删除整票数据，要勾选所有的提运单。运输工具进境 24 小时内，不能新增或删除提运单数据，只能通过变更申请、变更提运单信息并申报或通过删除申请删除数据。

（3）运抵报告、分拨分流及理货报告，申报后不能进行变更，如果有申报错误的提运单数据，需要先删除提运单、集装箱信息条目，再在运抵报告录入界面输入运输工具代码、航次航班号调出数据后新增条目重新填写。

第四节　减免税及后续管理系统

本节主要内容

◆ 减免税及后续申报系统相关概念；

◆ 减免税证明申报；

◆ 减免税后续管理申报。

减免税及后续管理系统依托电子口岸预录入系统，它以信息化手段传输、储存及管理企业减免税数据，免去企业多次往返海关的麻烦，同时实现了企业数据的电子化管理。

本节内容包含减免税管理及减免税后续管理 2 个系统，其中减免税管理系统主要包括项目备案和征免税证明（即免表）备案两项业务，征免税备案申请是企业在进行征免税证明申请之前，将享受减免税优惠项目的基本内容向海关申报，供海关审核。海关审核通过后，企业再向海关进行征免税证明申请。

减免税后续管理系统的数据主要来源于减免税申报系统的项目备案和征免税证明中的数据。减免税及后续管理系统实现了海关对减免税后续管理中贷款抵押、税款担保、解除监管、货物结转、货物退运、年报管理、主体变更、货物补税和异地监管等业务的电子化申报和管理。

一、知识点解析

减免税是指依照我国的法律、法规、相关政策等，在货物进出我国关境时对应缴税收给予的减少征收和免予征收的优惠措施。减免税申报系统包括征免税备案和征免税证明。下面我们了解一下减免税相关的知识点。

（一）征免税备案申请

征免税备案申请是指企业在进行征免税证明申请之前，将其享受减免税优惠政策的项目基本内容向海关申报，供海关审核和进行进一步的减免税征减免管理的业务。

（二）征免税证明申请

征免税证明申请是指企业将证明自身享有减免政策的资料提交海关审批，以得到纸质的"征免税证明"，并凭此享有税收减免优惠的业务。

（三）进出口征免税申请

进出口征免税证明申请是企业用于向海关进行征免税证明申报的资料，它分为三种类型：类型一表示无须备案申请，没有额度控制的证明申请，即一证一表；类型二表示有项目备案，受到额度限制但不需要技术清单的证明申请，即有备案无清单；类型三表示不但有项目备案，而且还受到备案中清单的限制的征免税申请，即有备案有清单。项目备案申请的表体为该项目的备案清单信息，但是在实际的业务中，表体一般都不录入。

（四）货款抵押

货款抵押是指货主单位将在监管期内的减免税货物作为抵押，向金融机构办理贷款，企业若要办理贷款抵押事先应向海关申请，得到批准后才可办理相关手续。

（五）税款担保

税款担保是指减免税申请人已经向海关申请办理减免税备案、审批手续，在主管海关按规定受理期间（包括经批准延长的期限）货物到达进口口岸的，减免税申请人向海关申请暂时交保证金办理货物验放手续。

（六）解除监管

企业将监管期内的减免税货物解除海关监管，应事先向海关提出申请，如果已经达到监管期，则向企业出具"解除监管证明"，如果未到监管期则补税后出具"解除监管证明"。

（七）货物结转

货物结转是指在减免税货物监管年限内，进口减免税货物的法人单位因故将其进口的减免税货物转让给其他享有减免税优惠待遇的法人单位的行为。

（八）货物退运

货物退运是指减免税申请人因故需将尚在海关监管期内的减免税进口货

物退运出境。

（九）年报管理

年报管理是指海关要求企业每年将此前进口的监管期内的减免税货物向海关申报使用情况的管理行为。

（十）主体变更

减免税申请人在减免税货物监管期间，因分立、合并、股东变更、改制或其他资产重组活动而导致其法人主体变更或消失的，承担原减免税申请人债权债务关系的新法人主体，应当向原减免税申请人所在地海关报告。按照规定需要补征税款的，新法人主体应当向原减免税申请人所在地海关办理补税手续；按照现行规定可以继续享受减免税待遇的，新法人主体应当办理减免税货物结转手续。

（十一）货物补税

货物补税是指货物因提前解除监管等原因需要补税的，海关办理补征税款的手续。

（十二）异地监管

异地监管是指企业事先向主管地海关申请，将监管期内的减免税货物移放到企业主管海关关区以外的下属机构使用，经主管地海关同意后委托监管地海关继续对货物进行监管的行为。

了解了减免税及后续管理的有关概念后，下面详细介绍减免税及后续管理的操作流程。

二、业务流程

减免税申报业务流程如图 3 – 115 所示。

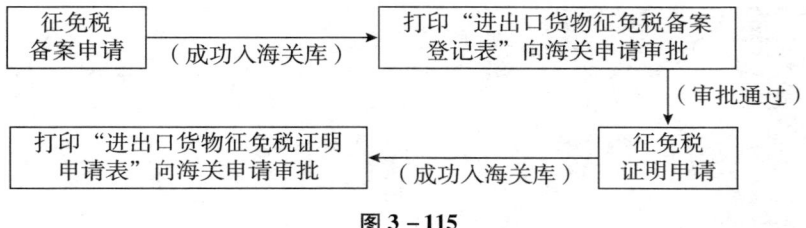

图 3 – 115

（一）减免税证明申报

点击"减免税申报"子系统，进入减免税申报系统界面，如图 3 – 116 所示。

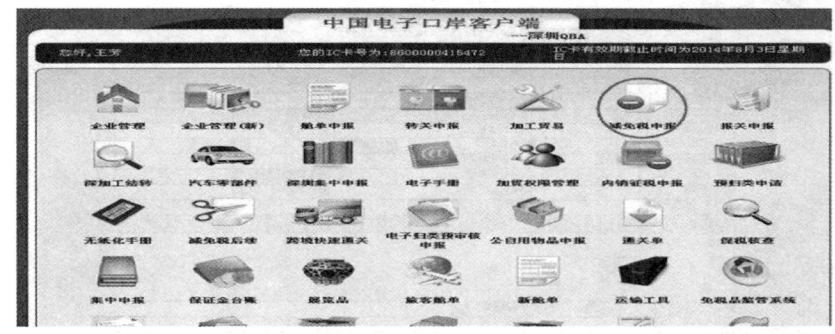

图 3 – 116

1. 征免税备案申请录入申报

点击"征免税备案申请"菜单，选择"征免税备案申请"功能，进入备案申请界面，如图 3 – 117、图 3 – 118 所示。

录入"申报地海关"，敲空格键即可调出相应代码，选中代码即显示相关内容。

项目备案申请录入界面分为表头、表体两部分。表头部分录入企业的基本信息，表体录入货物的备案信息。表头、表体部分需依次录入。红色标志部分为表头必填项，录入完毕，点击"申报"按钮。

2. 备案申请的查询/打印

（1）数据查询及打印。

征免税备案申请申报成功后，可以进行数据查询，点击"查询"按钮，

图 3 – 117

图 3 – 118

选择下拉菜单中的"数据查询",设定相应的条件,点击"查询"按钮,在数据查询结果列表中可以查看该项目备案的企业名称、当前状态等信息。双击某票数据或点击"查看明细"按钮,即可以调出该票项目备案详细信息,如图 3 – 119 所示。

当前状态为海关入库时,可打印"进出口货物征免税备案登记表",并提供其他相关资料递交给海关进行人工审单。

(2)回执查询及打印。

点击"查询"按钮,选择下拉菜单中的"回执查询",设定相应的条件,

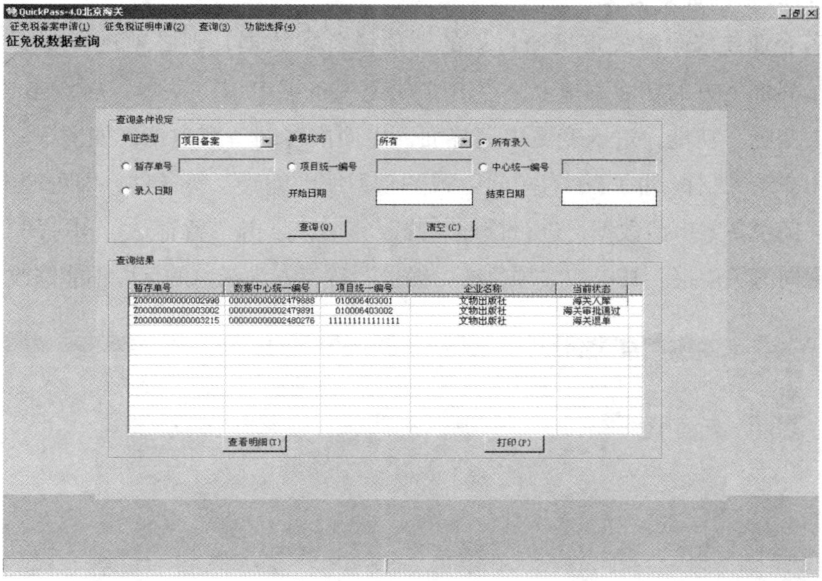

图 3 – 119

点击"查询",在回执查询结果列表中可以查看该项目备案的回执类型、当前状态等查询结果信息,如图 3 – 120 所示。

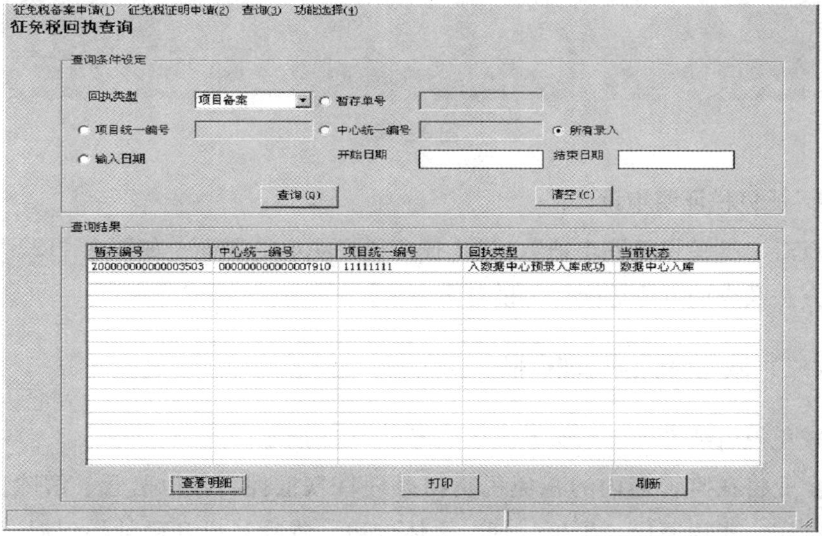

图 3 – 120

3. 征免税备案变更

若企业想修改海关审批通过后的征免税备案数据，则必须进行变更申请。在系统界面上方的功能菜单上，点击"征免税备案申请"菜单，再点击"征免税备案变更"功能，进入变更申请界面，界面内容同备案申请，如图 3 – 121 所示。用户录入刚查到的"暂存单号"或"项目统一编号"等条件，即可调出需修改的征免税备案申请数据，进行修改。修改完后，点击"暂存"、"申报"按钮，即实现向海关申报。其中如"项目统一编号"等背景为灰色的字段不能修改。

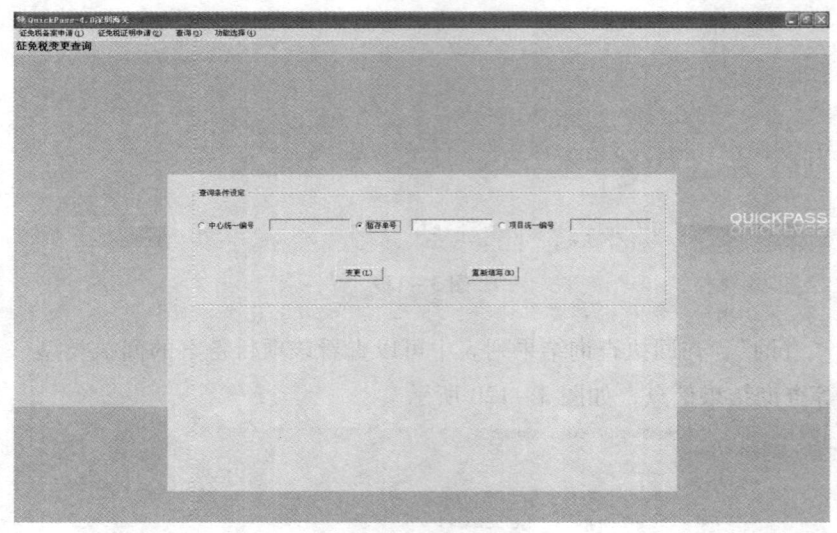

图 3 – 121

4. 征免税证明申请

点击"征免税证明申请"，进入征免税证明申请界面，如图 3 – 122 所示。操作方法及查询方法等同征免税备案申请。

（二）减免税后续管理申报

减免税后续管理申报业务流程如图 3 – 123 所示。

企业将在监管期内的减免税货物办理贷款抵押、异地监管、解除监管、货物结转、货物退运、年报管理、主体变更、货物补税和税款担保时，需事先向海关申请，得到批准后才可办理相关手续。

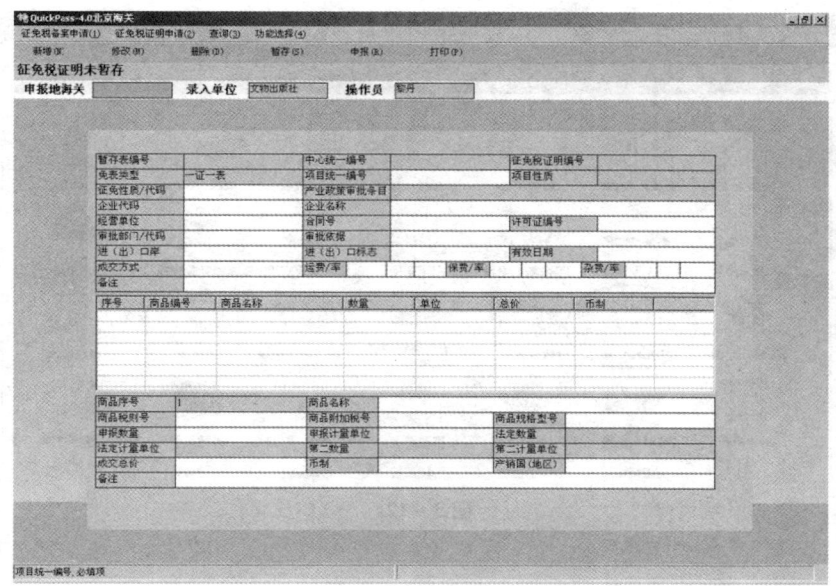

图 3 – 122

图 3 – 123

减免税及后续管理系统具体操作流程如下。

点击"减免税后续"子系统，进入减免税后续管理系统界面，如图 3 – 124 所示。

1. 贷款抵押

在菜单栏点击"贷款抵押"，选择下拉菜单中"贷款抵押申请录入"功能，进入贷款抵押申请录入界面，如图 3 – 125 所示。

先录入"征免税证明编号"，系统会返填出免表中的数据到界面上。蓝色框栏目为必填项。表体返填出免表中的商品信息后，在"选择"栏目的复选框中打"√"，商品项会变成可修改的状态，但是只允许修改商品编码和数量。"数量"不能超过原免表中相关商品申报数量，调整数量后，"原货物总

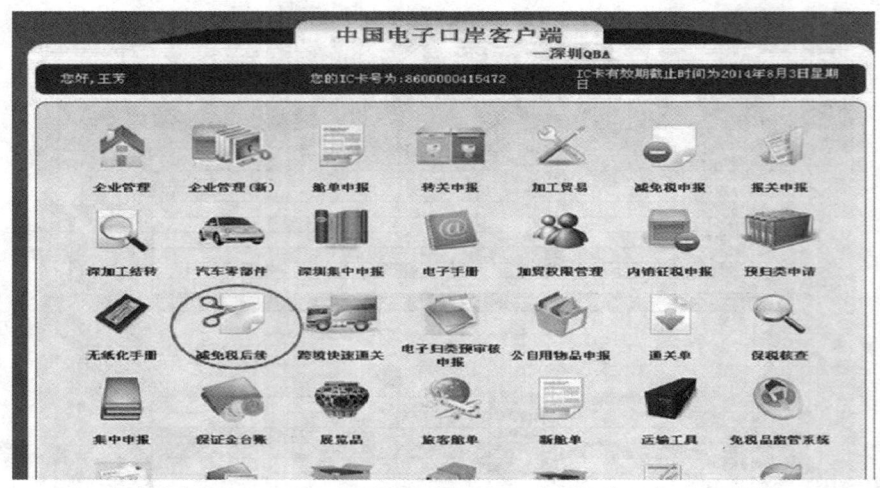

图 3 – 124

图 3 – 125

价"将自动随着数量的变化而变化。在"选择"栏不打"√"或者在"数量"栏输入"0",则表示不选择该商品。表体中至少要有一项商品,但不能超过 20 项商品,如图 3 – 126 所示。填写完毕后点击"暂存"、"申报"按钮。

2. 异地监管

输入"征免税证明编号"后,系统自动在表体中返填征免税证明表中的

图 3 - 126

货物信息，表体返填出免表中的商品信息后，在前面的复选框中打"√"，商品项会变成可修改的状态，但是只允许修改商品编码和数量。"数量"不能超过原免表中相关商品申报数量，调整数量后，"原进口总价"将自动随着数量的变化而变化。在"选择"栏不打"√"或者在"数量"栏输入"0"，则表示不选择该商品，如图 3 - 127 所示。

3. 解除监管

解除监管系统操作与异地监管相同，界面如图 3 - 128 所示。

4. 货物结转

货物结转系统操作与异地监管相同，界面如图 3 - 129 所示。

5. 货物退运

货物退运系统操作与异地监管相同，界面如图 3 - 130 所示。

6. 年报管理

无须录入征免税证明编号返填表头和表体数据，填报栏目均需手工录入，如图 3 - 131 所示。

贷款抵押(1)	异地监管(2)	解除监管(3)	货物结转(4)	货物退运(5)	年报管理(6)	主体变更(7)	货物补税(8)	税款担保(9)	查询(0)
系统维护(-)	功能选择(=)								

新增(N)	修改(M)	删除(D)	暂存(S)	申报(R)	打印(P)

异地监管未暂存

申报地海关	北京关区	录入单位	北京测试企业1	操作员	徐泽

暂存表编号		中心统一编号		后续管理编号	
企业代码		企业名称		联系人及电话	
异地使用原因					
监管地海关		异地单位或机构名称		联系人及电话	
备注					

征免税证明编号	

选择	序号	项号	商品编码	货物名称	规格型号	数量	单位	原数量	原货物总价

征免税证明编号（12位）		您的IC卡有效期截止至2011年01月22日

图 3 – 127

贷款抵押(1)	异地监管(2)	解除监管(3)	货物结转(4)	货物退运(5)	年报管理(6)	主体变更(7)	货物补税(8)	税款担保(9)	查询(0)
系统维护(-)	功能选择(=)								

新增(N)	修改(M)	删除(D)	暂存(S)	申报(R)	打印(P)

解除监管未暂存

申报地海关	北京关区	录入单位	北京测试企业1	操作员	徐泽

暂存表编号		中心统一编号		后续管理编号	
企业代码		企业名称		联系人及电话	
解除监管类型	⦿ 提前　○ 到期	解除监管理由			
备注					

征免税证明编号	

选择	序号	项号	商品编码	货物名称	规格型号	数量	单位	原数量	原货物总价

	您的IC卡有效期截止至2011年01月22日

图 3 – 128

7. 主体变更

在企业情况显示区域中选中一条企业信息后，在项目详细情况录入区域货款抵押(1)　异地监管(2)　解除监管(3)　货物结转(4)　货物退运(5)　年报管理(6)　主体变更(7)　货物补税(8)　税款担保(9)
查询(0)　系统维护(一)　功能选择(二)

新增(M)　　　修改(U)　　　删除(D)　　　暂存(S)　　　申报(R)　　　打印(P)

货物结转未暂存

申报地海关		录入单位	东方口岸	操作员	menxuesong
暂存表编号		中心统一编号		后续管理编号	
转出单位代码			转入单位代码		
转出单位名称			转入单位名称		
转出单位联系人及电话			转入单位联系人及电话		
转入地海关			转入单位项目统一编号		
结转理由及基本情况					
备注					

征免税证明编号								
选择	序号	项目	商品编码	货物名称	规格型号	数量	单位	原数量	原货物总价

您的IC卡有效期截止至2010年10月20日

图 3 – 129

货款抵押(1)　异地监管(2)　解除监管(3)　货物结转(4)　货物退运(5)　年报管理(6)　主体变更(7)　货物补税(8)　税款担保(9)
查询(0)　系统维护(一)　功能选择(二)

新增(M)　　　修改(U)　　　删除(D)　　　暂存(S)　　　申报(R)　　　打印(P)

货物退运未暂存

申报地海关		录入单位	东方口岸	操作员	menxuesong
暂存表编号		中心统一编号		后续管理编号	
企业代码		企业名称		联系人及电话	
退运原因					
备注					

征免税证明编号								
选择	序号	项目	商品编码	货物名称	规格型号	数量	单位	原数量	原货物总价

您的IC卡有效期截止至2010年10月20日

图 4 – 130

输入"项目统一编号"并点击回车键，系统将把该项目统一编号对应的项目信息返填在右边的项目详细情况显示区域和左边的项目详细情况录入区域中。

货款抵押(1)	异地监管(2)	解除监管(3)	货物结转(4)	货物退运(5)	年报管理(6)	主体变更(7)	货物补税(8)	税款担保(9)
查询(0)	系统维护(一)	功能选择(三)						

新增(N)	修改(M)		暂存(S)	申报(R)	打印(P)

年报管理未暂存

申报地海关		录入单位	东方口岸	操作员	menxuesong
暂存表编号		中心统一编号		后续管理编号	
企业代码		企业名称		年报年度	

企业自查内容与自查情况	
自查内容	企业自查情况
1、减免税货物安装地点、使用情况	
2、减免税进口货物的调换、抵押、质押、留置、转让、出售、移作他用、退运境外或进行其他处置的情况	
3、减免税进口货物超立项条范围或未能完全按立项条要求使用的情况	
4、实际进口的减免税货物的规格、型号和技术参数是否与申报时相同	
5、企业改制、转型、股权转让或合并、分立及其他资产重组情况	
6、减免税设备是否已入本单位固定资产账	
7、其他需向海关说明的情况	
备注	

图 3-131

在项目详细情况显示区域中选中一条记录后，左边的录入区域将显示该条记录信息，光标落在项目统一编号栏。用户在此输入新的项目统一编号并点击回车键，即完成了对该条项目信息的修改，如图 3-132 所示。

货款抵押(1)	异地监管(2)	解除监管(3)	货物结转(4)	货物退运(5)	年报管理(6)	主体变更(7)	货物补税(8)	税款担保(9)
查询(0)	系统维护(一)	功能选择(三)						

新增(N)	修改(M)		暂存(S)	申报(R)	打印(P)

主体变更未暂存

申报地海关		录入单位	东方口岸	操作员	menxuesong
暂存表编号		中心统一编号		后续管理编号:	
主体变更企业情况录入:	主体变更前录入 ▼	已录入主体变更前/(后)企业数:			

主体变更前/(后)企业情况

序号	1		序号	主体变更前/(后)企业名称	企业代码	企业性质	主管海关
企业代码							
企业名称							
企业性质							
主管海关							
联系人及电话							
主体变更说明							
备注							

股东及出资比例

序号	1		序号	股东名称	国别	出资比例	
股东名称							
国别							
出资比例							

项目详细情况

序号		序号	项目统一编号	项目名称	项目性质	产业条目	投资总额	投资总
项目统一编号								
项目名称								
用汇额度(美元)								

图 3-132

8. 货物补税

货物补税系统操作与异地监管相同，界面如图 3 – 133 所示。

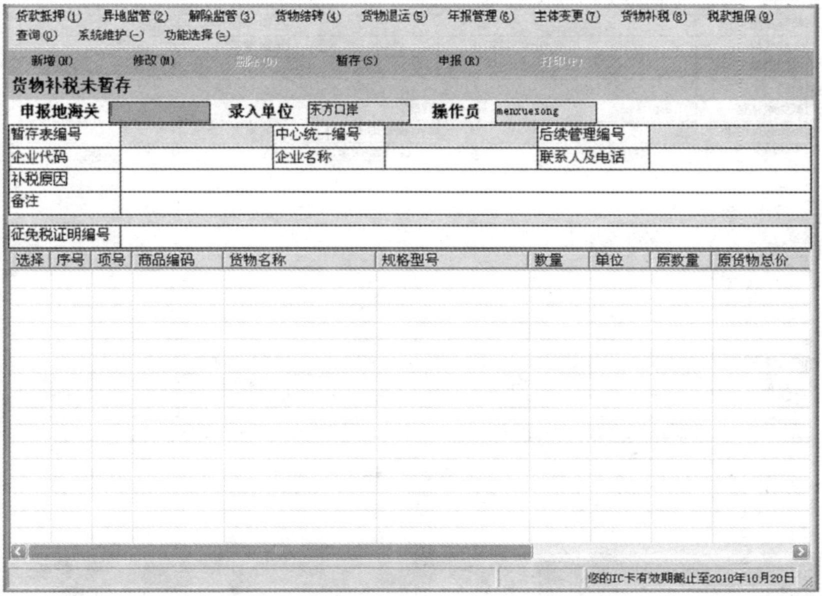

图 3 – 133

9. 税款担保

无须录入征免税证明编号返填表头和表体数据，填报栏目均需手工录入，如图 3 – 134 所示。

10. 查询

查询菜单下有三种查询方式，分别为数据查询、回执查询、打印查询。下面以数据查询方式为例进行介绍，回执查询及打印查询操作同数据查询。

在菜单栏点击"查询"按钮，选择下拉菜单中"数据查询"功能，进入数据查询界面，如图 3 – 135 所示。"数据查询"主要查询数据的当前状态，并可进入数据录入界面修改数据。

贷款抵押(1)	异地监管(2)	解除监管(3)	货物结转(4)	货物退运(5)	年报管理(6)	主体变更(7)	货物补税(8)	税款担保(9)
查询(0)	系统维护(-)	功能选择(=)						

新增(N)	修改(M)	删除(D)	暂存(S)	申报(R)	打印(P)

税款担保未暂存

申报地海关		录入单位	东方口岸	操作员	menxuesong

暂存表编号		中心统一编号		后续管理编号	
企业代码		企业名称		主送海关	
进口口岸		担保原因			
备注					
减免税依据		审批文件			
担保起始时间		担保终止时间			

序号	商品编号	货物名称	规格型号	数量	单位	金额	币制	合同号

商品序号	1	商品税则号		商品附加税则号	
货物名称		规格型号		商品数量	
金额		计量单位		币制	
合同号					

图 3 – 134

QuickPass4.0-0100000000441-北京海关

贷款抵押(1)	异地监管(2)	解除监管(3)	货物结转(4)	货物退运(5)	年报管理(6)	主体变更(7)	货物补税(8)	税款担保(9)
查询(0)	系统维护(-)	功能选择(=)						

减免税后续管理系统数据查询

查询条件

单证类型	税款担保延期 ▾

单据状态 所有 ▾   ● 所有录入（默认只查询最近两个月的数据）

○ 暂存表编号 [   ]   ○ 中心统一编号 [   ]   查询(Q)

○ 后续管理编号 [   ]   ○ 录入日期 [   ] 至 [   ]   清空(E)

查询结果

暂存表编号	数据中心统一编号	后续管理编号	录入日期	当前状态

查看明细

您的IC卡有效期截止至2010年10月20日

图 3 – 135

拓展阅读

无纸化方式为海关通关提速

交纳保证金的业务从 4 天缩至 2 分钟

日期：［2013 年 9 月 27 日］　　版次：［LA04］　　版名：［政务］

稿源：［南方都市报］

南都讯 记者孙婷 通讯员 符允翠　随着电子通关的逐渐普及，越来越多的企业选择使用这种更为便利的报关方式。有企业表示，原来需交纳保证金的业务由原来的 3～4 天才可办理到如今的 1～2 分钟内就可解决。现据统计，仅今年 8 月份，广州海关已经有超过 80% 的报关单采用了无纸化的电子通关，而这一比率还在进一步扩大。

电子通关缩短超 1 小时

昨日早上 9 点，美的报关公司内，资深报关员吴珊珊熟练地在电子口岸录入报关单，3 分钟后报关单发送申报，1 分钟后系统显示收到海关的放行回执，整个过程不超过 5 分钟。

美的报关公司平均每日要申报超过 300 份报关单，高峰期更超过 500 份。以前，在报关大厅其他报关企业最怕就是现场交单时遇到美的。"如果排在美的后面，一等就要大半天"，另一间报关公司的报关员说，"远远看到美的过来，肯定要多跑两步抢在他们前面"。

不过，自从去年 9 月，美的集团旗下的企业陆续与海关签订了通关无纸化协议，情况就有了很大的改变。美的报关公司拥有单证集中代存的资格，无纸化申报时无须上传随附单证，而且还有相当一部分的报关单可通过电脑自动对碰放行，无须人工审单，报关的手续大大简化、效率大大提高。报关员不再需要抱着一大摞厚厚的单证去海关窗口排队接单，货物通关时间缩短超过 1 小时。之后，随着越来越多的企业参与通关作业无纸化改革，报关员只需要在办公室电脑前等待货物放行回执，报关大厅里"一定要抢在美的前报关"的景象，早就不复存在了。

电脑企业一年节省约 10 万张纸

佛山市顺德区顺达电脑厂有限公司已经能够做到纯粹的"去纸本化"，

这在全国也是相当先进的做法。顺达电脑是一家生产服务器、工作站等云端计算机产品的外商独资企业。电子零配件的体积小而种类繁多，一份报关单几十页，甚至上百页装箱单是常有的事。海关进行通关作业无纸化改革后，顺达电脑直接由信息系统中采集数据自动生成报关所需的随附单证，直接跳过了扫描上传的环节。报关前的内部作业时间缩短近2个小时，报关员也免去单证整理的烦琐，报关效率整体提高，节省3~4个小时，全年更是因此而节约近10万张纸，环保又便利。

顺达电脑厂的报关主管祝姝萍说："海关实行无纸化通关后，我们公司的通关效率得到了很大提升，再配套海关实行的电子支付政策，我们原来需缴纳保证金的业务由原来的3~4天才可办理到如今的1~2分钟内就可解决，现在海关通关真的是迈入了电子新时代。"

无纸化改革方便的还有大批异地报关的企业。改革以前，异地企业一般用邮寄或者直接人手将报关单证送交代理的报关公司，现在很多异地报关企业都采用电子邮件的方式，直接将电子化的单证数据发给报关公司，既节约成本又方便快捷。

（转引自 http：//epaper.oeeee.com/s/html/2013 – 09/27/content_1944063.htm）

■ 思考练习

1. 什么是货物结关？它与海关放行有什么关系？

2. 报关所需的单证分为哪几种类型？

3. 在集中申报业务的企业资质备案中，一般贸易业务和加工贸易业务有什么区别？

4. 哪些进出口货物适用于集中申报通关方式？

5. 进出口征免税证明申请分为三种类型：一证一表、有备案无清单、有备案有清单，这三种类型有什么区别？

6. 减免税后续管理包括哪些业务？

第四章　电子口岸预录入系统——
加工贸易系统

　　加工贸易是指经营企业进口全部或者部分原辅材料、零部件、元器件、包装物料（以下简称料件），经加工或者装配后，将制成品复出口的经营活动，它包括来料加工和进料加工。加工贸易对解决国内就业、促进产业结构调整和技术进步、推动经济发展起到了重要的作用。

　　本章主要讲解的是和加工贸易相关的业务系统，包含无纸化手册、电子账册、内销征税、深加工结转四个系统，这四个系统也是加工贸易开展过程中最常用的系统。本章的设置，旨在帮助大家了解与加工贸易相关的业务知识，同时掌握加工贸易业务中的备案、通关、内销、深加工结转、核销等基本的业务操作。

第一节　无纸化手册

本节主要内容

◆ 无纸化手册系统的开发背景；

◆ 无纸化手册相关知识点讲解；

◆ 无纸化手册的业务备案流程及实务操作；

◆ 无纸化手册权限管理、报关申报、手册核销基本操作。

　　本节着重介绍无纸化手册系统，该系统是新一代加工贸易手册系统，它以中国电子口岸为平台，充分利用信息化的手段，帮助企业高效办理通关业务，提高人力、物力资源利用效率。

本节的学习目标是让学生从整体上了解无纸化手册开发背景，掌握无纸化手册的相关知识，掌握备案资料库、通关手册的备案方法，学会使用无纸化手册报关，并能在手册执行完毕后正确核销手册。

一、知识点解析

海关总署从 2008 年开始在全国推广无纸化手册系统，该系统在加工贸易中应用比较广泛。无纸化手册使用备案资料库进行管理，企业根据实际生产需要先申报料件、成品数据，供通关备案调用。因此，在正式学习使用无纸化手册系统前，企业首先要了解备案资料库、通关手册等相关概念。

（一）备案资料库

保税加工企业在开展加工贸易前，需向海关进行料件和成品的商品编码、品名、计量单位的备案，海关对其进行审核，审核通过后建立企业备案资料库。一个企业只需备案一个备案资料库，长期有效，并可根据企业发展增补料件成品归类资料。

（二）通关手册

企业以合同为单元建立备案资料库和通关手册，并根据备案后的通关手册进行进出口报关及手册核销。海关根据企业备案数据及实际进出口情况对手册进行手册核算、结案操作。

备案资料库与通关手册的关系是：通关手册备案的信息来源于备案资料库，一个企业只能有一份备案资料库，一份备案资料库对应多本通关手册。

手册备案的主要内容是企业基本信息、料件成品信息、料件成品的损耗关系。通关手册备案过程中，企业的基本信息及生产中用到的料件成品信息备案比较简单，一般不会出现错误，容易出错的地方是单损耗，有的企业在手册备案过程中，由于对净耗、损耗的概念理解有误，导致单损耗数据备案错误，而单损耗备案错误会直接影响企业后期的核销工作，因此很有必要先了解一下单损耗的几个相关概念。

（三）单耗

单耗是指企业在正常情况下加工单位成品所耗用的料件量，包含净耗和工艺损耗。

1. 净耗

净耗是指料件通过物理或者化学变化，转化到单位成品中的数量。

2. 工艺损耗

损耗是指由于加工工艺原因，在生产中除净耗外必须耗用，但又无法存在或转化到成品中的量，包括有形损耗和无形损耗。

对无纸化手册有了一个大体的了解后，接下来就可以正式进入备案操作环节了。

二、业务流程

我们可以把无纸化手册的流程划分为前期备案、中期通关、后期核销三个环节，基本流程如图4-1所示。

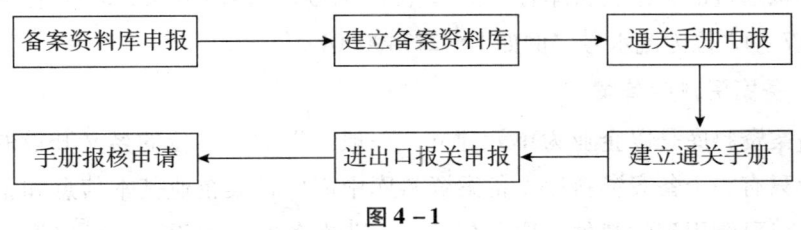

图4-1

企业首先要向海关申请建立备案资料库，申请审核后备案资料库建立。备案资料库建立后，企业可根据具体的加工贸易合同向海关申请通关手册备案，备案操作中要调用企业的备案资料库信息，海关审核通过后产生通关备案手册编号。

通关备案建立后，企业可使用手册开展进出口的报关业务，加工贸易合同执行完毕后，企业需要在规定的时间内向海关申请核销该手册，报核数据海关审核通过后，手册核销结案。

（一）备案资料库备案/变更

了解了无纸化手册的备案流程后，我们知道在申报通关备案之前要先建立备案资料库。接下来我们了解一下如何在系统中建立备案资料库。备案资料库操作的基本流程如图 4 - 2 所示。

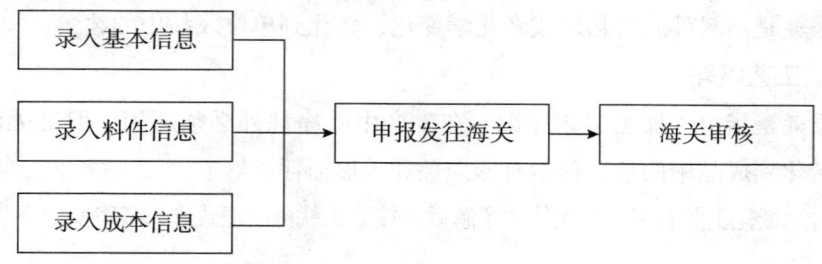

图 4 - 2

备案资料库包含三部分数据，分别是基本信息、料件信息、成品信息。企业录入完毕三部分信息后，检查无误即可向海关申报，海关接收到数据进行审核，审核通过后备案资料库建立。

审核通过的备案资料库有一个 12 位的编号，以 HS 开头，3 ~ 6 位为关区代码，7 ~ 12 位为流水号，例如 HS4227400001。

1. 备案资料库备案

备案资料库是以企业为单元建立，一般是以加工单位的名义开设的，一个企业只有一个备案资料库。备案资料库中需要备案企业基本信息和企业后期进出口可能用到的料件、成品信息。企业在备案通关手册时可以调用备案资料库中已经备案的料件、成品信息。具体操作如下。

进入无纸化手册系统后，点击"备案资料库"菜单中的"备案资料库"，如图 4 - 3 所示。

企业需要录入的基本信息主要包括企业内部编号、海关代码、企业名称、主管海关、生产能力等信息，备案资料库编号不可填写，由海关审核通过后返填。基本信息录入完毕后，点击"暂存"按钮，进入料件表的录入界面。

料件表中的料件序号由系统自动按顺序生成，货号为非必填项。企业录入商品 HS 编码并回车后，系统便调出商品相关信息，如图 4 - 4 所示。

选中需要备案的商品项，点击"确定"按钮后，系统会弹出该项商品的

图 4－3

图 4－4

申报要素填写界面，如图 4 - 5 所示。

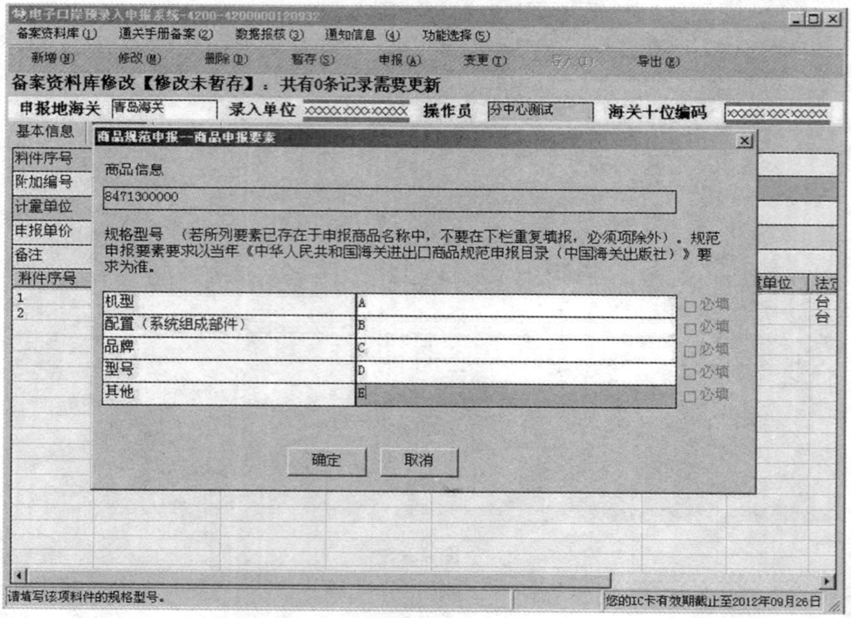

图 4 - 5

商品申报要素有必填和非必填两种属性，企业根据系统提示，依次录入商品的申报要素。目前无纸化手册系统中申报要素总字符数最多不能超过 50 个。录入完毕点击"确定"后，继续录入料件的其他信息，如图 4 -6 所示。

料件表录入界面中，底色为红颜色的字段为必填项，底色为浅蓝色的字段为选填项，例如商品编码、计量单位、主料标志等信息为必填项。录入完毕一项商品后，按照同样的方法继续录入其他的商品信息。

料件表信息录入完毕后，点击"成品表"继续录入成品信息。成品表的录入方法同料件表，此处不再赘述。基本信息、料件表、成品表三部分信息都录入完毕后，如需向海关申报，点击"申报"按钮，如图 4 -7 所示。

点击"是"，备案资料库数据会发往企业的主管海关，企业可联系海关对申报数据进行审核。

企业如果想查询备案资料库海关的审核情况，可以选择"备案资料库"菜单中的"备案资料库查询"功能，输入查询条件，点击"查询"，即可查

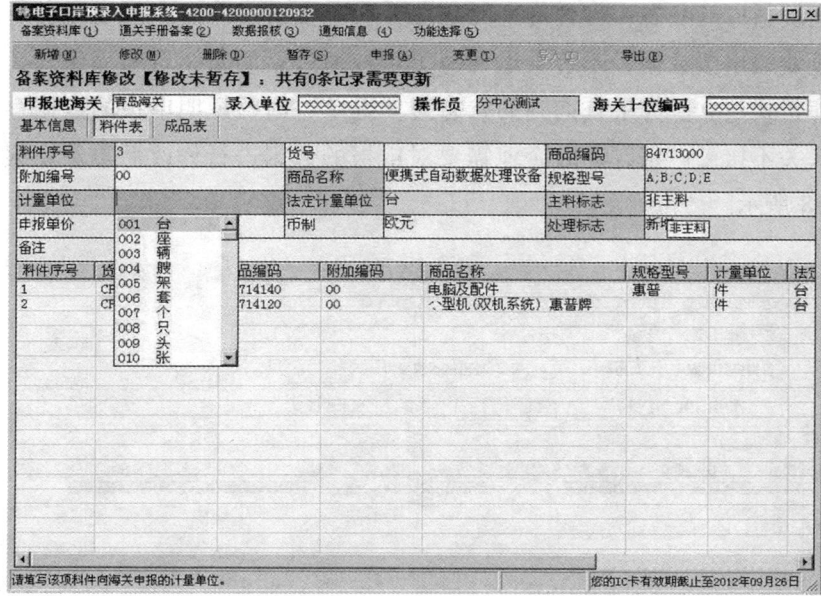

图 4 - 6

图 4 - 7

到备案资料库的状态,当查询到的状态为"审批通过"时,说明海关审核通过了企业的申报数据,系统会返回海关审核通过后的备案资料库编号,备案资料库正式建立。如果查询到的状态为"退单"时,说明申报的数据存在问题,海关不接受申报,此时企业需要对申报的数据进行修改后重新申报,如图4-8所示。

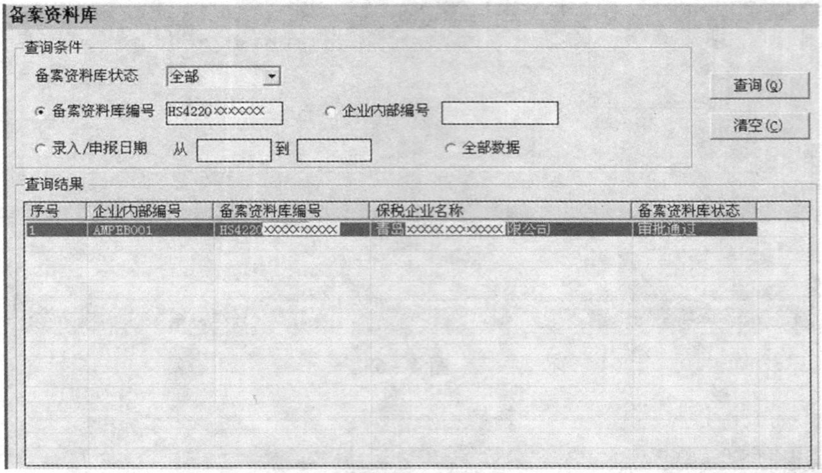

图4-8

2. 备案资料库变更

企业在开展业务的过程中,可能会遇到料件、成品在备案资料库中没有备案或已备案的商品 HS 编码发生变化等情况,此时,企业就要对备案资料库进行变更操作。

进入"备案资料库"中的"备案资料库查询"菜单,输入要变更的备案资料库编号,点击"查询"按钮,查询到已备案的备案资料库,用鼠标选中该数据,如图4-9所示。

点击"变更"按钮,进入到备案资料库的修改界面,如图4-10所示。

企业用户首先点击一下菜单中的"暂存"按钮,如果要修改已备案的数据,只需选中要变更的记录,修改数据后保存即可;企业如果要新增料件或成品,在界面录入新增的料件或成品即可,录入方法同备案资料库备案操作。新增或修改操作完毕后,点击"申报",变更数据会发往海关审核,海关审核

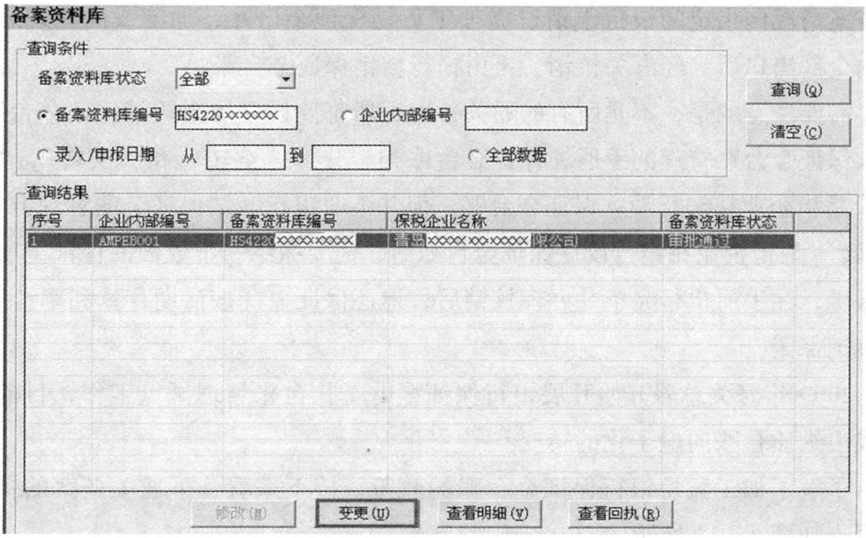

图 4 - 9

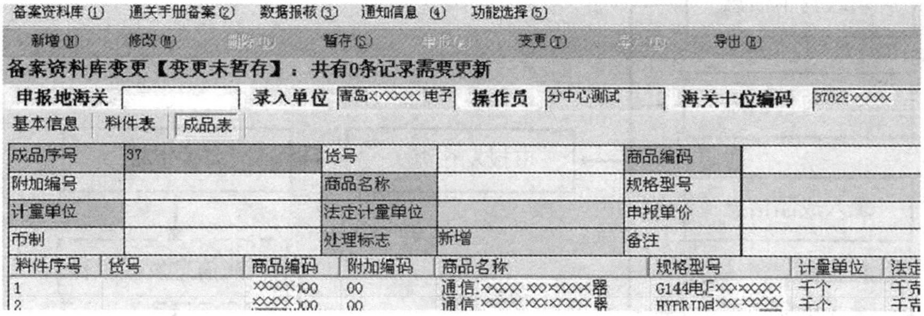

图 4 - 10

通过后变更数据生效。

（二）通关手册备案/变更

企业办理加工贸易合同备案前，要先向主管商务部门领取"加工贸易业务批准证"和"加工贸易企业生产能力证明"，涉及许可证件的还要申请许可证件，接下来才能进入海关无纸化手册的备案过程。

在讲无纸化手册备案之前，需要先了解一下加工贸易银行保证金台账制度。加工贸易银行保证金台账是指加工贸易企业凭海关核准的手续，按照合同备案情况向指定的银行申请设立加工贸易保证金台账，加工成品在规定时间内全部出口后，经海关核销，再由银行核销保证金台账。

需要注意的是，不是所有的通关备案手册都要设立加工贸易保证金台账，纳入保证金台账管理的手册。保证金台账类型分为"空转"和"实转"，"空转"是指企业在银行设立保证金台账，但并不向银行缴纳保证金的管理方式；"实转"是指企业在银行设立保证金台账后，需要缴纳一定数额的保证金或出具保函，在手册执行完毕并办理核销后，退还保证金（按活期存款利率计息）或核销保函。

2009 年海关总署开始开展银行保证金电子化台账管理试点工作，目前已完成由纸质台账向电子化的转变。

了解了加工贸易银行保证金台账的政策，接下来看一下通关备案的备案流程，如图 4-11 所示。

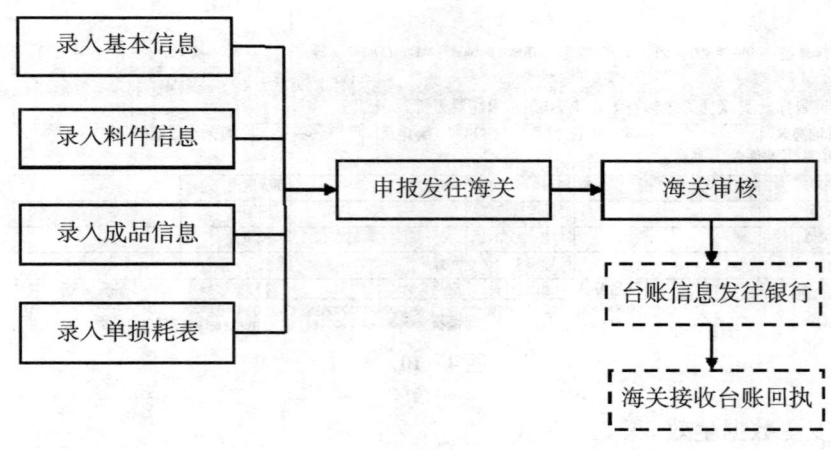

图 4-11

通关备案包含基本信息、进口料件信息、出口成品信息、单损耗四部分内容，企业录入完毕后向海关申报，海关对企业申报的数据进行审核，确定是否予以备案。准予备案的手册，如果海关确定需要开设加工贸易保证金台账的，海关系统会向银行发送"银行保证金台账联系单"信息，企业在银行办理完台账手续后，银行的"保证金台账通知单"信息会传输至海关系统自动登记，登记成功后通关备案建立；不需要开设加工贸易保证金台账的，海关审核予以备案后，通关备案手册正式建立。

审核通过的通关备案手册有一个12位的编号，第一位字母代表手册的类型（例如"C"代表进料加工手册、"B"代表来料加工手册），2～5位为关区代码，第6位代表年份，7～12位为流水号，例如C42272151234。

1. 通关手册备案

备案资料库海关审核通过后，企业选择菜单上"通关手册备案"中的"通关手册备案"功能，可以看到通关手册备案分为基本信息、料件表、成品表、单损耗表四部分。企业首先录入基本信息表，如图4-12所示。

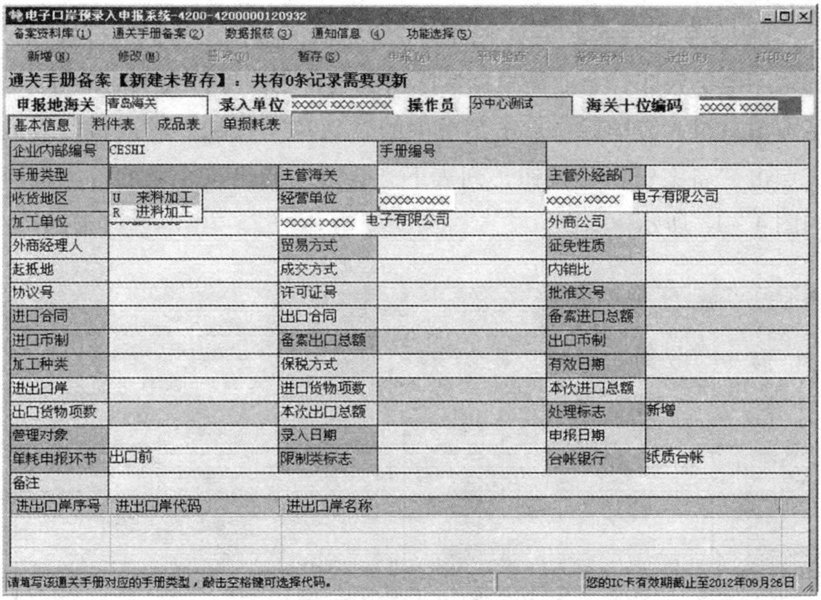

图4-12

企业在录入基本信息时需要注意以下事项。

管理对象：分为"以经营单位为管理对象"和"以加工单位为管理对象"，只有管理对象的法人卡才可以对该手册进行授权操作。

单耗申报环节：该环节分为"备案"、"出口前"、"报核前"。"备案"指在向海关备案手册的同时，申报单损耗数据，海关对手册及单损耗数据进行审核，审核通过后单损耗不允许变更。一般生产工艺简单、产品净耗稳定、产品单耗关系简单的企业，可以选择备案时向海关申报单损耗。"出口前"是指企业在手册备案时可先备案单损耗而不申报，在成品出口前，单损耗确定的情况下再向海关申报单损耗数据。"报核前"是指企业在手册报核之前向海关申报单损耗。有正当理由无法按期申报单耗的，在加工贸易部门批准的前提下，可以选择该方式。

企业在录入基本信息中的"单耗申报环节"和成品表中的"申报状态"时要注意前后匹配。例如企业单耗申报环节选择"备案"时，申报状态不能选择"企业不申报"，否则会被系统自动退单。单耗申报环节选择"出口前"或"报核前"，申报状态可选择"企业申报"或"企业不申报"。

台账银行：它分为"纸质台账"、"中国银行"、"工商银行"、"光大银行"，企业根据所属关区海关实施的加工贸易保证金台账类型进行选择，目前基本都采用电子台账，企业需根据实际情况选择中国银行或工商银行。

基本信息录入完毕后，点击菜单中的"暂存"按钮，进入料件表的录入界面，点击"备案资料"按钮，列表下方会自动调出该企业的备案资料库内容，如图4-13所示。

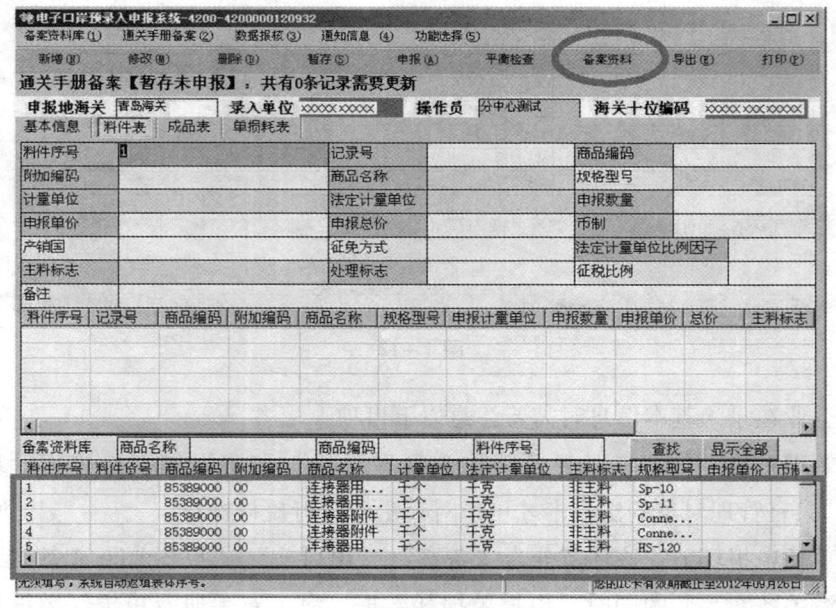

图 4-13

企业选择此次要备案的料件信息，例如要选择备案资料库中的第2项料件，在记录号项下录入"2"，回车后，系统会自动调出商品信息，如图4－14所示。

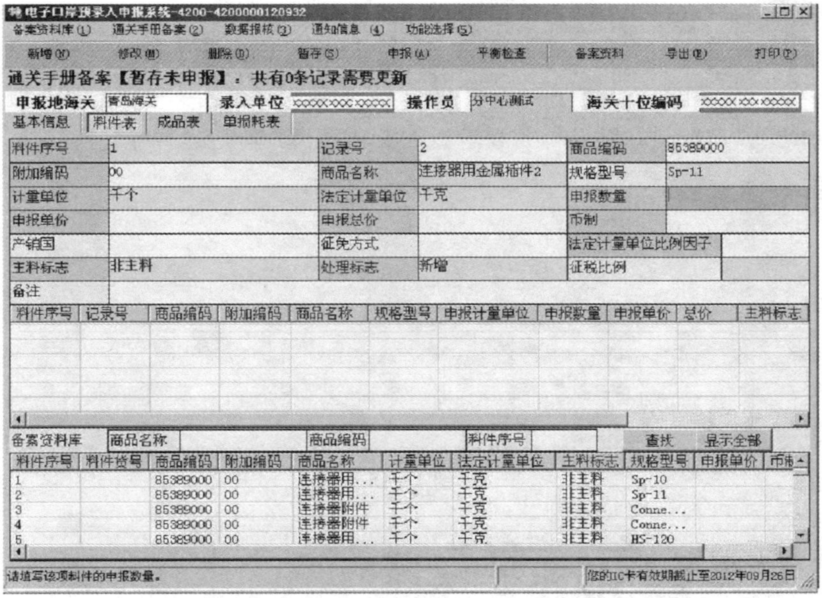

图4－14

企业补充录入此次备案的申报数量、申报单价、申报总价、币制、产销国、征免性质、法定计量单位比例因子等信息。料件表录入完毕，点击"暂存"后，进入成品表的录入界面，如图4－15所示。

成品表的录入方法与料件表相同，此处不再赘述。成品表录入完毕后，点击"单损耗表"进行录入，如图4－16所示。

企业录入成品序号和料件序号即可调出商品基本信息，手工录入单耗/净耗、损耗率、非保税料件比率%、备注等信息。企业在录入"非保税料件比率%"时需要注意填写方法，例如非保税料件占50%，该字段录入"50"，而不是"0.5"。单损耗表录入完毕后，企业可以点击菜单中的"平衡检查"按钮，校验录入数据的合法性，如图4－17所示。

在平衡检查界面企业可看到每项料件的备案数量、根据单损耗折算的消耗量、差额量和差额率。差额率为"0"，说明手册备案的进口料件数量和出口成品数量所耗用的料件数量是平衡的。通过平衡检查可大大降低企业误录

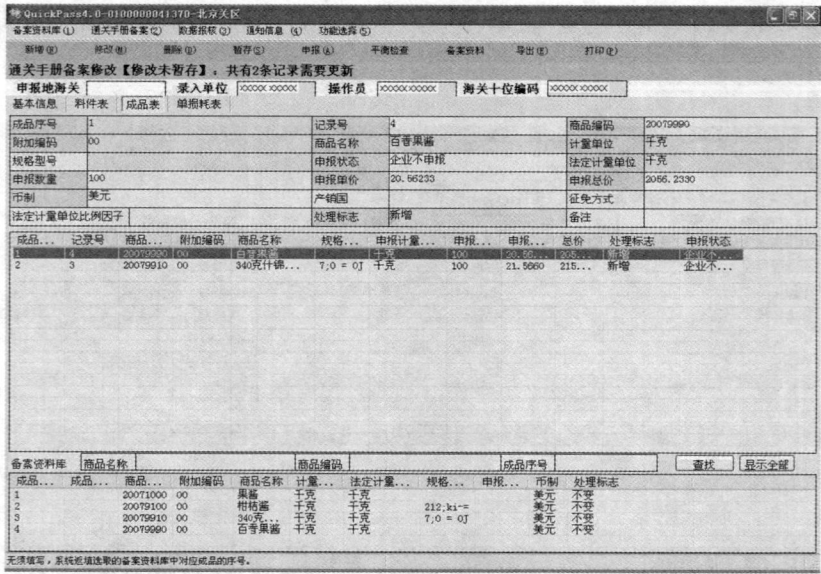

图 4 – 15

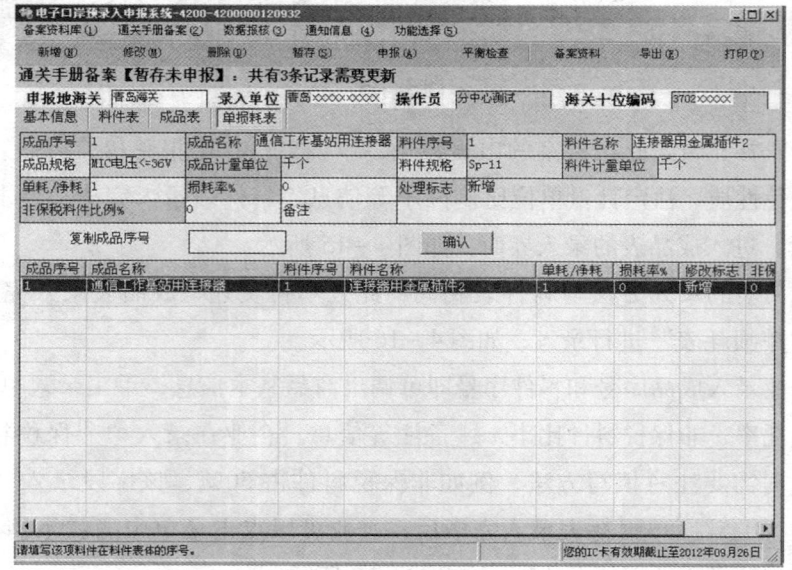

图 4 – 16

入数据带来的风险。

基本信息、料件表、成品表、单损耗录入完毕后，检查无误即可向海关

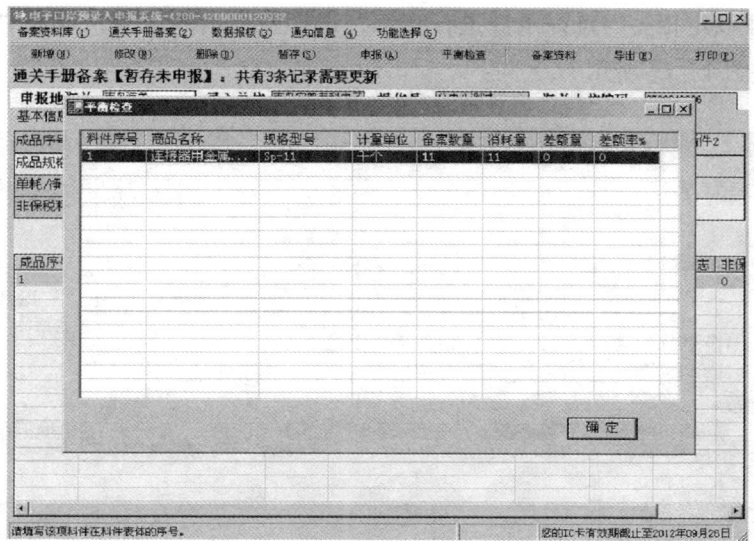

图 4 – 17

申报，联系海关审核。

如果企业想查询通关备案的审核情况，选择"通关手册备案"中的"通关手册备案查询"功能，如图 4 – 18 所示。

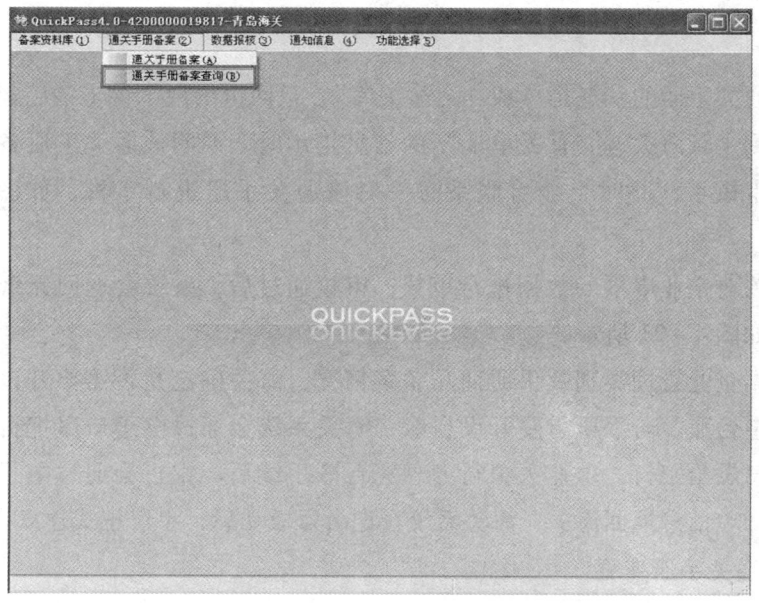

图 4 – 18

企业设定相关的查询条件进行查询，选中查询出的记录，点击"查看回执"，如图4-19所示。

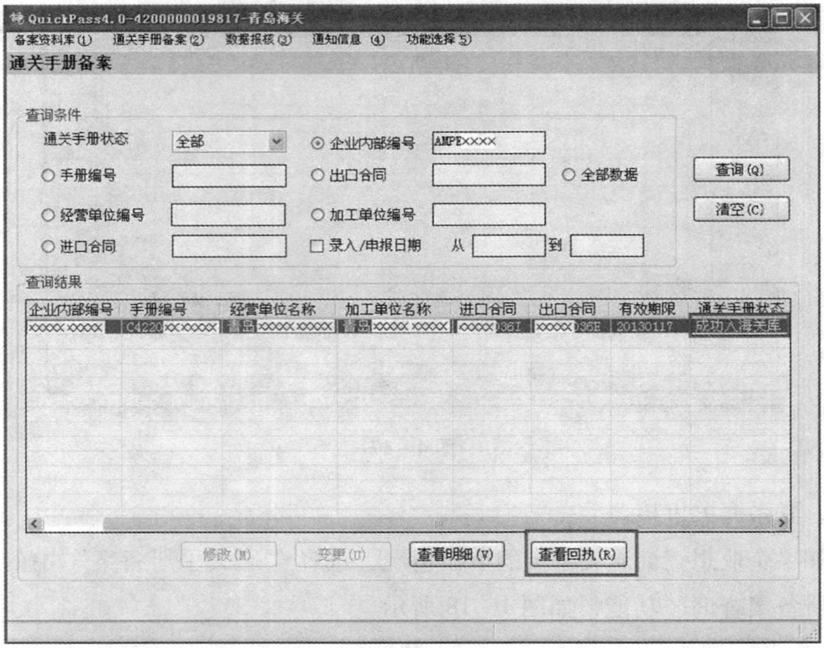

图4-19

当通关手册的状态是"成功入海关库"，且回执出现"该申请已经海关审核，请到主管海关递交有关单证"的信息提示时，说明该通关手册备案已经转人工审核了，此时企业可联系海关对该通关手册进行审核，如图4-20所示。

海关对企业申报的数据进行审核，审核通过后，系统会返回无纸化手册编号，如图4-21所示。

根据企业管理类别及手册商品备案情况，海关确定是否需要开设加工贸易保证金台账。若手册需要开设台账，海关系统会通过电子口岸把台账的联系单信息发给银行，企业去银行办理完台账手续后，银行会通过电子口岸把台账通知单信息返回海关，海关系统登记台账成功后，手册正式建立。

2. 通关手册变更

在通关手册执行的过程中，如果企业需要修改通关备案的有效期、料件

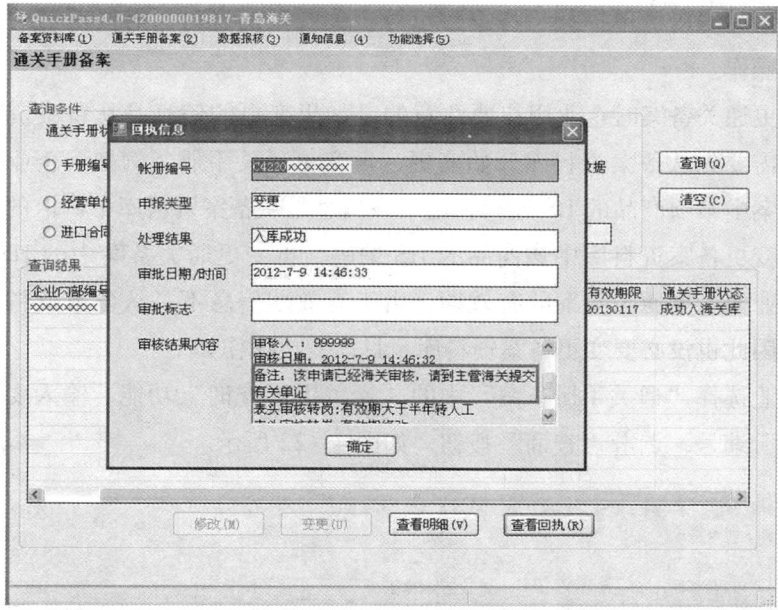

图 4 – 20

图 4 – 21

成品的商品编码、单损耗、备案数量等相关备案信息时，需要对通关备案进行变更操作。

变更通关备案时企业用户要注意的是如果变更的信息是从备案资料库调取的，需要先从备案资料库开始变更，再变更通关手册。例如，企业要变更通关备案中某项商品的 HS 编码，由于该信息是从备案资料库中调取的，所以需要先变更备案资料库中该商品的 HS 编码，再变更通关备案中的 HS 编码。如果企业要变更通关备案的有效期，由于有效期信息不是从备案资料库中调取的，因此也没必要变更备案资料库。具体变更操作如下。

企业选择"通关手册备案"中的"通关手册查询"功能，输入要变更的通关手册编号，点击"查询"按钮，如图 4 - 22 所示。

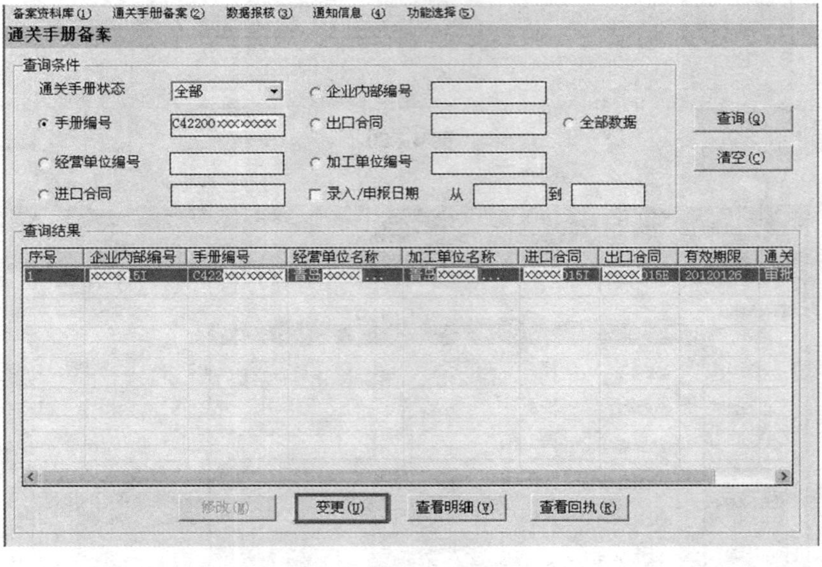

图 4 - 22

查询到需要变更的通关手册，选中该条记录，点击"变更"，进入通关手册变更界面，如图 4 - 23 所示。

企业在通关手册备案变更界面对手册内容进行修改，数据修改完毕后向海关申报，海关审核通过后，变更数据生效。

最后企业需要注意，如果通关手册备案的成品已经申报出口、内销、深加工结转或者该成品的单损耗已经被海关核定，则该成品对应的单损耗数据

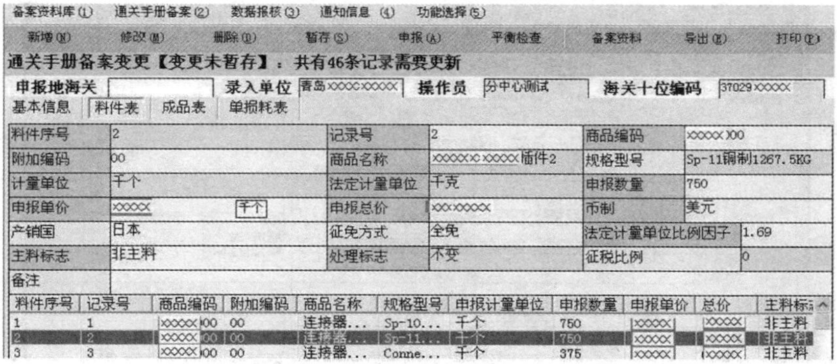

图 4-23

是不允许修改的。

（三）无纸化手册报关申报

通关手册备案海关审核通过后，企业就可以用该通关手册开展进出口报关业务了。无纸化手册类的报关单申报要调用手册的信息。目前报关申报有自理报关和委托代理报关两种方式。自理报关是指进出口货物收发货人自行办理报关业务，代理报关是指进出口货物收发货人委托报关企业代理其报关业务。

下面分别介绍这两种报关模式下无纸化手册通关操作流程。

1. 委托代理报关

为确保数据的安全性，无纸化手册实行权限管理，所以当无纸化手册企业在委托代理公司开展报关业务前，需要对代理公司授权，代理公司才可为其报关。

授权工作分两步，无纸化手册企业先使用法人卡，进入企业间手册授权界面，输入要授权的手册号，把权限授予代理企业；代理报关企业再用本企业的法人卡，把权限授予企业的操作员卡。

授权工作完成后，企业用户持操作员卡登录系统，点击"报关申报"子系统进入，企业依次录入申报地海关、预录入编号、进出口岸，在备案号处录入海关审核通过后的通关手册备案号，回车后，系统自动调出手册备案的相关信息，如图 4-24 所示。

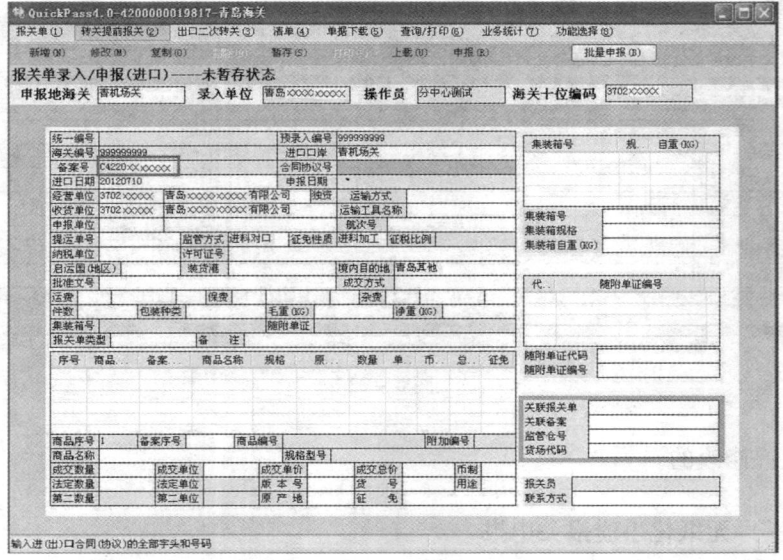

图 4 - 24

企业用户补充完整报关单表头信息后，继续录入商品信息。在备案序号处录入本次需要报关的通关手册中已备案的序号，如图 4 - 25 所示。

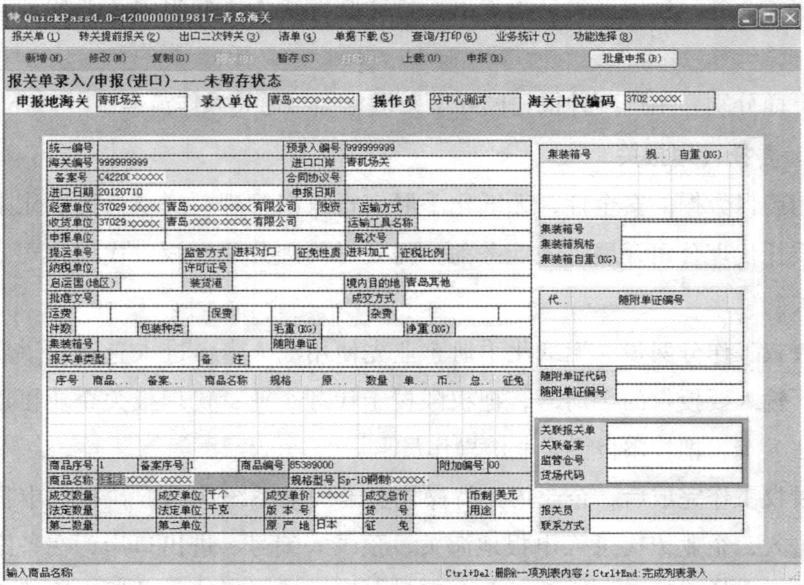

图 4 - 25

输入备案序号后，系统会调出已备案商品的编码、商品名称、规格型号、法定单位等信息，企业按照报关单填制规范，补充录入报关单其他信息，报关单录入完毕后点击"申报"按钮向海关申报，等待海关审单。

需要注意的是企业报关单申报的进出口数量，不能大于手册备案的剩余数量。一旦录入的数量超量，报关单会被系统自动退单。

2. 自理报关

采用自理报关模式的企业，无须进行手册授权操作，直接录入报关单即可。

（四）无纸化手册报核

1. 数据报核

通关手册备案执行完毕后，按照规定要向海关申请核销，因此，我们先来了解一下什么是加工贸易核销。

加工贸易核销是指加工贸易经营企业加工复出口或者办理内销等海关手续后，凭规定单证向海关申请解除监管，经海关审查、核查属实且符合有关法律、行政法规、规章的规定，予以办理解除监管手续的行为。

经营企业应当在规定的期限内将进口料件加工成品复出口，并自加工贸易手册最后一批成品出口或者加工贸易手册到期之日起 30 日内向海关报核。加工贸易合同因故提前终止的，应自终止之日起 30 日内向海关报核。

了解了加工贸易核销之后，接下来看一下核销的流程。无纸化手册核销基本流程，如图 4-26 所示。

无纸化手册报核数据分为基本信息、报关单信息、料件信息、成品信息、单损耗信息五部分，企业按照顺序依次录入，录入完毕后向海关申报数据，等待海关审核。

海关收到企业的核销申请进行审核，经审核单证齐全、有效的，无异常情况的予以核销结案。对于开设过银行保证金台账的手册，海关向银行发送台账核销联系单，银行核销台账信息后，对于"实转"的台账，银行退给企业保证金（含活期利息）或核销保函，并向海关发送银行保证金核销通知单，海关登记银行保证金核销通知单后，手册予以结案。加工贸易部门对已结案的手册签发"核销结案通知书"，企业可以在系统中打印"核销结案通知书"。

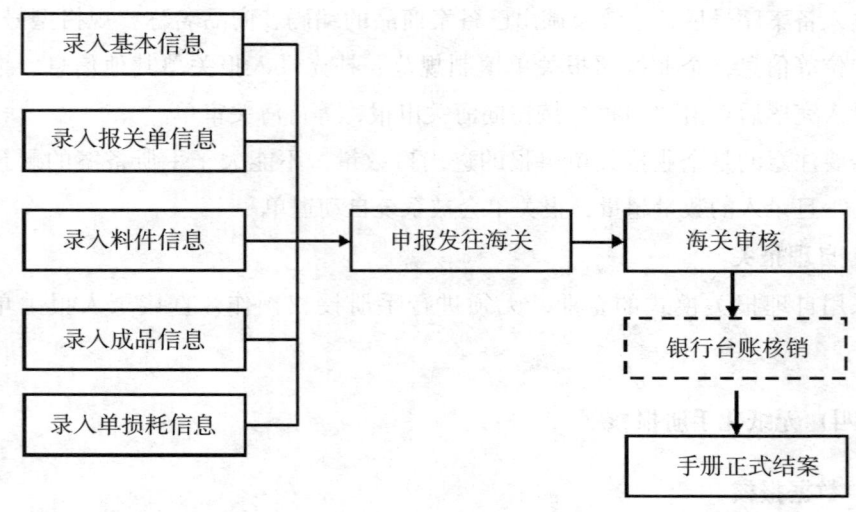

图 4 - 26

2. 数据报核实务操作

企业持操作员卡登录无纸化手册系统，点击"数据报核"，可以看到报核信息分为基本信息、报关单、料件表、成品表、单损耗五部分，企业首先录入基本信息，输入需要报核的手册号，调出手册的基本信息，如图 4 - 27 所示。

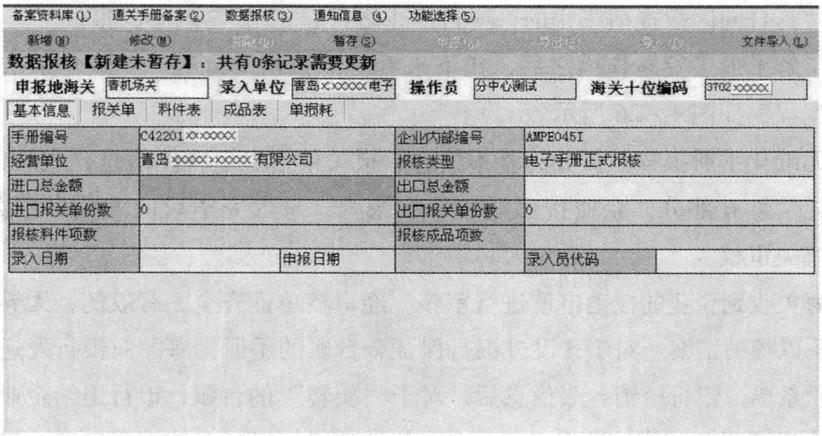

图 4 - 27

企业补充录入进口总金额、出口总金额、录入日期和录入员代码，进口报关单份数、出口报关单份数、报核料件项数、报核成品项数，系统会根据企业录入的报关单数量和料件、成品项数自动返填。基本信息录入完毕，进入到报关单录入页面，如图 4－28 所示。

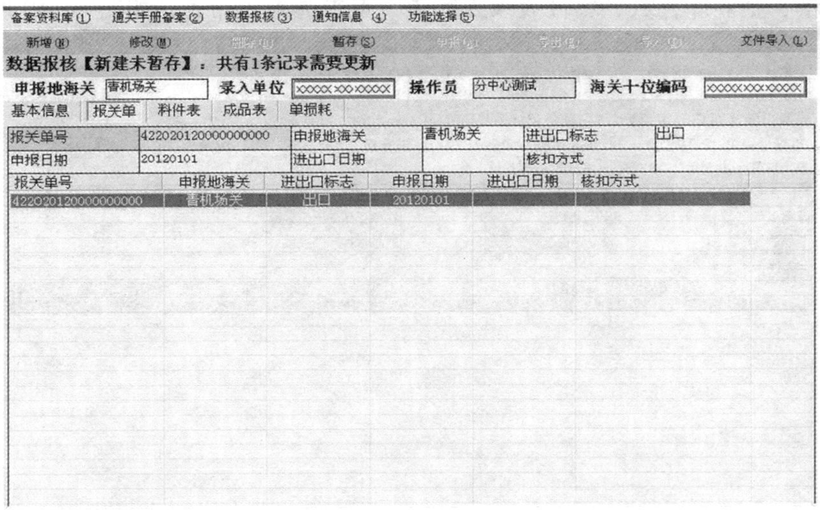

图 4－28

企业录入该手册对应的进出口报关单号，申报地海关、进出口标志会自动调出来，补充录入申报日期、进出口日期、核扣方式。企业录入完毕报关单后，点击进入料件表，如图 4－29 所示。

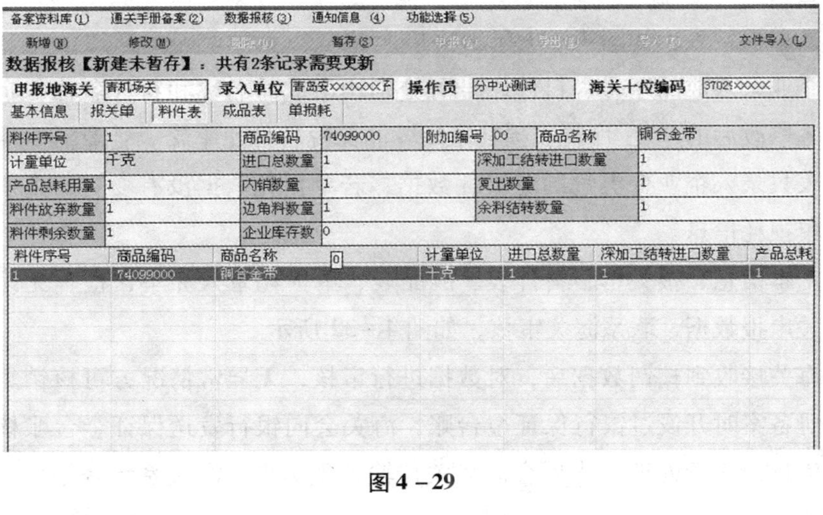

图 4－29

企业录入料件序号后，商品编码、附加编号、商品名称、计量单位会自动调出，企业补充录入进口总数量、深加工结转进口数量、产品总耗用量、内销数量、复出数量、料件放弃数量、边角料数量、余料结转数量、料件剩余数量、企业库存数，料件表录入完毕，点击进入成品表，如图4－30所示。

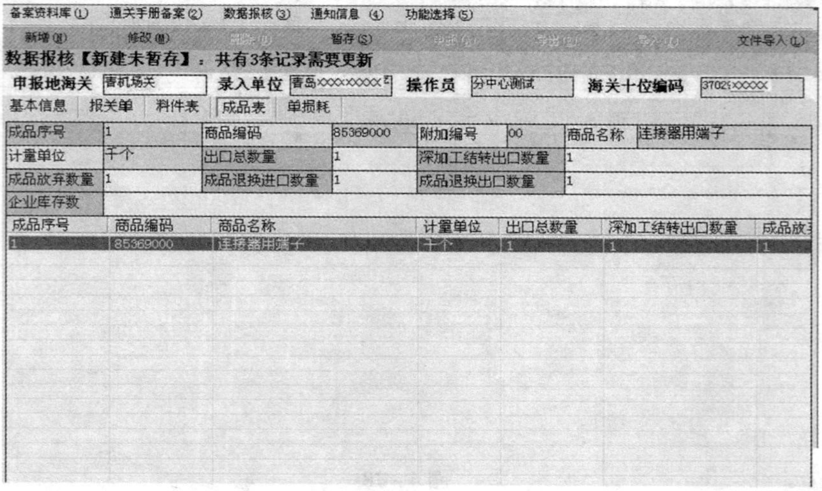

图4－30

企业录入成品序号后，商品编码、附加编号、商品名称、计量单位会自动调出，企业补充录入出口总数量、深加工结转出口数量、成品放弃数量、成品退换进口数量、成品退换出口数量、企业库存数，成品表录入完毕，点击进入单损耗表，如图4－31所示。

企业录入成品序号、料件序号可分别调出成品名称和料件名称，企业补充录入修改后的单耗/净耗、损耗率%、非保税料件比率%。企业需要注意单损耗表只录入企业变更过的单损耗数据，若单损耗数据没有变更，企业可不录入单损耗信息。

基本信息、报关单、料件表、成品表、单损耗录入完毕，检查无误即可向海关申报数据，联系海关审核，如图4－32所示。

海关接收到核销数据后，对数据进行审核，无异常情况方可核销。如果该手册备案时开设过银行保证金台账，海关会向银行发送保证金台账核销联系单信息，银行处理完毕后会向海关传输处理结果，海关系统登记后，手册

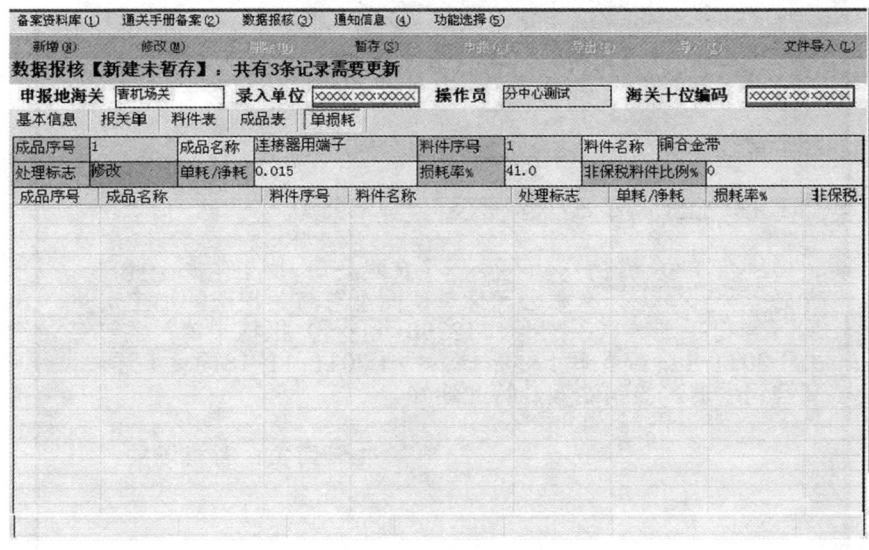

图 4-31

图 4-32

结案，如图 4-33 所示。

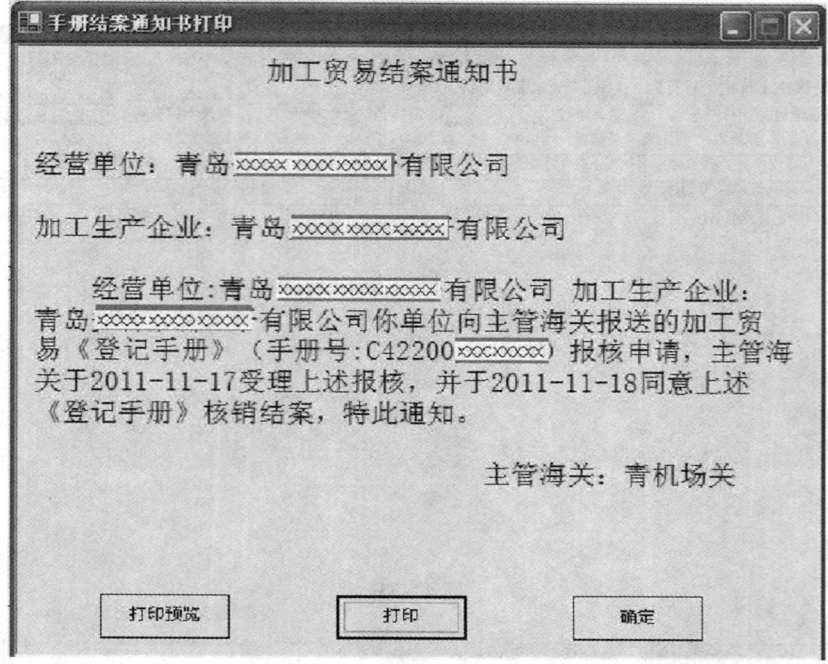

图 4 – 33

第二节　电子账册

本节主要内容

◆ 电子账册系统的开发背景；

◆ 电子账册相关知识点讲解；

◆ 电子账册备案流程及实务操作；

◆ 电子账册清单申报、报关申报、账册核销等基本操作。

　　本节着重介绍加工贸易联网监管电子账册系统，该系统以海关严密监管、企业高效运作为目标，对企业的账册备案、货物进出、中期核查、报核核销等实施全程式计算机联网管理。

　　通过对本节的学习，需要大家了解电子账册的基本特点，重点掌握电子账册的备案、变更流程，学会使用电子账册进行报关申报，并能按照海关要求定期做好核销工作。

一、知识点解析

在正式开始学习电子账册系统之前，先来简单了解一下电子账册的开发背景，这样有助于大家更好地理解电子账册。

随着我国加工贸易的深入发展，海关"合同单元"的传统监管手段已无法适应企业全球化生产的需求，对"企业单元"管理模式的呼声愈发强烈。为进一步利用现代化管理手段加强对加工贸易的管理，促进加工贸易健康、稳定发展，海关总署决定对符合条件的加工贸易企业实施联网管理。加工贸易联网监管电子账册的设计思路是打破以合同为单元的传统监管模式，确立以企业为监管对象，采用"动态管理、分段核销"的管理模式。

2001年海关总署开始试点运行电子账册，并逐步推广应用，目前已成为海关加工贸易最主要的监管模式。

（一）电子账册

电子账册是以企业为单元建立的电子底账。实施电子账册管理的企业只有一本账册，该账册不分对口与非对口合同，可分段式备案，但必须保证与经营生产实际相吻合。海关根据联网企业的生产情况和海关的监管需要确定核销周期，保证连续滚动性生产。

由于企业端一般采用料号级数据管理，而电子账册底账是项号级数据，为了把联网企业内部的料号级商品信息与电子底账的项号级商品关联起来，建立起对应关系，中国电子口岸数据中心在电子账册系统中引入了归并关系。企业在把料号级数据归并成项号级数据的过程中，必须遵循一定的原则，并报海关核准。

（二）企业应遵循的归并原则

1. 料件归并原则

联网企业的计算机系统能够按照进口料件重要程度实施分类管理，并且经主管海关认定其进口料件可以区分主料与非主料实施监管的（主料是指构成加工成品的主要进口料件，非主料是指构成加工成品的其他进口料件。主管海关会以进口料件的贸易管制条件、价值、单耗等因素，按监管需求认定主料和非主料），主料建立一一对应关系，非主料可按以下原则建立多对一的归并关系：

（1）10 位商品编码相同。

（2）申报计量单位相同。

（3）中文商品名称相同。

（4）符合规范申报的要求。

其中，根据相关规定可予保税的消耗性物料与其他保税料件不得归并；因管理需要，海关或企业认为需要单列的商品不得归并。

2. 成品归并原则

成品归并依据以下 4 个原则。

（1）10 位商品编码相同。

（2）申报计量单位相同。

（3）中文商品名称相同。

（4）符合规范申报的要求。

其中，涉及单耗标准与不涉及单耗标准的料号级成品不得归并；因管理需要，海关或企业认为需要单列的商品不得归并。

二、业务流程

电子账册业务的基本流程如图 4－34 所示。

企业首先向海关申请建立本企业的经营范围，经营范围备案海关审核通过后，再向海关申请归并关系备案，归并关系备案时要录入经营范围海关审核后的编号，归并关系海关审核后，系统会生成暂存状态的电子账册数据，企业向海关申报该数据，海关审核通过后建立电子账册。

账册建立后，企业可以使用账册开展进出口报关业务。电子账册企业需要先申报清单，清单申报成功后生成报关单数据，企业补充完整报关单后向海关申报。在开展业务的过程中，企业还需根据主管海关的要求，定期做报

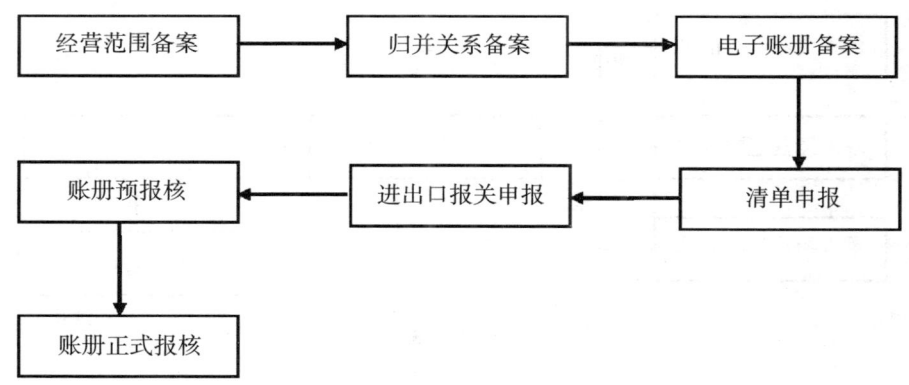

图 4 – 34

核账册，每次报核分为两步，先申报预报核数据，海关审核通过后再申报正式报核数据，正式报核通过后，本次报核工作结束。企业在报核的过程中可正常开展进出口业务。

（一）经营范围备案/变更

通过之前的学习，我们了解了电子账册的备案流程。按照流程企业首先应向海关申请经营范围备案，接下来我们学习一下如何申请经营范围备案。

经营范围主要包含三部分数据，即企业的基本信息、经营范围料件信息、经营范围成品信息。企业基本信息主要是向海关报备经营单位名称及代码、加工单位名称及代码、主管商务部门及企业的加工能力。经营范围料件信息和成品信息主要是向海关报备该企业加工贸易进口料件和出口成品的范围。

海关收到企业申报的数据，审核后建立经营范围账册。经营范围对应一个 12 位的编号，该编号以 IT 开头，3～6 位为关区代码，7～12 位为流水号，例如 IT4227001001。经营范围备案的基本流程，如图 4 – 35 所示。

1. 备案经营范围

企业进入电子账册系统后，在系统界面上方的功能菜单中，点击"经营范围"，选择"备案申请"，如图 4 – 36 所示。

经营范围的录入分为基本信息、料件表、成品表三部分。企业首先录入经营范围基本信息，如图 4 – 37 所示。

在基本信息中，企业录入经营单位代码及加工单位代码后，系统会自动

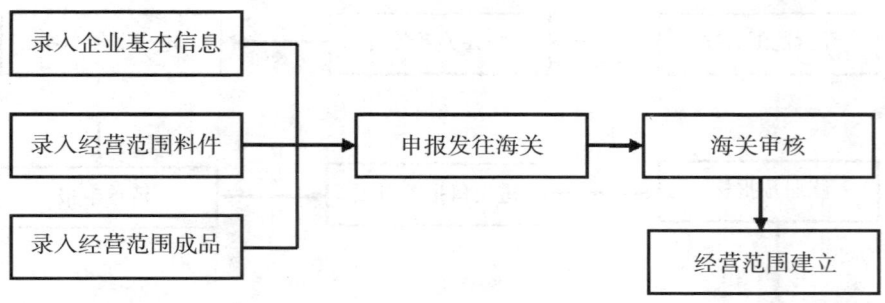

图 4 - 35

图 4 - 36

调出对应的企业名称，批准证编号录入企业主管商务部门核发的企业批准证编号，批文账册号栏在海关审核后会自动返填海关审核生成的经营范围账册编号。

基本信息录入完毕后，点击"暂存"进入料件信息录入界面，输入"商品编码"（系统默认为 4 位），点击回车，系统弹出商品信息选择界面，如图 4 - 38 所示。

在弹出的窗口中选择需备案的商品，点击"确定"按钮，系统会自动填入"商品名称"，用户可以自己对商品名称进行修改，录入完毕第一条料件数

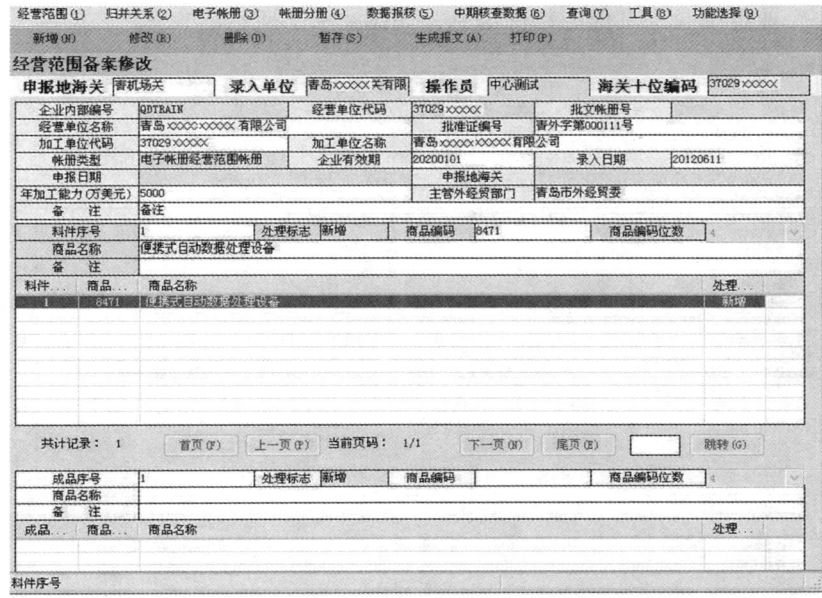

图 4 – 37

图 4 – 38

据后，企业继续录入其他的料件信息，如图 4 - 39 所示。

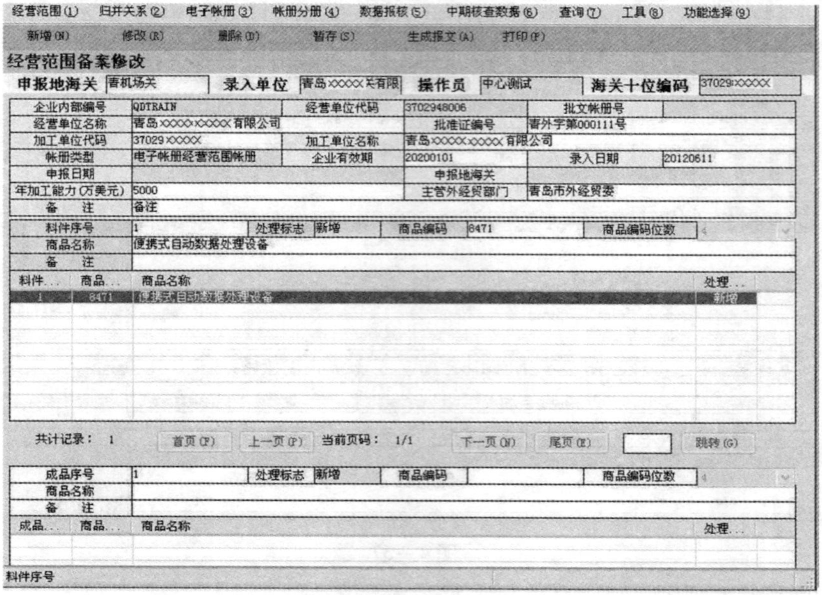

图 4 - 39

料件信息录入完毕后，企业进入成品表中继续录入。成品表的录入方法同料件表，此处不再赘述。

经营范围的料件表与成品表只需要录入商品的前 4 位商品编码，前 4 位商品编码相同的商品只需要备案一项。例如企业有 84714910.00 和 84714920.00 这两项出口商品，备案时只需录入 8471 开头的一项商品信息即可。

经营范围表头数据、料件表、成品表录入完毕后，企业点击菜单栏中的"生成报文"按钮，系统提示"是否要生成报文"，选择"是"即可完成经营范围数据的申报，如图 4 - 40 所示。

数据申报完毕后，企业如果想查询海关的审核情况，可以点击"查询"中的"回执查询"，"选择业务"字段选择"经营范围"，输入回执查询天数，如图 4 - 41 所示。

点击"查询"按钮，即可查询到经营范围回执。经营范围备案/变更企业会收到 4 条"入库成功"的回执。海关接收到企业申报的数据后，会对数据

图 4－40

图 4－41

进行审核，审核通过后，企业会收到以下回执，如图 4 – 42 所示。

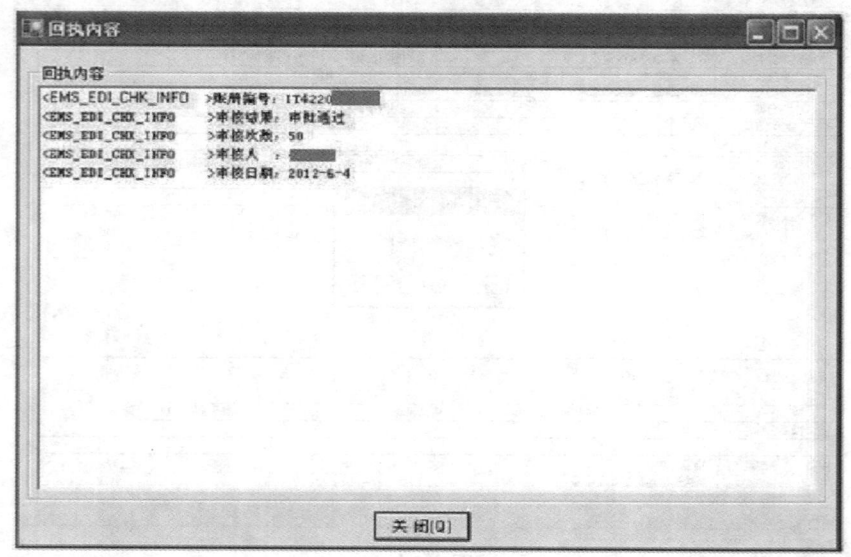

图 4 – 42

海关审核通过后，经营范围基本信息中的"批文账册号"会返填海关审核生成的 IT 经营范围账册编号，经营范围账册建立。

2. 变更经营范围

经营范围备案成功后，一般变更频率比较低。企业在使用电子账册期间，只有当企业的进口料件或出口成品的前 4 位商品编码在经营范围中未备案或企业基本信息发生变化时，才需要变更经营范围。其具体操作方法如下。

选择"经营范围"菜单中的"变更申请"功能，如图 4 – 43 所示。

在批文账册号字段录入经营范围的 IT 账册号，并点击回车键后，系统提示"确认要变更该数据"，选择"是"，如图 4 – 44 所示。

系统会显示经营范围信息修改界面，如图 4 – 45 所示。

企业录入要新增的料件或成品信息（录入方法同经营范围备案），录入完毕，检查数据无误即可申报，申报数据被海关接收后，联系海关审核，海关审核通过后变更数据生效。

图 4-43

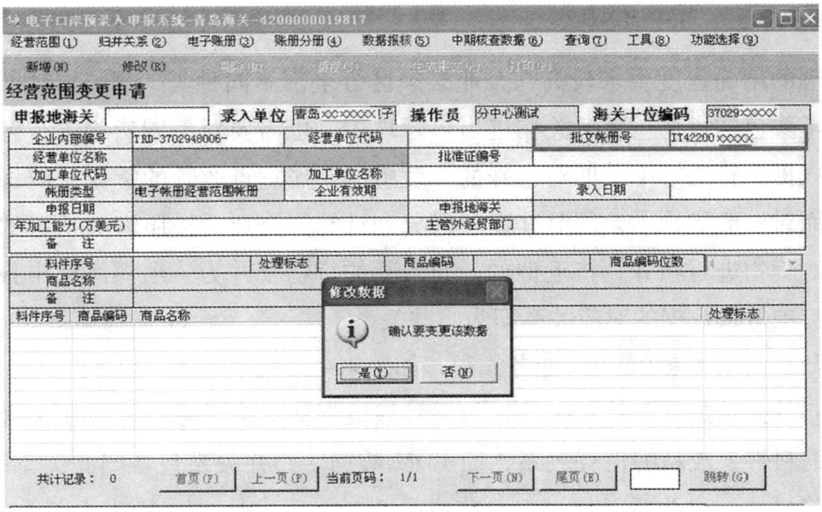

图 4-44

(二) 归并关系备案/变更

经营范围海关审核通过后，企业可向海关申报归并关系数据，下面先来了解一下什么是归并关系。

企业和海关对货物（料件、成品）的管理重点不同，生产企业内部对货

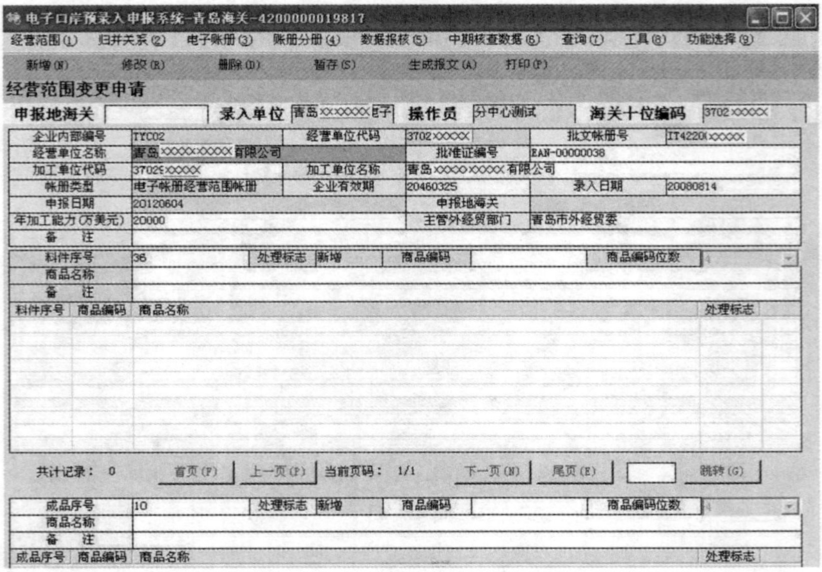

图 4 – 45

物管理的精确程度要求较高，企业必须区分全部不同种类、规格、功能、大小甚至颜色的货物；而海关在进出口管理中，也需要对不同货物进行区别管理，以提高管理效率，即对特殊的、敏感的、需重点监管的货物，应详细管理，而对一般货物，无须对其逐项区分和计算。企业需按照海关认可的归并原则对货物进行归并，将近似的、非敏感的货物合并为一项向海关申报。料号级与项号级数据的对应关系即为归并关系。

归并关系备案/变更的业务流程，如图 4 – 46 所示。

归并关系是企业料号级数据与项号级数据的对应关系，同时还包含了料号级的料件、成品的消耗关系，即 BOM 数据。归并关系包含归并关系表头、归并前料件、归并后料件、归并前成品、归并后成品、BOM 表六部分数据。企业录入好归并关系数据后向海关申报，等待海关审核，海关审核通过后归并关系建立。

归并关系备案是整个电子账册备案业务中的重点，归并关系信息是否准确，直接关系到电子账册通关数据的准确性。

1. 备案归并关系

企业先对表头数据进行录入，在界面上方的功能菜单上，点击"归并关

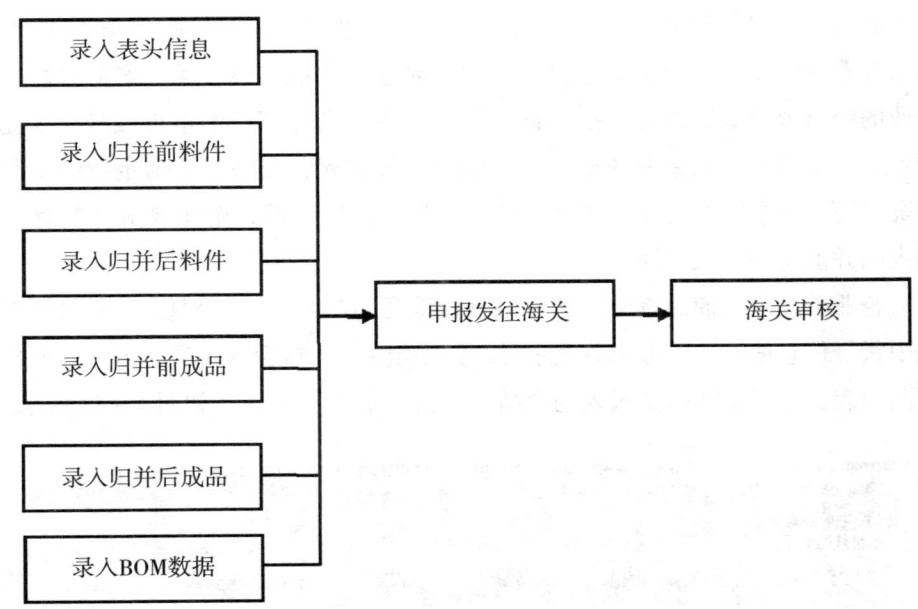

图 4－46

系"菜单，选择"备案申请"功能，如图 4－47 所示。

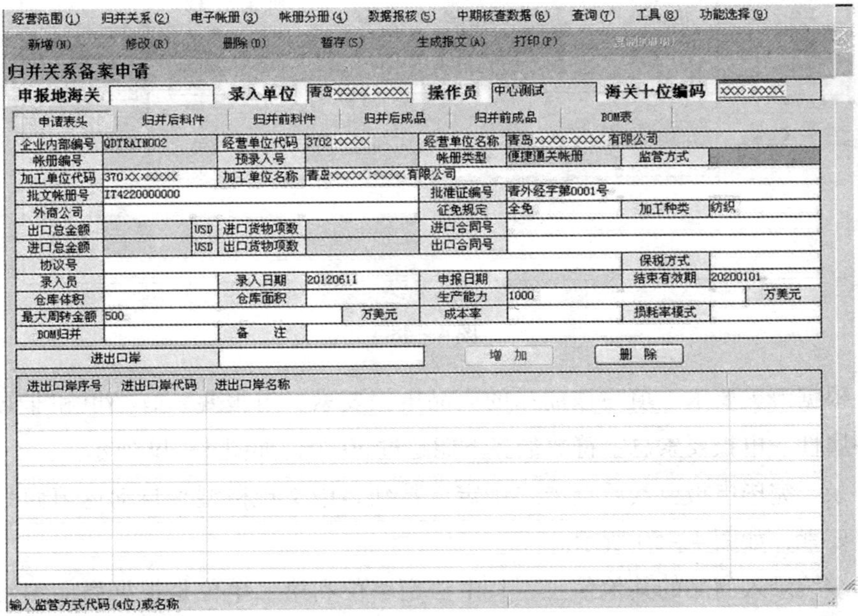

图 4－47

录入企业内部编号，该内部编号不可与企业经营范围的内部编号相同。录入经营单位代码、加工单位代码可调出对应的企业名称，批文账册号填写企业的经营范围账册编号，批准证编号填写主管商务部门的审批编号，征免规定、加工种类、结束有效期、生产能力、最大周转金额，根据企业的实际情况填写，其余字段为非必填项。表头数据录入完毕后，企业点击"暂存"，进入归并前料件录入界面。

企业首先录入商品货号（企业可自行编写商品货号，或根据企业 ERP 系统中货号信息编写，一般由英文字母、数字组成），然后输入商品编号，调出商品列表，选择企业需要录入的商品，点击"确定"按钮，如图 4-48 所示。

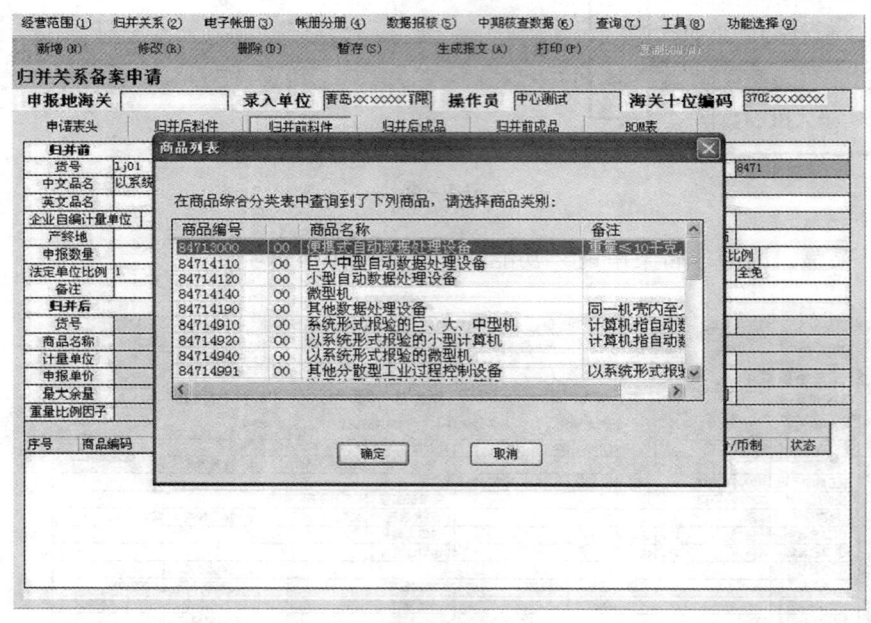

图 4-48

根据海关要求，填写该商品的商品申报要素，申报要素有必填和非必填两种属性，申报要素总字符数最多不能超过 50 个，如图 4-49 所示。

录入完毕申报要素后点击"确定"按钮，中文规格型号自动返填商品的申报要素，如图 4-50 所示。

继续录入商品的其他信息，其中法定单位和第二单位是根据商品编码返填的，计量单位、币制、法定单位比例、征免方式是必填项，其余字段为非

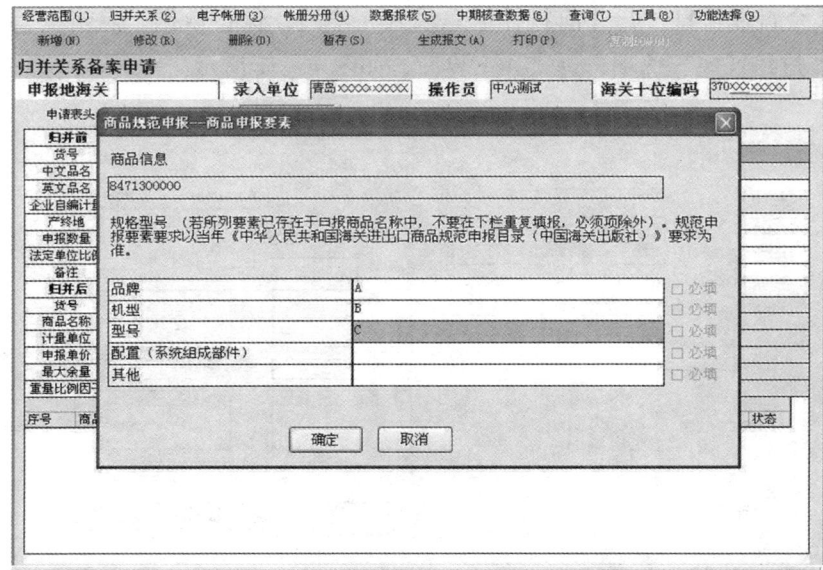

图 4 - 49

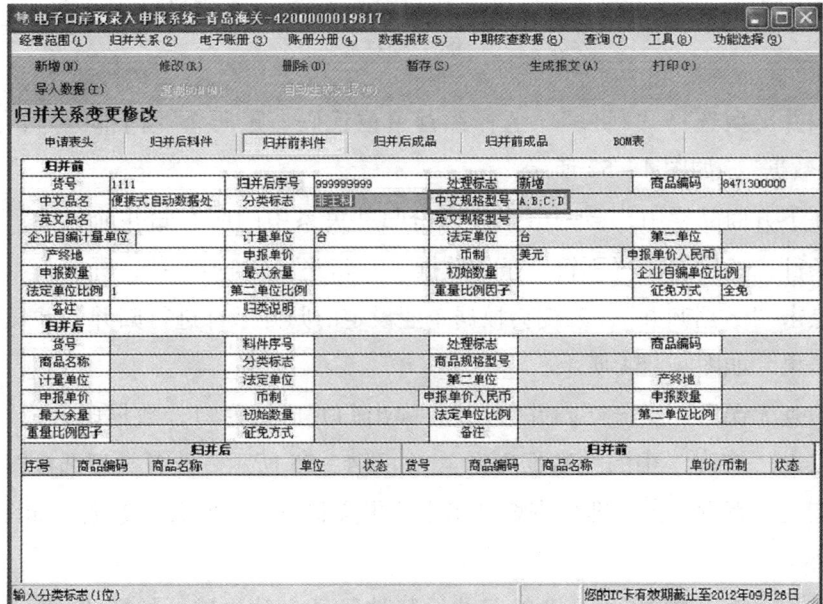

图 4 - 50

必填项，企业可根据实际情况进行录入。企业录入完毕第一项商品后，继续录入其余料件信息。归并前料件信息录入完毕后，保存数据，点击工具菜单中的"归并管理"选项，进入如下界面，如图4-51所示。

图4-51

归并类型选择"料件"，选择经营单位代码、账册企业内部编号，点击"查询数据"，如图4-52所示。

在下方商品栏中，会调出企业该份归并关系中的所有归并前料件，设置归并条件，然后选择"不符合条件数据——归并"，如图4-53所示。

点击"数据归并"，系统会根据企业设定的归并条件进行归并，并显示出归并结果，如图4-54所示。

检查无误后，点击"归并数据"，弹出归并成功窗口，数据归并成功后，企业点击"查询"中的"数据查询"，如图4-55所示。业务类型选择归并关系，查询未审批数据，即可查询到未生成报文状态的归并关系数据，如图4-56所示。

点击"查看数据"，企业的归并后料件已经自动生成，如图4-57所示。"归并管理"是系统提供的辅助录入工具，通过归并管理，系统可自动生成归并后的数据，提高了企业的录入效率和准确性。

经营范围(1)　归并关系(2)　电子帐册(3)　帐册分册(4)　数据报核(5)　中期核查数据(6)　查询(7)　工具(8)
功能选择(9)

电子帐册归并管理

| 归并类型 | 料件 ▾ | | □ 全部——归并 | 数据归并(H) | 清空条件(D) |

归并类型　　　　　料件 ▾　　　　　　　　　□ 全部——归并　　数据归并(H)　　清空条件(D)

经营单位代码　　　37029XXXXX ▾　　　　　　　——归并条件

经营单位名称　　　青岛XXXXXXXXXX有限公司

帐册企业内部编号　FENZONGXINGB01 ▾　查询数据(Q)

归并条件

商品名称包含相同位数　[　　　]　　　　　商品编码 [　　　]　　商品名称包含 [　　　]

规格型号包含相同位数　[　　　]　　　　　| 商品编码 | 商品名称 |

币制是否相同　　　　　□ 是

征免规定是否相同　　　□ 是　　　　　　　征免规定 [　　　]　　规格型号包含 [　　　]

单价　　　　[　　▾] [　　]　　　　　　　| 征免规定 | 规格型号 |

　　　　　　[　　▾] [　　]

□ 不符合条件数据——归并　　　　　　　单价 [　　▾] [　　]

货号	商品编码	商品名称	规格型号	计量单位	单价	币制	征免规定
LIAOJ...	8471601100	彩色液晶显示器	17″	台		美元	全免
LIAOJ...	8471601100	液晶屏面	123	台		美元	全免
LIAOJ...	8471414000	微机卡机	P4	台		美元	全免

图 4 – 52

经营范围(1)　归并关系(2)　电子帐册(3)　帐册分册(4)　数据报核(5)　中期核查数据(6)　查询(7)　工具(8)
功能选择(9)

电子帐册归并管理

归并类型　　　　　料件 ▾　　　　　　　　　□ 全部——归并　　数据归并(H)　　清空条件(D)

经营单位代码　　　3702XXXXX ▾　　　　　　——归并条件

经营单位名称　　　青岛XXXXXXXXXXX限公司

帐册企业内部编号　FENZONGXINGB01 ▾　查询数据(Q)

归并条件

商品名称包含相同位数　[　　　]　　　　　商品编码 [　　　]　　商品名称包含 [　　　]

规格型号包含相同位数　[　　　]　　　　　| 商品编码 | 商品名称 |

币制是否相同　　　　　□ 是

征免规定是否相同　　　□ 是　　　　　　　征免规定 [　　　]　　规格型号包含 [　　　]

单价　　　　[　　▾] [　　]　　　　　　　| 征免规定 | 规格型号 |

　　　　　　[　　▾] [　　]

☑ 不符合条件数据——归并　　　　　　　单价 [　　▾] [　　]

货号	商品编码	商品名称	规格型号	计量单位	单价	币制	征免规定
LIAOJIAN01	8471601100	彩色液晶显示器	17″	台		美元	全免
LIAOJIAN02	8471601100	液晶屏面	123	台		美元	全免
LIAOJIAN03	8471414000	微机主机	P4	台		美元	全免

图 4 – 53

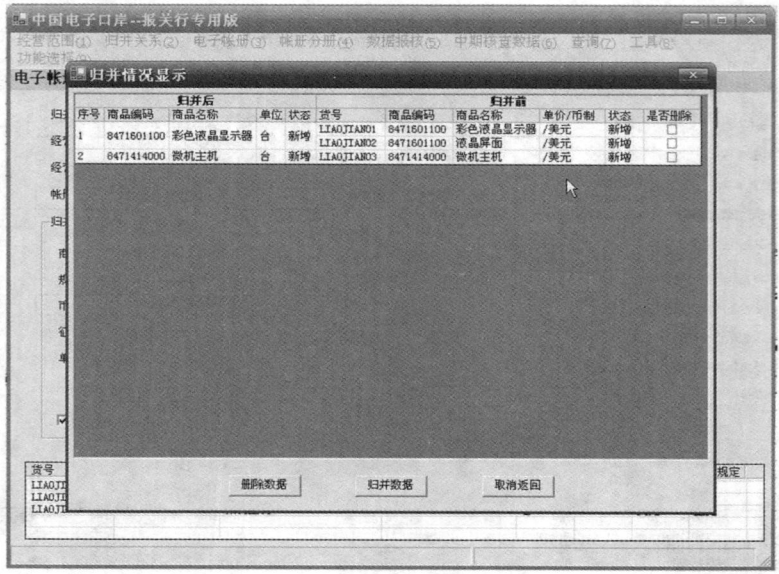

图 4 – 54

图 4 – 55

图 4－56

图 4－57

　　归并前料件和归并后料件录入完毕后，继续录入归并前成品信息，录入
方法同归并前料件，此处不再赘述。

成品信息录入完毕后，继续录入 BOM 表信息，首先录入成品（归并前成品）货号，点击回车，系统自动调出该项归并前成品信息，然后录入料件（归并前料件）货号，点击回车，系统自动调出该项归并前料件信息，如图4－58所示。

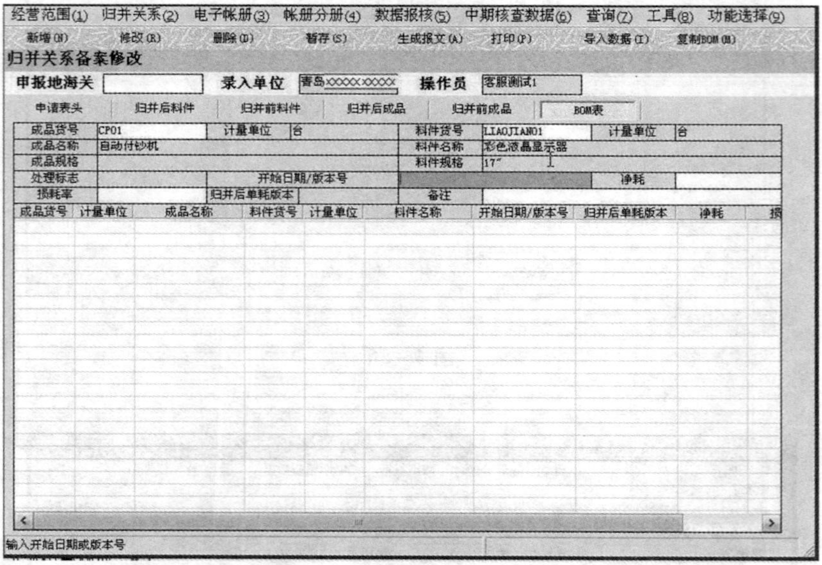

图 4－58

依次录入开始日期/版本号、净耗、损耗，点击回车或暂存后，系统界面，如图 4－59 所示。

归并关系数据录入完毕，企业检查数据无误后，点击"生成报文"，系统提示生成报文成功，如图 4－60 所示。

数据申报完成后，企业可选择"查询"菜单中的"回执查询"功能，选择"归并关系"业务，录入查询回执天数后点击"查询"，出现回执页面，如图 4－61 所示。

归并关系数据申报后，当企业收到 1 条入库成功的回执时，可联系海关审核归并关系。海关审核通过后，企业会收到审核通过的回执，如图 4－62所示。

此外，为了满足与企业内部管理系统对接的需求，除了手工录入的方式，系统还提供了报文导入功能。企业可以根据报文规范，生成符合要求的文件，

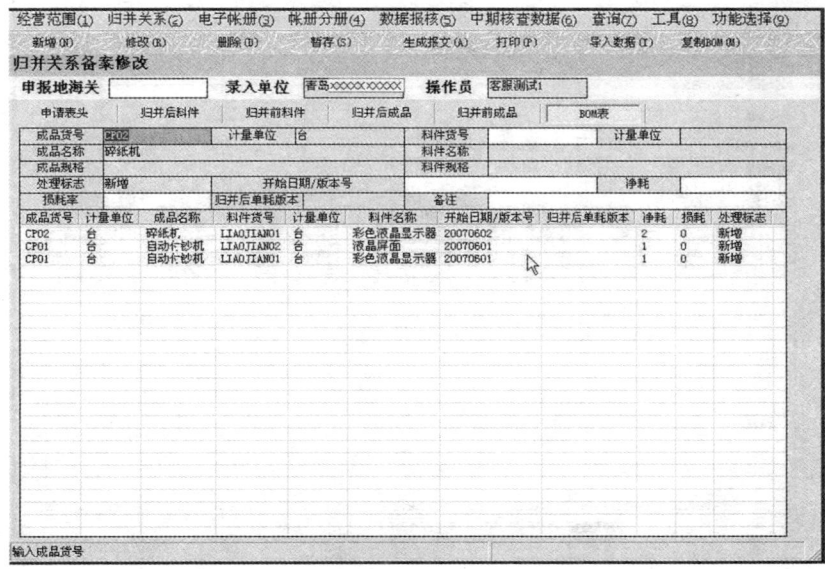

图 4 – 59

导入到系统中。目前归并关系数据中的归并前料件、归并前成品、BOM 表数据均支持接口导入。

| 经营范围(1) | 归并关系(2) | 电子账册(3) | 账册分册(4) | 数据报核(5) | 中期核查数据(6) | 查询(7) | 工具(8) | 功能选择(9) |

归并关系回执查询

按下列条件查询

选择业务 [归并关系 ▼]　　　　查询 [10] 天之内回执.

帐册编号 [　　　　　]　　　分册编号 [　　　　　]

企业内部编号 [　　　　　]　　经营单位代码 [　　　　　]　　　[查询(Q)]　　[清空条件(D)]

查询结果

序　号	企业内部编号	接收时间	海关帐册/分册..	业务类型	申报类型	处理结果	通知日期
1	TTC0299	2012-06-06 11:39:05	E4220××××××	归并关系	变更	审批通过	2012-06-06 11:3
2	TTC0299	2012-06-06 08:56:43	E4220××××××	归并关系	变更	入库成功	2012-06-06 08:4
3	TTC0299	2012-06-05 16:35:36	E4220××××××	归并关系	变更	退单	2012-06-05 16:2
4	TTC0299	2012-06-05 11:16:30	E4220××××××	归并关系	变更	退单	2012-06-05 11:0
5	TTC0299	2012-06-04 17:58:19	E4220××××××	归并关系	变更	入库成功	2012-06-04 17:5
6	TTC0299	2012-06-04 16:27:48	E4220××××××	归并关系	变更	退单	2012-06-04 16:2

[查看数据(W)]　　[查看回执(E)]　　[刷新(F5)]

您的IC卡有效期截止至2012年09月26日

图 4－61

回执内容

回执内容

```
<EMS_EDI_CHK_INFO   >处理结果: 审核通过.
<EMS_EDI_CHK_INFO   >帐文类型: 归并关系.
<EMS_EDI_CHK_INFO   >审批意见:
```

[关闭(Q)]

图 4－62

2. 变更归并关系

归并关系备案被海关审批通过后，由于业务原因需增加或变更其归并关系数据，则需要对归并关系进行变更申请操作。具体变更方法如下。

选择"归并关系"菜单中的"变更申请"功能，如图 4 – 63 所示。

图 4 – 63

在账册编号字段录入账册号，回车后进入信息变更录入界面，如图 4 – 64 所示。

企业新增料件/成品，录入方法同归并关系备案。

企业修改料件/成品，录入之前的货号即可调出已备案的数据进行修改。需要注意的是若要修改某商品规格型号，需在规格型号处点击鼠标右键，选择"重新归类"，在弹出的商品申报要素界面录入修改后的规格型号。

变更数据录入完毕，检查无误即可向海关申报，海关接收到数据后，企业联系海关审核，审核通过后变更数据生效。

（三）电子账册备案/变更

企业完成归并关系备案后，海关会登录数据中心（外部网）对归并关系

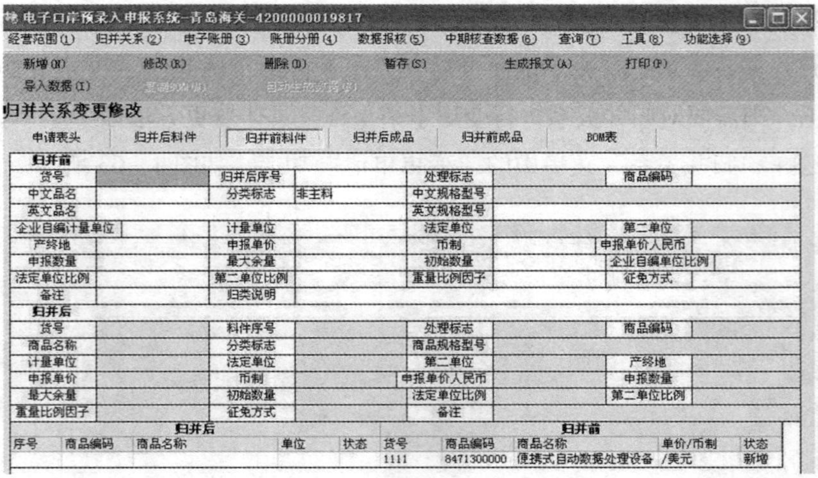

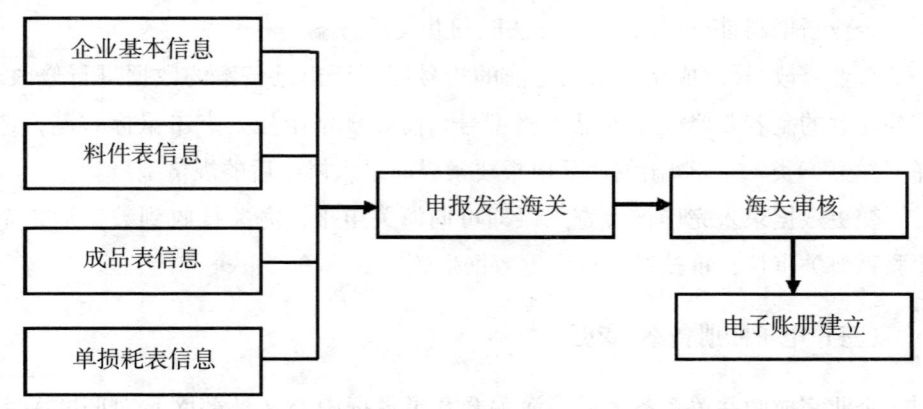

图 4 – 64

进行审核。企业需将海关审批后的归并关系归并后数据录入到电子账册中，向海关进行申报，以此作为通关、核销的底账数据。因此电子账册数据与海关审批通过后的归并关系归并后数据是一致的。

电子账册数据主要包含企业基本信息、料件表、成品表、单损耗表四部分。企业录入完毕后向海关申报，海关审核通过后建立电子账册。电子账册对应一个 12 位的编号，该编号以 "E" 开头，第 2 ~ 5 位为关区代码，第 6 位为年份代码，7 ~ 12 位为流水号，例如 E42276000001。电子账册备案的基本流程，如图 4 – 65 所示。

图 4 – 65

1. 备案电子账册

前面讲到电子账册数据实际与归并关系数据是一致的，为减少企业工作量，提高录入效率和准确性，系统提供了"拷贝归并后数据到电子账册"的功能。使用该功能可自动生成电子账册料件、成品信息，不需要企业手工录入数据。

在使用"拷贝归并后数据到电子账册"的功能之前，企业需提前做好设置。点击"工具"菜单中"系统设置"，进入以下页面，如图4-66所示。

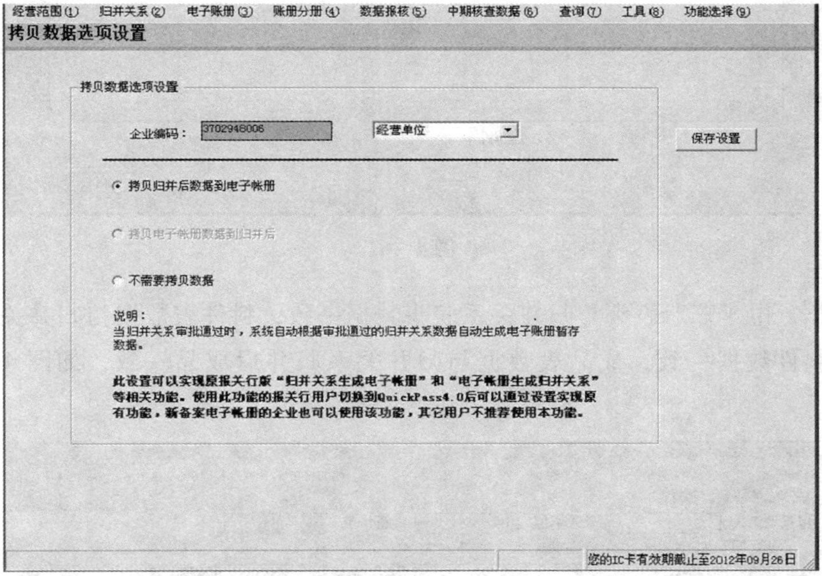

图4-66

企业用户选择"拷贝归并后数据到电子账册"，保存设置即可。需要注意的是该功能必须是在企业申报归并关系之前设置。如果归并关系已经审核通过了再设置，则该功能不生效。

企业的归并关系数据海关审批通过后，企业点击"查询"中的"数据查询"，业务类型选择电子账册，查询未审批数据，即可查询到一条与企业归并关系内部编号相同的电子账册备案数据，该数据的申报状态为"未生成报文"，如图4-67所示。

选中该条记录，点击"查看数据"，企业可查看到系统自动生成的电子账

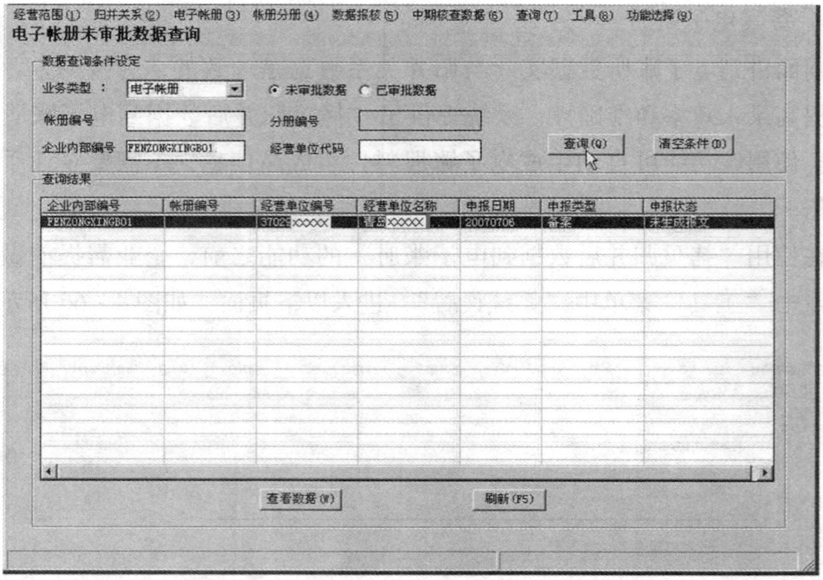

图 4-67

册数据，电子账册表头与归并关系表头数据一致，料件表数据与归并关系归并后料件数据一致，成品表数据与归并关系归并后成品一致，如图 4-68所示。

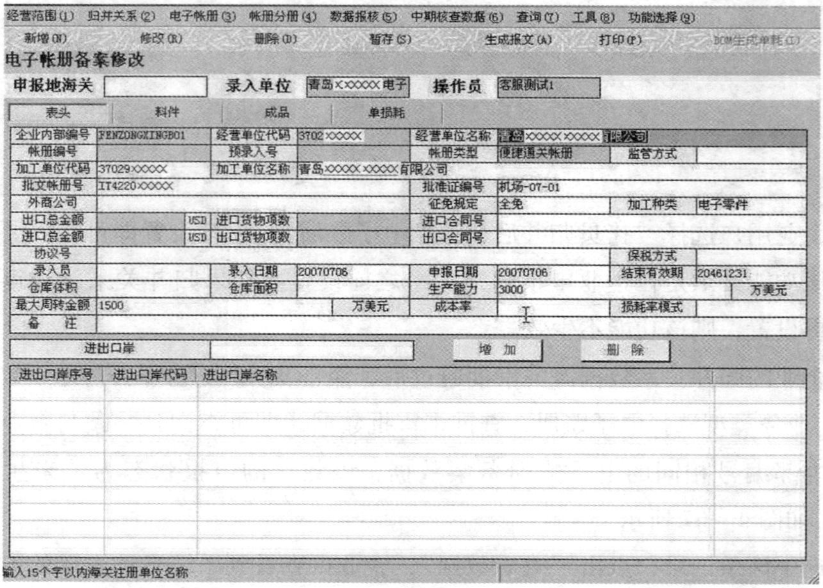

图 4-68

电子账册的表头数据、料件、成品都是系统自动生成的，不需要手工录入。点击"单损耗表"进入单损耗录入页面，如图4－69所示。

图4－69

为了提高录入效率和录入数据的准确性，系统为企业提供了"BOM 生成单耗"功能，点击"BOM 生成单耗"，系统会根据归并关系的 BOM 数据自动生成单损耗数据。企业核对数据无误后，点击"生成报文"按钮，完成电子账册的申报。

数据申报完成后，企业可进入"查询"中的"回执查询"，查询电子账册回执，一般企业收到 3 条入库成功的回执后，说明电子账册数据已经被海关接收，企业可联系海关审核，海关审核通过后企业可收到审核通过的回执，电子账册表头的账册编号字段会自动返填海关审核生成的账册编号，如图4－70所示。

2. 变更电子账册

归并关系归并后的数据与电子账册数据是一致的。故企业在变更电子账册之前要先变更归并关系（变更方法见归并关系变更操作），归并关系变更海关审核通过后，企业点击数据查询，如图4－71所示。选择"电子账册"中的"未审批数据"，开始查询，会查到一条"未生成报文"的记录，如图4－

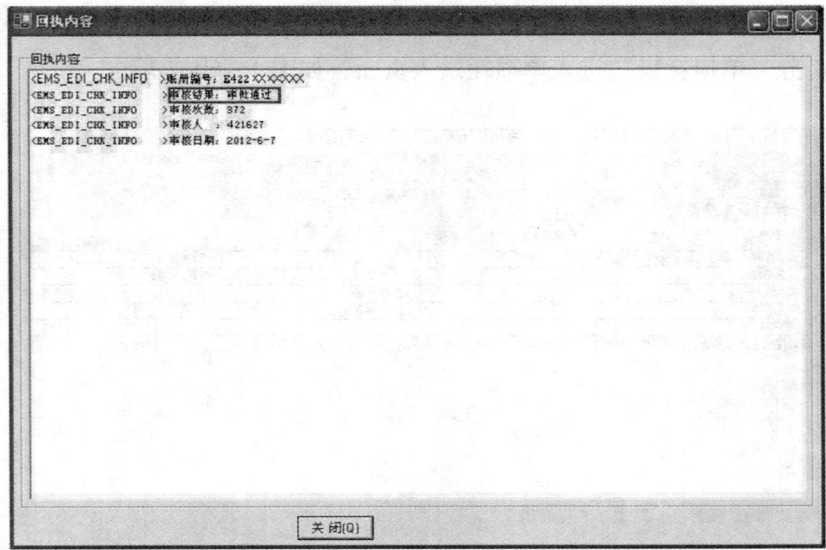

图 4 – 70

72 所示。

图 4 – 71

鼠标选中该记录，点击"查看明细"按钮进入到电子账册界面，点击"修改"，系统提示"确认修改该数据"，选择"是"，如图 4 – 73 所示。

由于系统已经设置"拷贝归并后数据到电子账册"，且企业之前已经修改过归并关系数据，故归并关系中变更的数据已自动拷贝至电子账册，企业只

图 4 − 72

图 4 − 73

需用"BOM生成单耗"功能生成单损耗数据，检查无误后生成报文即可。申报完成，企业联系海关审核，海关审核通过后数据生效。

（四）电子账册报关申报

电子账册建立后，企业就可以使用账册开展报关业务了。电子账册通关时需要先手工录入或自动生成清单数据，然后再进行报关申报。因此，我们接下来先了解一下什么是电子账册清单。

电子账册清单包括大清单和小清单。大清单是拆分前的报关清单，是企业料号级数据的体现。货物进出口时，企业都需要填写大清单，记录进出口货物的详细情况，并向海关申报。小清单是大清单拆分后的报关清单。小清单与报关单是一一对应的，小清单反映的是报关单商品与归并前商品的对应关系。

电子账册企业向海关报关时，企业首先向数据中心进行大清单申报，数据中心按一定原则将企业申报的大清单生成报关单和与之一一对应的小清单，并向企业发出清单拆分回执信息（包含报关单统一编号）。企业申报的大清单归并拆分后，如果货物项数超过20项，则无法填写到同一份报关单上，系统会生成多份报关单。企业查询出拆分后的报关单信息，补充完整报关单后，向海关申报即可。电子账册企业报关申报的基本流程，如图4–74所示。

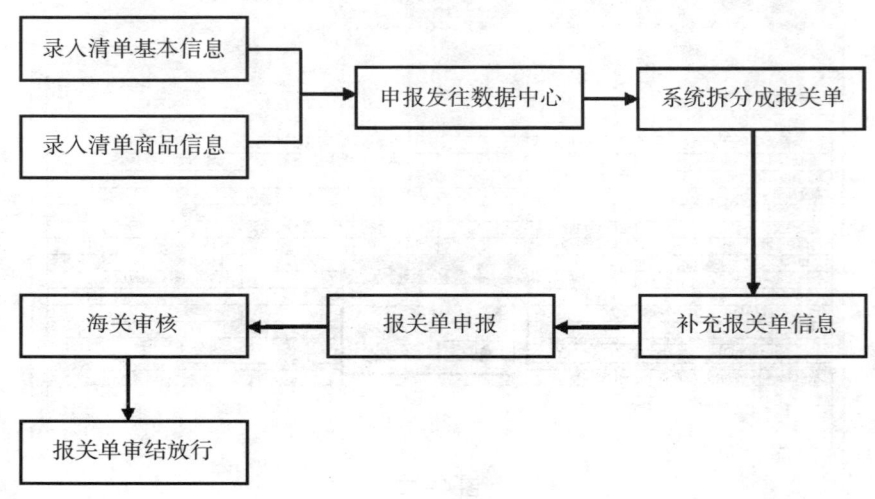

图 4–74

下面以进口为例，讲解企业如何申报电子账册清单。

企业使用电子口岸卡登录电子口岸预录入改进版系统，进入"报关申报"子系统，点击"清单"菜单中的"进口业务"，进入进口清单录入界面，如图4–75所示。

清单信息分为基本信息和商品信息，企业首先录入账册编号，经营单位编码/名称、录入单位编码/名称由系统自动调出；清单企业内部编号用户可自行输入，但必须保证编号的唯一性。申报单位编码、报关单预录入号、进

图 4-75

口岸、运输方式、贸易方式、料件/成品标志根据实际情况填写。

基本信息录入完毕后，继续录入商品信息。录入商品货号后，系统会自动调出对应账册序号、商品名称、商品编码、附加商品编码、商品规格型号、计量单位、法定计量单位、法定第二计量单位。手工录入申报数量、法定数量、企业申报单价、企业申报总价、用途、征免方式、BOM 版本号（出口成品时填写）。

基本信息和商品信息录入完毕后，检查无误，点击"申报"，清单申报完毕，如图 4-76 所示。

清单申报完成后，如果企业想查询清单申报情况，可以选择"查询/打印"菜单中的"清单查询"功能，输入查询条件，即可查看到清单是否申报成功。当回执信息显示"申报成功，清单拆分成 X 份报关单"时，说明清单已申报成功，如图 4-77 所示。

清单申报成功后，对于代理报关的企业，只需把清单编号告知代理报关公司，由代理公司下载清单完成报关。对于自理报关的企业，企业需自行生

图 4-76

成报关单进行申报，具体操作如下。

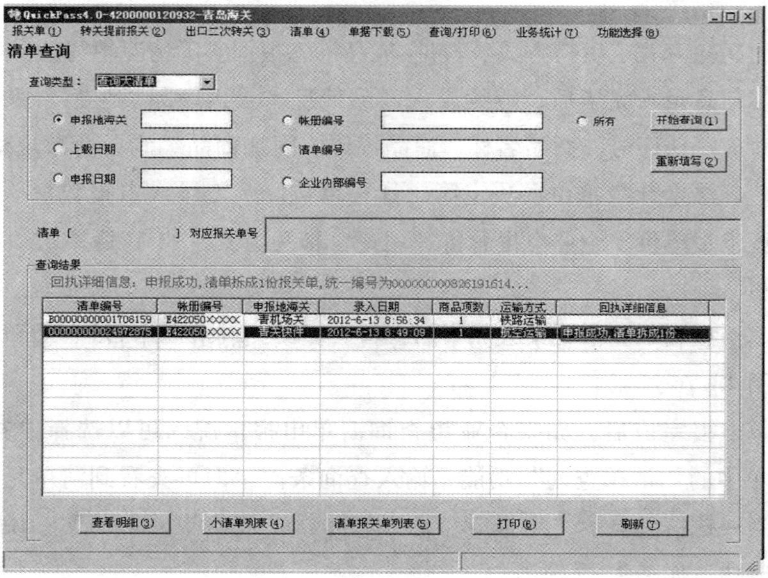

图 4-77

企业用鼠标选中申报成功的清单记录，点击界面下方的"清单报关单列表"，如图4－78所示。

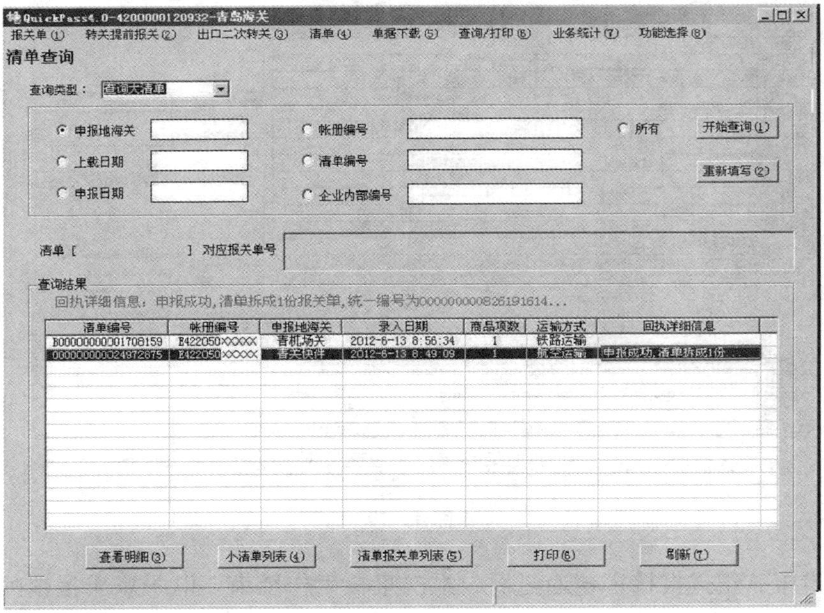

图4－78

点击界面左下角的"查看明细"按钮，进入报关单录入界面，如图4－79所示，企业在报关单界面补充报关单信息，检查无误后，即可申报。

（五）电子账册数据报核

电子账册核销是企业按规定通过电子口岸向海关办理电子账册的报核业务，海关调用电子底账数据与企业报核电子数据进行比对、核销的管理模式。由于电子账册是以企业为管理单元，因此电子账册的核销采取滚动核销的模式，即按时间段对账册进行核销。

企业账册报核分为分批报送、预报核和正式报核。企业在进行预报核时有两种方式，一是企业通过分批报送把一个报核周期内的报关单分多次向海关申报，预报核时只申报企业基本信息；二是不做分批报送，预报核时申报企业的基本信息和报关单信息。企业预报核审批通过后，才可以进行正式报

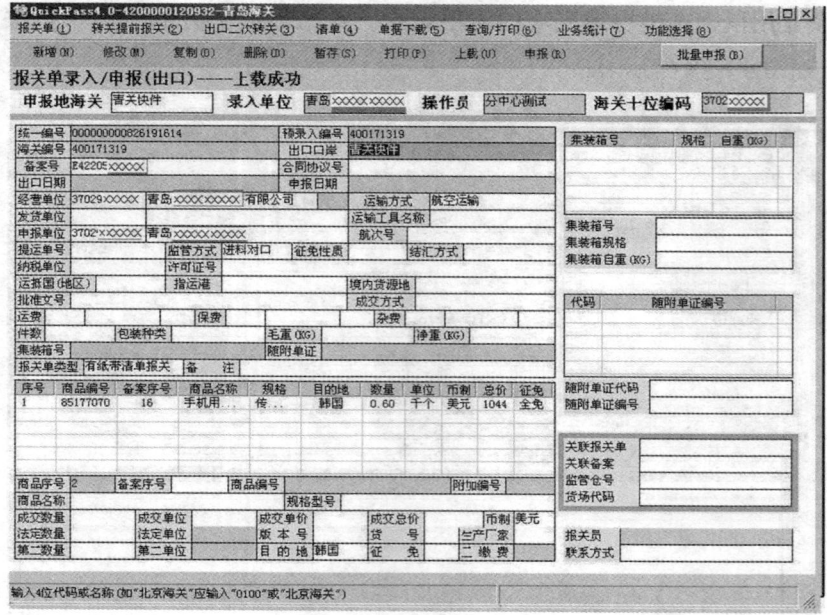

图 4 – 79

核的申报，正式报核审核通过后，本次报核工作结束。电子账册报核的业务
流程，如图 4 – 80 所示。

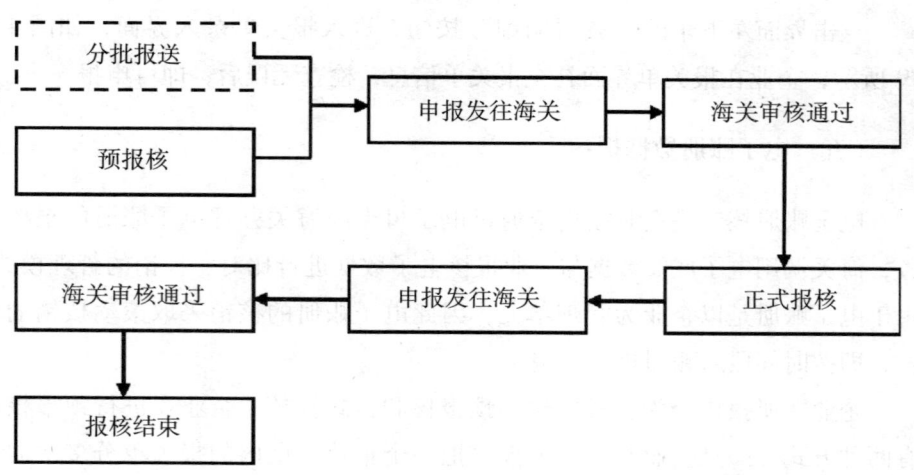

图 4 – 80

1. 分批报送

企业在预报核之前，可以多次发送此次报核核销截止日期前已审结的进出口报关单，分批报送的内容包括表头和报关单列表。

点击"数据报核"菜单中的"分批报送"，在表头中输入账册编号，点击回车，系统调出该账册的基本信息，报核次数由系统自动返填，报核类型选择分批报送，手工录入报核开始日期（核销开始日期为电子账册上期核销结束日期的次日，首次核销的为料件首次进口日期）、报核截至日期（核销截至日期需在核销周期内，且必须在报核日期前）、报核料件总项数、报核成品总项数，进口报关单总数、出口报关单总数由系统根据企业录入的报关单信息返填，录入日期系统自动调取当前日期返填，如图4-81所示。

| 经营范围(1) | 归并关系(2) | 电子帐册(3) | 帐册分册(4) | 数据报核(5) | 中期核查数据(6) | 查询(7) | 工具(8) | 功能选择(9) |

| 新增(N) | 修改(R) | 删除(D) | 暂存(S) | 生成报文(A) | 打印(P) | 导入数据(I) | 自动提取(F) |
| Excel导出(E) | | | | | | | |

分批报送

| 申报地海关 | 青岛大港 | 录入单位 | ×××××××××××× | 操作员 | ×××××××××××× |

| 表头 | 报关单 |

企业内部编号	HGEMS0002	帐册编号	E4227××××	报核次数	8
报核类型	分批报送	报核开始日期	20070403	报核截至日期	20070701
进口报关单总数	0	出口报关单总数	0	报核料件总项数	
报核成品总项数	0	录入日期		报核申报日期	
备注					

输入报核截至日期，格式为"年月日"，如：20021024

图4-81

表头信息录入完毕后，点击"暂存"按钮进入报关单录入界面，录入本次报核周期内的报关单号，点击回车，系统会自动调出申报地海关、进出口标志，手工录入申报日期、进出日期、申报标志，点击回车，该份报关单会自动保存到下方列表栏，按此方法录入该核销期内的所有报关单信息，检查无误后，点击"生成报文"按钮，企业该次分批报送完成，如图4-82所示。

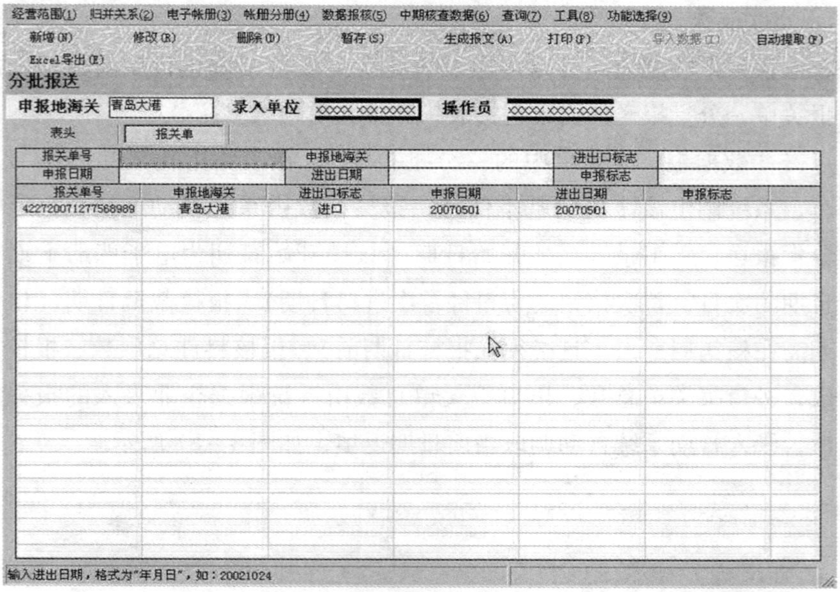

图 4 - 82

2. 预报核

预报核是企业在进行正式报核之前，将本次核销周期内的所有报关单向海关申报，其主要功能是确定此次报核的报关单范围。

在系统界面上方功能菜单上，点击"数据报核"中的"报核申请"，进入报核申请界面，输入账册编号，点击回车，调出该账册的基本信息，报核次数由系统自动返填，报核类型选择预报核，手工录入报核开始日期、报核截至日期、报核料件总项数、报核成品总项数，进口报关单总数、出口报关单总数由系统根据企业录入的报关单信息返填，录入日期自动调取当前日期返填，如图4-83所示。

录入完毕，点击"暂存"，进入报关单录入界面，输入报关单号，点击回车，系统调出该报关单申报地海关、进出口标志，录入申报日期、进出日期、申报标志，如图 4-84 所示。

录入完毕一条报关单信息后，按照上述方法，继续录入该报核期内的其他报关单信息。基本信息、报关单信息录入完毕，检查无误后，点击"生成报文"，如图 4-85 所示。

点击"是"，提示生成报文成功，该次预报核申报完成。企业一定要正确录入报关单号、申报日期、进出日期，这 3 项信息录入错误都会导致报核数经营范围(1) 归并关系(2) 电子帐册(3) 帐册分册(4) 数据报核(5) 中期核查数据(6) 查询(7) 工具(8) 功能选择(9)

新增(N)   修改(R)   删除(D)   暂存(S)   生成报文(A)   打印(P)   导入数据(I)   自动提取(F)

Excel导出(E)

报核申请

申报地海关 青岛大港   录入单位 ×××××·×××·×××××   操作员 ×××××·×××·×××××

| 表头 | 报核料件 | 报核成品 | 报关单 | 核算料件 | 核算成品 |

企业内部编号	HREMS0002	帐册编号	E4227××××××××		报核次数	1
报核类型	预报核	报核开始日期	20050512		报核截至日期	20070101
进口报关单总数	0	出口报关单总数	0		报核料件总项数	10
报核成品总项数	5	录入日期	20070708		报核申报日期	20070708
备　注						

输入需填写的表格内项目未尽事宜

图 4 - 83

经营范围(1) 归并关系(2) 电子帐册(3) 帐册分册(4) 数据报核(5) 中期核查数据(6) 查询(7) 工具(8) 功能选择(9)

新增(N)   修改(R)   删除(D)   暂存(S)   生成报文(A)   打印(P)   导入数据(I)   自动提取(F)

Excel导出(E)

报核申请

申报地海关 青岛大港   录入单位 ×××××·×××·×××××   操作员 ×××××·×××·×××××

| 表头 | 报核料件 | 报核成品 | 报关单 | 核算料件 | 核算成品 |

| 报关单号 | 42272007077989898 | 申报地海关 | 青岛大港 | 进出口标志 | 出口 |
| 申报日期 | 20070501 | 进出日期 | 20070501 | 申报标志 | |

| 报关单号 | 申报地海关 | 进出口标志 | 申报日期 | 进出日期 | W | 核销期外 |
| | | | | | X | 剔出核销 |

申报标志（仅预报核时录入）

图 4 - 84

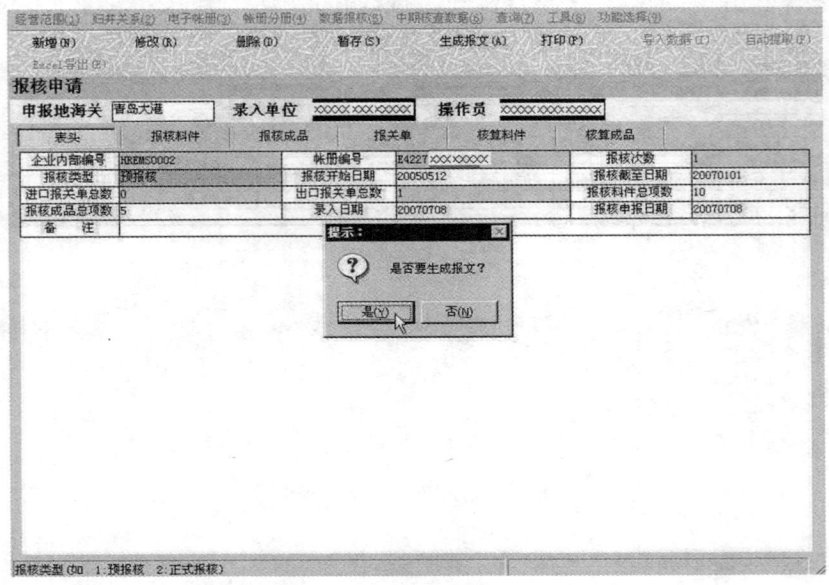

图 4 – 85

据被退单。预报核数据申报后，企业收到 2 条入库成功的回执时，方可联系海关审批。若申报数据被系统或人工退单，企业要根据回执中的退单原因，修改报核数据后重新申报。预报核海关审核通过后，企业可进行正式报核的申报。

3. 正式报核

预报核数据海关审核通过后，企业点击"查询"中的"数据查询"，业务类型选择"账册报核"，已审批数据，可以查询到已经审核通过的预报核数据，如图 4 – 86 所示。

双击海关审核通过的预报核数据，点击"修改"，系统提示"确认修改该数据"，如图 4 – 87 所示。

选择"是"，系统进入报核录入界面，企业无须填写任何表头信息，只需把报核类型由预报核修改为正式报核，如图 4 – 88 所示。

报核类型修改后，点击"暂存"，进入到报核料件录入界面，如图 4 – 89 所示。

录入料件序号后，系统自动调出该料件对应的货号、料件名称、计量单位、币制，企业根据本次报核周期内实际进出口和库存情况，如实填写应剩

图 4 - 86

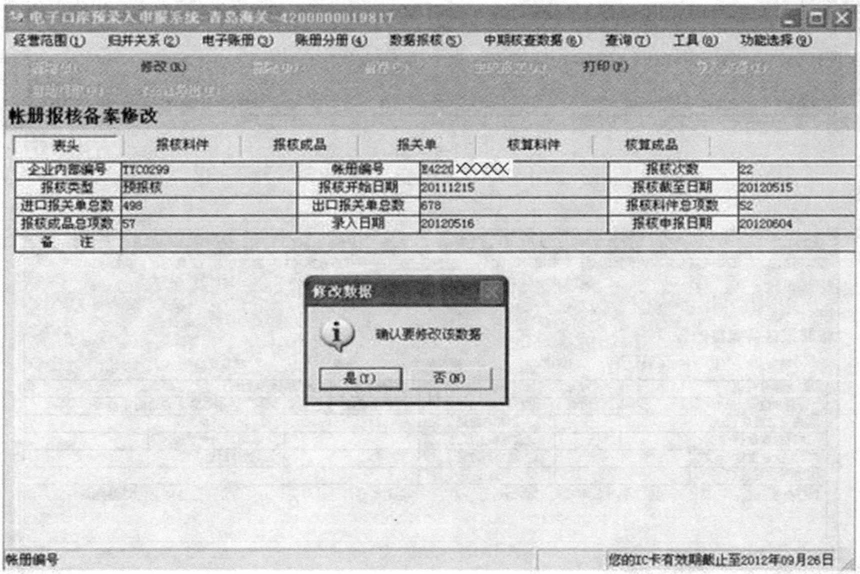

图 4 - 87

余数量、应剩余总价值、应剩余总重量、消耗总数量、消耗总价值、消耗总重量、实际剩余数量、实际剩余总价值、实际剩余总重量、边角料数量、边角料总价值、边角料总重量，具体填写方法如下。

应剩余数量：企业根据进出口报关单及电子账册单损耗数据计算出的理论料件剩余数量。

应剩余数量＝期初数＋进口数量（扣除内销、退运等）－消耗数量

实际剩余数量：是指企业仓库、车间等各物流环节料件的实际剩余数量。

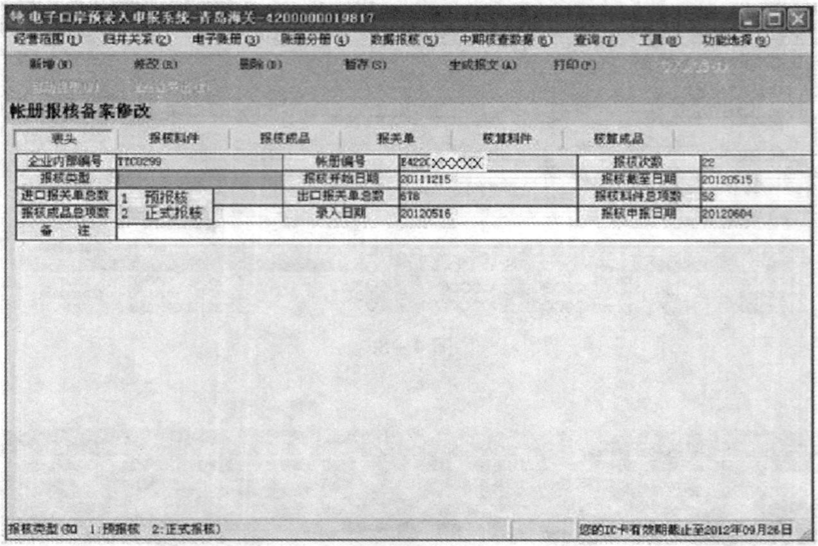

图 4 - 88

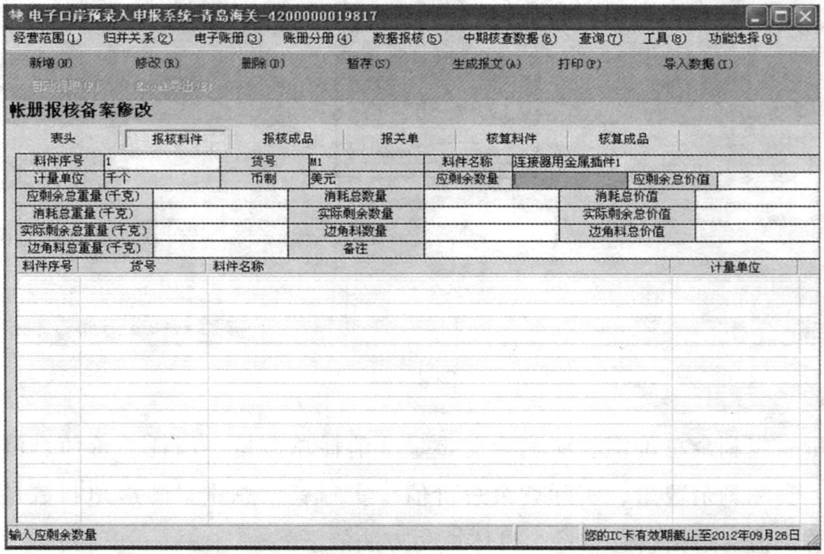

图 4 - 89

实际剩余数量 = 料件库存 + 料件在途 + 在线生产折料 + 库存成品折料。

消耗总量：指在本次核销内申请核销的成品所消耗的料件总数量。

消耗总量＝出口成品耗料＋成品退还出口折料＋成品放弃折料－成品退还进口折料。

企业录入完报核料件表后，点击"报核成品"，录入报核成品信息，填写方法同报核料件，此处不再赘述。

报核成品信息、核算料件信息、核算成品信息不属于正式报核必须申报的信息，企业可按照主管海关的要求，确认是否需要填报。

正式报核数据录入完毕后，检查无误，点击"生成报文"向海关申报，正式报核数据申报后，企业收到2条入库成功的回执时，方可联系海关审批，海关审核后，本次电子账册报核工作完成。

第三节　内销征税

 本节主要内容

◆ 内销征税相关业务知识介绍；

◆ 内销征税系统的业务操作流程和注意事项；

◆ 如何使用内销征税联系单报关申报。

本节主要介绍内销征税申报系统，该系统是海关为进一步推动和完善综合治税工作，规范海关加工贸易内销审核操作，提高加工贸易管理的信息化程度，实现加工贸易项下内销征税业务管理的信息化而开发的。

通过本节的学习，要求大家了解海关关于内销征税的相关规定，能通过该系统向海关申报内销征税联系单，并掌握内销征税报关单的申报方法。

一、知识点解析

加工贸易是指从境外保税进口全部或部分料件，在境内加工后，将制成品复出口的经营活动，进口环节予以保税。但在企业的生产经营中，也会出现由于某种原因无法复出口，而要转到国内市场销售，遇到这种情况企业要先向当地海关申请内销征税处理。下面先来了解一下加工贸易内销征税的相关知识点。

（一）加工贸易保税货物内销

加工贸易保税货物内销是指加工贸易企业因故不能按规定加工复出口，而需要将全部或者部分保税料件、制成品在国内销售，或者转用于生产内销产品的行为。加工贸易保税进口料件加工后产生的边角料、剩余料件、残次品、副产品及受灾保税货物仍属海关监管货物，未经海关许可，不得擅自销售或者移作他用。企业必须按照规定报备核准后方可内销处理。

加工贸易的保税料件、制成品、副产品等经批准内销时，凡依法征收税款的，除缴纳的税款外，还需征收税款对应的利息，即缓税利息。实行手册管理的计息起始日期为内销的料件或制成品所对应的加工贸易合同项下首批料件进口之日；实行账册管理的起始日期为内销料件或者制成品对应的电子账册最近一次核销之日，没有核销日期的，起始日期为内销料件或者制成品对应的电子账册首批料件进口之日，终止日期都为海关填发税费缴款书之日。

（二）缓税利息利率

缓税利息利率分为活期、贷款、不征收利息三种，目前的缓税利息利率一般参照中国人民银行公布的活期存款利率执行。

应征缓税利息 = 应征税额 × 计息期限 × 缓税利息率 ÷ 360。

二、业务流程

通过上一节的介绍，我们了解到企业在进行内销征税前，首先要向海关申请内销征税联系单，然后凭联系单进行内销征税报关，其基本操作流程如图4-90所示。

企业首先录入内销申报单基本信息，折料内销表体是必须申报的，成品内销表体、原料件进口报关单、成品报关单信息根据海关要求填报（一般不必录入）。信息录入完毕后向海关申报，经审核准予内销的，海关做出准予内销决定。海关审核通过后产生内销征税联系单编号。

企业申请内销征税联系单后，可凭联系单办理通关手续。企业向海关申

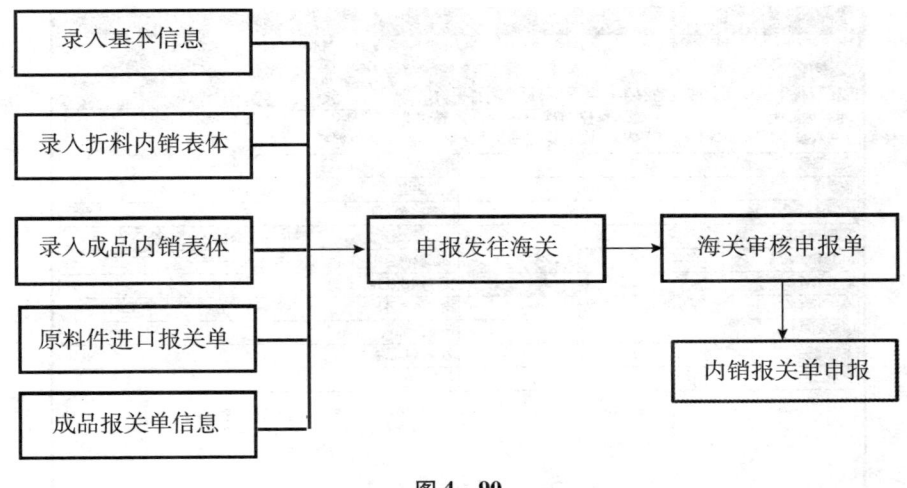

图 4 – 90

报内销征税报关单时，需要在随附单证处选择内销征税联系单，代码为小写字母"c"，单据编号填写海关审核的内销征税联系单编号。

接下来分别讲解企业如何向海关申报内销征税联系单以及如何使用内销征税联系单进行报关单的申报。

（一）内销征税联系单申报

内销征税联系单分为料号级和项号级两种录入方式。电子账册企业（E账册）可以选择由料号级数据生成项号级数据或直接申报项号级数据两种方式，无纸化手册企业只能采用项号级方式进行录入。目前，企业一般都采用项号级数据录入方式向海关申报，下面以项号级录入方法为例，讲解企业如何录入申报内销征税联系单。

企业用户在电子口岸主界面点击进入内销征税子系统，在系统界面上方的功能菜单栏上，点击"项号级数据录入"，进入"项号级数据录入"界面，企业首先录入表头数据，如图 4 – 91 所示。

表头数据中的经营单位编码、经营单位名称、加工单位编码、加工单位名称、操作员姓名、操作员卡号，系统会自动调取返填，其中底色为灰色的字段不可填写。企业在备案号处录入此次要内销申报的手册或者账册编号，回车后备案类型会自动返填。

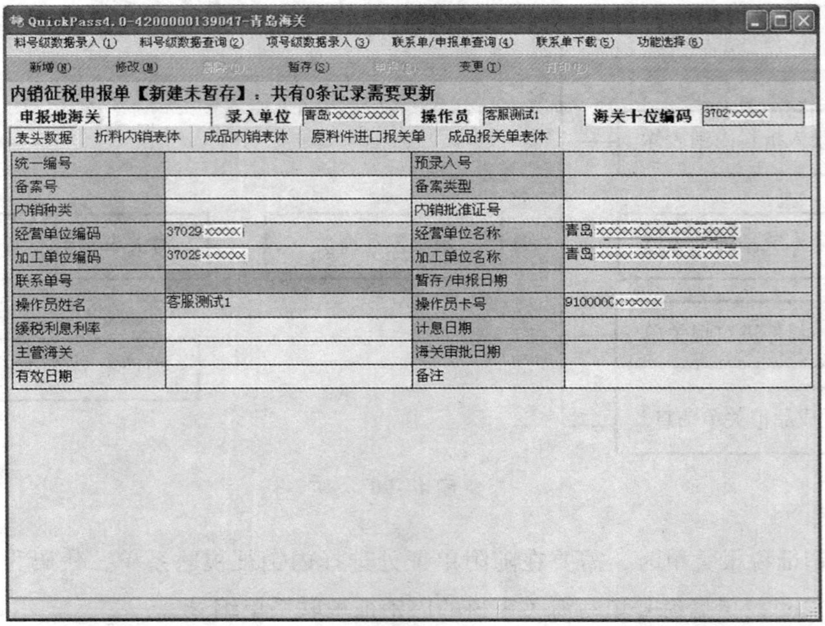

图 4-91

继续录入表头其他信息，其中内销种类分为折料件内销、边角料内销、成品内销3种，企业根据自己的内销种类点击空格键进行选择。内销批准证号是选填项，此次内销如果需要商务主管部门的内销批准证，则填写内销批准证编号，反之则不必填写。一般内销的金额占实际进口料件总额3%以内（含3%），且总值在人民币1万元以下（含1万元）的，免予提供内销批文和许可证件。缓税利息利率、计息日期由海关审核后自动返填，如图4-92所示。

表头数据录入完毕后，点击"暂存"，进入折料内销表体录入界面，当内销种类为折料件内销或边角料内销时，折料内销表体必须申报，如图4-93所示。

折料项号为必填项，折料项号必须存在于审批通过的无纸化手册或电子账册中，且应存在于审批通过的相应进口报关单中。输入折料项号后，商品编码、商品名称、规格型号、申报计量单位、法定计量单位会自动调出。企业需要补充录入内销申报数量、申报单价、成交总价、成交币制、法定单位单价。

中国电子口岸客户端-4200000120932-青岛海关

科号级数据录入(1)　科号级数据查询(2)　项号级数据录入(3)　联系单/申报单查询(4)　联系单下载(5)　功能选择(6)

新增(H)　修改(M)　删除(D)　暂存(S)　申报(R)　变更(T)　打印(P)　复制(Q)

内销征税申报单【新建未暂存】：共有0条记录需要更新

| 申报地海关 | | 操作员 | 分中心测试 | 单位 | ×××××××× | 海关十位编码 | ×××××× |

表头数据　折料内销表体　成品内销表体　原料件进口报关单　成品报关单表体

统一编号		预录入号	
备案号	E4220××××××	备案类型	电子帐册
内销种类	折料件内销	内销批准证号	青岛市[2013]内销字X号
经营单位编码	×××××××××××	经营单位名称	青岛××××××有限公司
加工单位编码	××××××××××	加工单位名称	青岛××××××有限公司
联系单号		暂存/申报日期	
操作员姓名	分中心测试	操作员卡号	8600000322626
缓税利息利率		计息日期	
主管海关	青机场关	海关审批日期	
有效日期		备注	

图 4 - 92

QuickPass4.0-4200000139047-青岛海关

科号级数据录入(1)　科号级数据查询(2)　项号级数据录入(3)　联系单/申报单查询(4)　联系单下载(5)　功能选择(6)

新增(H)　修改(M)　删除(D)　暂存(S)　申报(R)　变更(T)　打印(P)

内销征税申报单【新建未暂存】：共有0条记录需要更新

| 申报地海关 | | 录入单位 | 青岛××××××× | 操作员 | 零据测试1 | 海关十位编码 | 370×××××× |

表头数据　折料内销表体　成品内销表体　原料件进口报关单　成品报关单表体

折料序号	1	折料项目		商品编码	
商品名称		规格型号			
内销申报数量		申报计量单位		申报单价	
成交总价CIF		成交币制		内销法定数量	
法定计量单位		法定单位单价		原产国	
处理标志	新增	备注			

折料序号	折料项号	商品编码	商品名称	规格型号	内销数量	申报单位	申报单价	成交总价	成交币制	原

图 4 - 93

填写原产国/地区信息时需要注意，当内销方式为边角料内销、成品内销时，原产国/地区为"中国"，当内销方式为料件内销时，原产国/地区为料件进口国/地区，如图 4-94 所示。

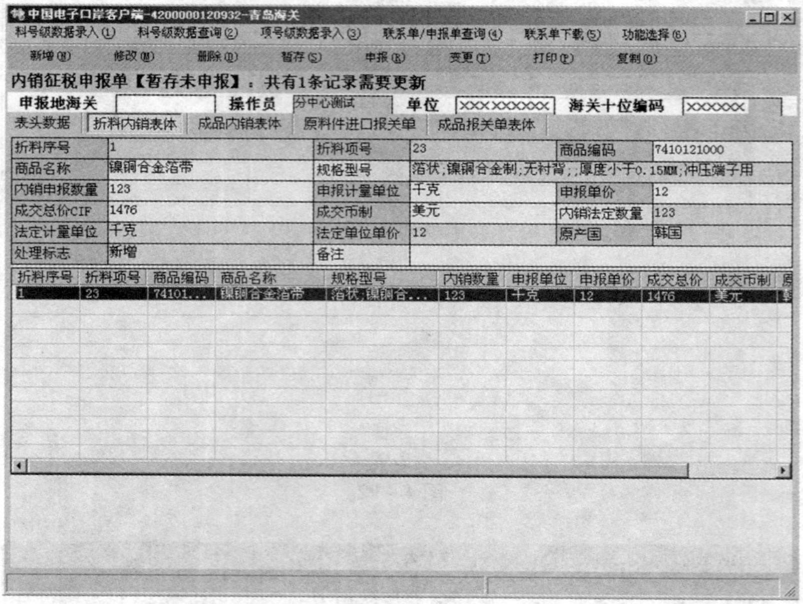

图 4-94

料件内销表体填写完成后，点击"暂存"，进入成品内销表体录入界面，当内销种类为成品内销时，成品内销表体必须申报，如图 4-95 所示。

录入成品项号后，系统会自动调出商品编码、商品名称、规格型号、申报计量单位、法定计量单位。企业需补充录入内销申报数量、申报单价、成交总价、成交币制、内销法定数量、法定单位单价、原产国/地区信息，如图 4-96 所示。

成品内销表体填写完成后，点击"暂存"按钮，进入原料件进口报关单录入界面，该部分信息企业可以根据海关要求，选择是否申报，如图 4-97 所示。

折料项号与"折料内销表体"中的"折料项号"一致，原产国/地区与"折料内销表体"中的原产国/地区一致，原进口报关单编号填写该件对应的进口报关单 18 位编号，原进口报关单项号填写报关单上该项料件的项号，

电子口岸预录入申报系统-青岛海关-4200000139047

料号级数据录入(1)　料号级数据查询(2)　项号级数据录入(3)　联系单/申报单查询(4)　联系单下载(5)　功能选择(6)

新增(N)　　修改(M)　　删除(D)　　暂存(S)　　申报(B)　　变更(T)　　打印(P)

内销征税申报单【新建未暂存】：共有0条记录需要更新

| 申报地海关 | | 录入单位 | ×××××××× | 操作员 | 分中心测试 | 海关十位编码 | ×××××××××× |

表头数据　折料内销表体　成品内销表体　原料件进口报关单　成品报关单表体

成品序号	1	成品项号		商品编码	
商品名称		规格型号		单耗版本	
内销申报数量		申报计量单位		申报单价	
成交总价CIF		成交币制		内销法定数量	
法定计量单位		法定单位单价		原产国	
处理标志	新增	备注	

成品序号	成品项号	商品编码	商品名称	规格型号	内销数量	申报单位	申报单价	成交总价	成交币制	原产国

您的IC卡有效期截止至2012年09月26日

图 4－95

中国电子口岸客户端-4200000120932-青岛海关

料号级数据录入(1)　料号级数据查询(2)　项号级数据录入(3)　联系单/申报单查询(4)　联系单下载(5)　功能选择(6)

新增(N)　　修改(M)　　删除(D)　　暂存(S)　　申报(B)　　变更(T)　　打印(P)　　复制(U)

内销征税申报单【暂存未申报】：共有2条记录需要更新

| 申报地海关 | | 操作员 | 分中心测试 | 单位 | ×××××××× | 海关十位编码 | ×××××× |

表头数据　折料内销表体　成品内销表体　原料件进口报关单　成品报关单表体

成品序号	1	成品项号	12	商品编码	8536410000
商品名称	继电器	规格型号	电压小于36V	单耗版本	
内销申报数量	112	申报计量单位	千个	申报单价	12
成交总价CIF	1344	成交币制	港币	内销法定数量	12
法定计量单位		法定单位单价	123	原产国	中国
处理标志	新增	备注	

成品序号	成品项号	商品编码	商品名称	规格型号	内销数量	申报单位	申报单价	成交总价	成交币制	原产国
1	12	85364...	继电器	电压小于36V	112	千个	12	1344	港币	中国

图 4－96

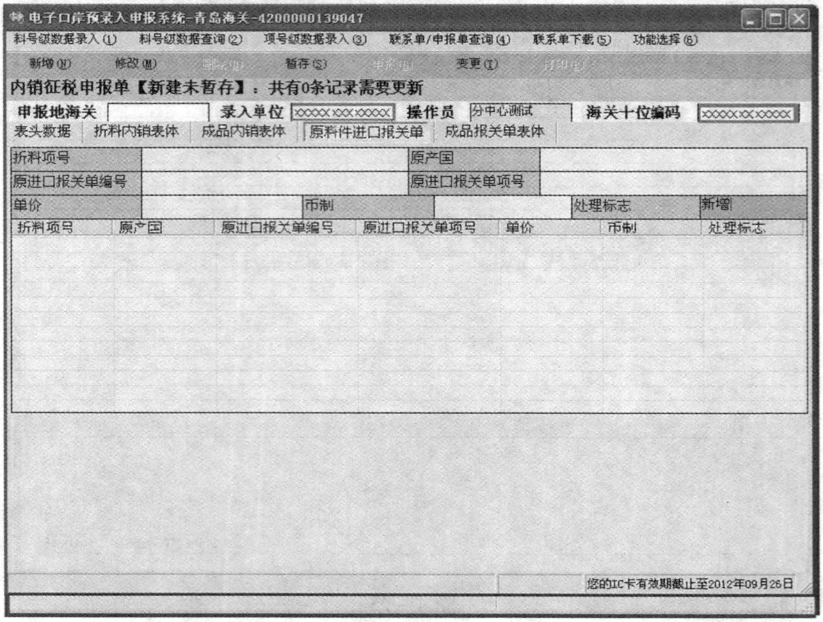

图 4 - 97

单价、币制根据实际情况填写，如图 4 - 98 所示。

　　成品报关单表体，企业可以根据海关的要求，选择是否申报。如需申报，点击"成品报关单表体"，进入成品报关单表体的录入界面，如图 4 - 99 所示。

　　成品项号与"成品内销表体"中的"成品项号"一致，原产国/地区与"成品内销表体"中的原产国/地区一致，报关单编号填写该料件对应的进口报关单 18 位编号，报关单项号填写报关单上该项料件的项号，单价、币制根据实际情况填写。

　　数据录入完毕，企业点击"申报"按钮完成申报工作。数据申报后企业可在系统界面上方的功能菜单上，点击"联系单/申报单查询"，进入联系单/申报单查询界面，如图 4 - 100 所示。

　　输入相关的查询条件后，点击"开始查询"按钮，列表中即可显示所有符合查询条件的查询结果，如图4 - 101所示。若不输入查询条件，则默认显示全部数据。

中国电子口岸客户端-4200000120932-青岛海关 _□×

料号级数据录入（1）　料号级数据查询（2）　项号级数据录入（3）　联系单/申报单查询（4）　联系单下载（5）　功能选择（6）

新增（H）　修改（M）　删除（D）　暂存（S）　申报（R）　变更（T）　打印（P）　复制（O）

内销征税申报单【暂存未申报】：共有3条记录需要更新

| 申报地海关 | | 操作员 | 分中心测试 | 单位 | ×××××××× | 海关十位编码 | ×××××× |

表头数据　折料内销表体　成品内销表体　原料件进口报关单　成品报关单表体

折料项号	23			原产国	韩国		
原进口报关单编号	422720141277123123			原进口报关单项号	1		
单价	1000	币制		美元		处理标志	新增

折料项号	原产国	原进口报关单编号	原进口报关单项号	单价	币制	处理标志
23	韩国	42272014127123123	1	1000	美元	新增

图 4－98

中国电子口岸客户端-4200000120932-青岛海关 _□×

料号级数据录入（1）　料号级数据查询（2）　项号级数据录入（3）　联系单/申报单查询（4）　联系单下载（5）　功能选择（6）

新增（H）　修改（M）　删除（D）　暂存（S）　申报（R）　变更（T）　打印（P）　复制（O）

内销征税申报单【暂存未申报】：共有4条记录需要更新

| 申报地海关 | | 操作员 | 分中心测试 | 单位 | ×××××××× | 海关十位编码 | ×××××× |

表头数据　折料内销表体　成品内销表体　原料件进口报关单　成品报关单表体

成品项号	12		原产国	中国		
报关单编号	422720140270123213		报关单项号	1		
单价	1000	币制	人民币		处理标志	新增

成品项号	原产国	报关单编号	报关单项号	单价	币制	处理标志
12	中国	422720140...	1	1000	人民币	新增

图 4－99

图 4 – 100

图 4 – 101

选中查询结果中某票数据后，可相应进行查看明细、修改、变更，查看表头回执，查看折料回执，查看成品回执，查看料号数据等操作。其中，"查看明细"可查看该票数据明细，但不能对其进行任何操作。"修改"用于对未申报或退单数据进行修改。"变更"用于对海关审批通过的数据进行修改。若该票单据被退单，可点击查看"表头回执"、"折料回执"和"成品回执"按钮，查看退单原因。

点击查看"表头数据"，显示如图 4 – 102 所示。

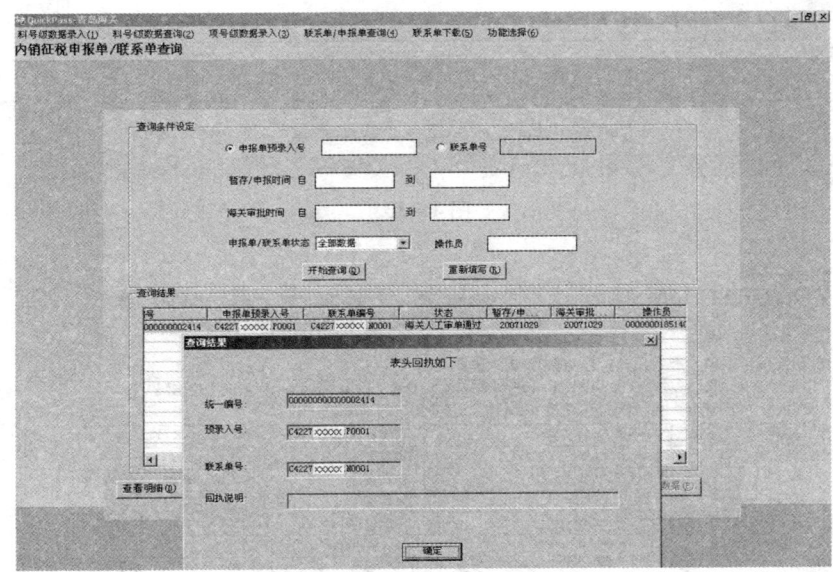

图 4 – 102

点击"折料回执"，显示如图 4 – 103 所示。

内销征税联系单海关审核通过后，系统会返填海关审核通过的联系单编号，内销征税联系单编号共 17 位，1 ~ 12 位为内销手册或账册的编号，第 13 位为字母"N"，第 14 ~ 17 位为流水号，如图 4 – 104 所示。

（二）内销征税报关单申报

内销征税联系单经海关审核通过后，企业可使用该联系单进行报关申报，下面以无纸化手册为例讲一下内销征税类报关单的申报方法。

企业进入报关申报子系统，在报关单菜单下选择进口报关单，首先录入

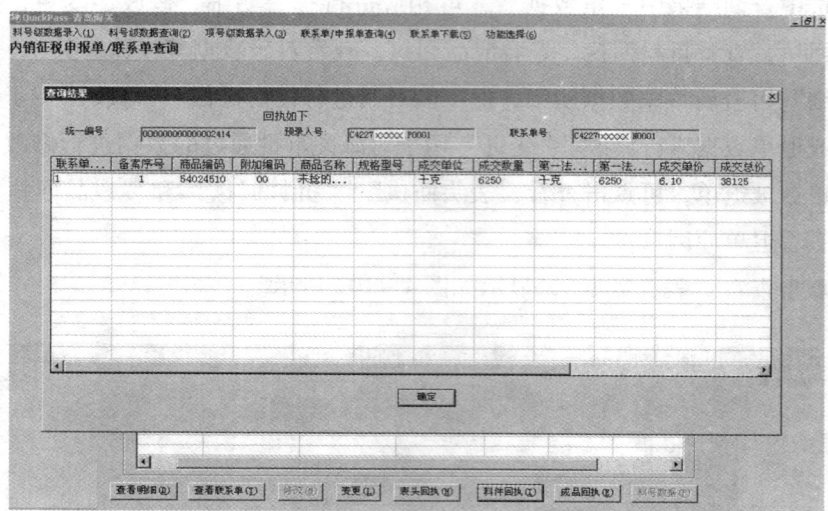

图 4 – 103

图 4 – 104

申报地海关、预录入编号等信息，录入方法参照报关单录入规范，如图 4 –

105 所示。

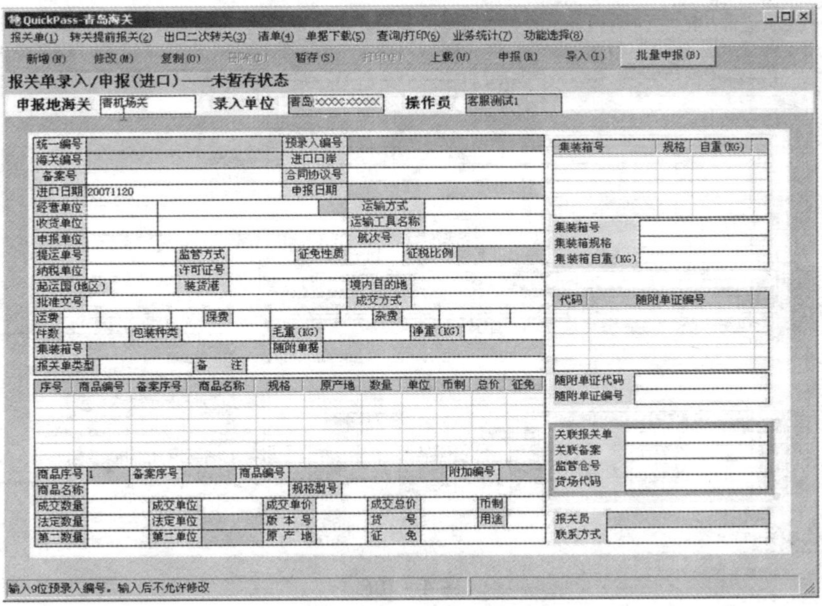

图 4 – 105

报关单表头信息录入完毕，在"随附单证代码"一栏录入小写字母"c"，选择"加工贸易内销征税联系单"，如图 4 – 106 所示。

录入完毕"随附单证代码"后，在"随附单证编号"一栏中录入海关审批通过的"内销联系单号"，如图 4 – 107 所示。

填写完"随附单证编号"后回车，即可调出该内销征税联系单已备案的料件内销表体数据，如图 4 – 108 所示。

勾选本次内销征税报关的商品数据（也可全选），选中的数据将生成报关单的表体数据。内销征税报关单一般要在备注栏注明"活期"字样。报关单填制完毕检查无误，即可向海关申报，等待海关审单。

海关核对内销征税联系单以及报关单信息内容，如无问题，则按规定办理内销货物的审单、征税、放行等手续。

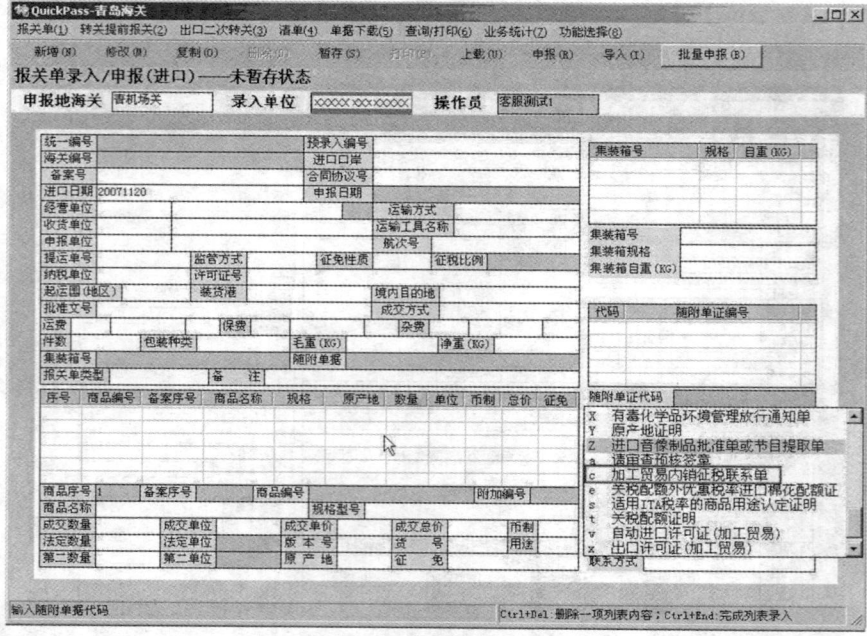

图 4 – 106

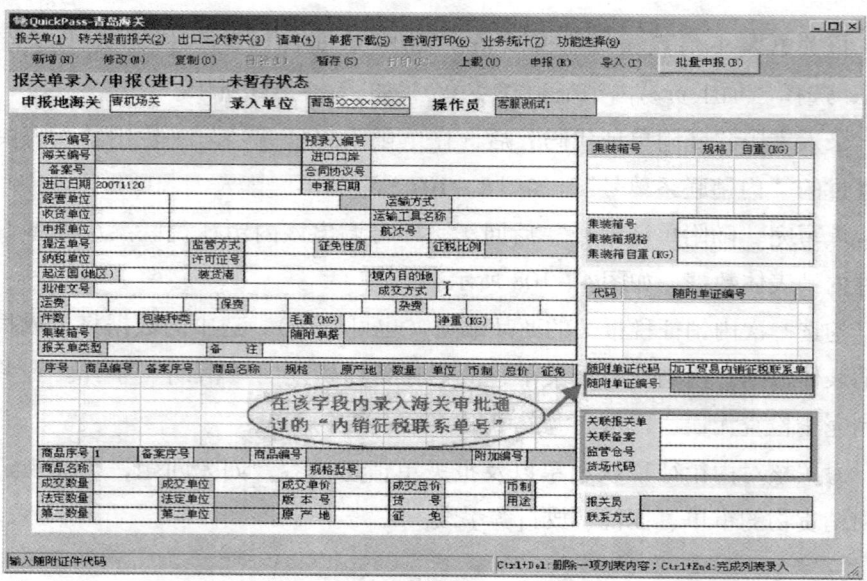

图 4 – 107

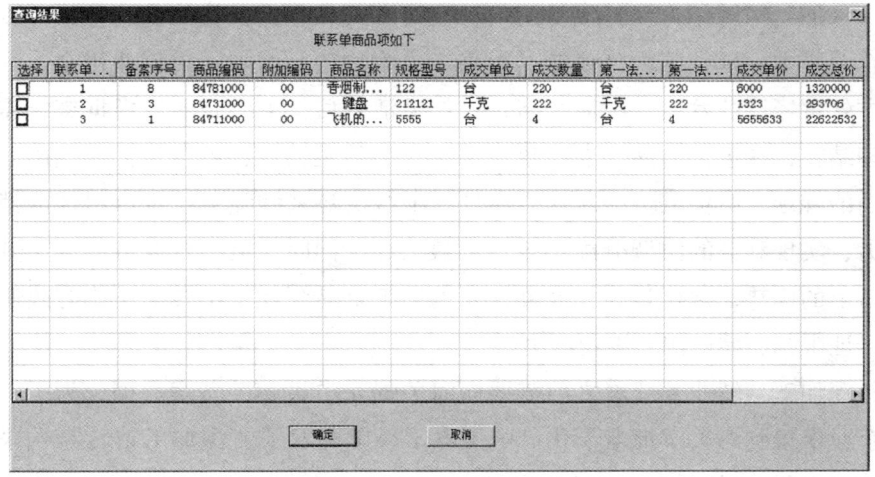

图 4 - 108

第四节　深加工结转

本节主要内容

◆ 深加工结转的概念及相关知识点介绍；

◆ 深加工结转的备案、收发货流程及实务操作；

◆ 外发加工的流程及实务操作。

《海关加工贸易监管办法》将加工贸易业务解释为：经营企业进口全部或者部分原辅材料、零部件、元器件、包装物料（以下简称料件），经加工或者装配后，将制成品复出口的经营活动。我们来看下面的一个例子：某电子科技有限公司是采用无纸化手册管理的加工贸易企业，进口集成电路芯片、电子元件，加工生产存储集成电路，与一般的加工贸易业务不同的是，该企业加工生产完毕后不是将存储集成电路出口到国外，而是转到另外一家打印机制造公司，该公司是采用电子账册管理的加工贸易企业，它将集成电路作为打印机的元器件生产成最终的成品打印机出口到国外。两家企业从事的这项业务就是本节要讲解的深加工结转业务。

深加工结转作为加工贸易的一种流通方式，有其独特的优越性，可以降低企业成本，延长国内价值链，提高产品附加值，增加国内就业机会，促进地方外贸经济的发展。深加工结转操作灵活方便，下游企业可根据销售需要办理结转，在进货时间、求购数量上有较大的主动权，可以免去寻找国外进口商的麻烦，避免风险，而且能够具有出口优势来增强免税进口料件的消化能力，实现利益的协调分配和效益的最大化。同时，上游企业可以利用其在进口上的优势，规模运作。此外，开展加工贸易深加工结转，还能有效避开许可证限制，缓解出口退税压力。

深加工结转业务开展之前需要向海关提交申报相关备案数据，为了实现从企业申报到海关审批电子化，中国电子口岸开发了"深加工结转"预录入系统。本章节以深加工结转的流程为主线，介绍深加工结转的备案、收发货和报关相关手续，同时对外发加工业务进行讲解。

一、知识点解析

为帮助大家更好地理解，我们接下来讲解深加工结转过程中涉及的概念。

（一）深加工结转

深加工结转是指加工贸易企业将保税进口料件加工的产品转至另一加工贸易企业进一步加工后复出口的经营活动。对转出企业而言，深加工结转视同出口，应办理出口报关手续，如以外汇结算的，海关可以签发收汇报关单证明联；对转入企业而言，深加工结转视同进口，应办理进口报关手续，如与转出企业以外汇结算的，海关可以签发付汇报关单证明联。

（二）转出、转入企业

从事深加工结转业务的企业双方分别称为转出企业和转入企业。本节开头例子中生产存储集成电路的电子科技公司就是转出企业，生产成品打印机的公司就是转入企业。

（三）结转申报表

加工贸易企业开展结转的，转入、转出企业应当向各自主管海关申报结转计划，结转申报表即是对结转企业转出、转入计划的记录。

（四）收发货

收发货是指结转申报表建立后，转出转入企业在生产中实际发货、收货的行为。

（五）退货

退货是指收货企业在收发货行为完成后，可以将收到的货物部分或全部退回给发货企业，称为退货。退货企业（原收货方）须向海关申报退货单，海关审批通过，方可退货，收退货（原发货方）企业验货完毕向海关申报收货单，海关审批通过后，视为退货成功。

了解了相关概念后，我们开始学习深加工结转的实务。

二、业务流程

加工贸易企业开展深加工结转的，转出、转入企业应当向各自主管海关申报结转计划，经双方海关备案后，可以办理实际收发货以及报关手续。深加工结转业务基本流程，如图4－109。

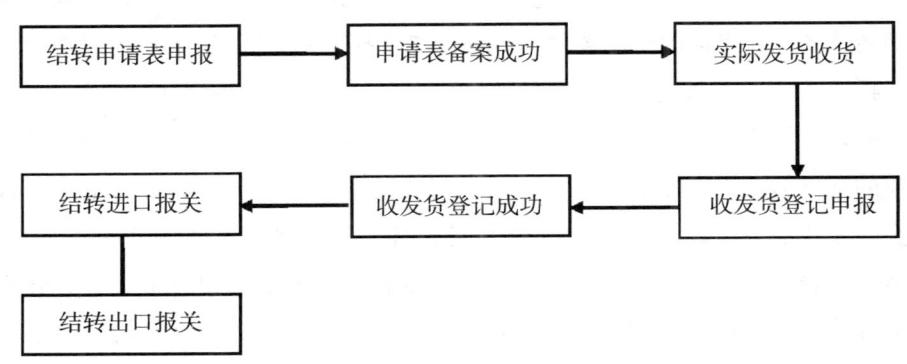

图4－109

（一）深加工结转申报表备案

结转申报表分转出企业录入部分和转入企业录入部分，每部分都分为基本信息表和商品信息表。首先由转出企业录入并申报转出部分，数据发送到中国电子口岸数据中心后，再由转入企业录入并申报转入部分，数据发送到中国电子口岸数据中心后，两部分数据一同发送海关审核系统。转出企业到转出地海关审批备案，转入企业自转出企业备案审批通过之日起 20 日内到转入地海关审批备案，备案完成后，深加工结转申报表建立。

企业在电子口岸预录入改进版系统中进行结转申报表申报的具体操作如图 4 - 110 所示。

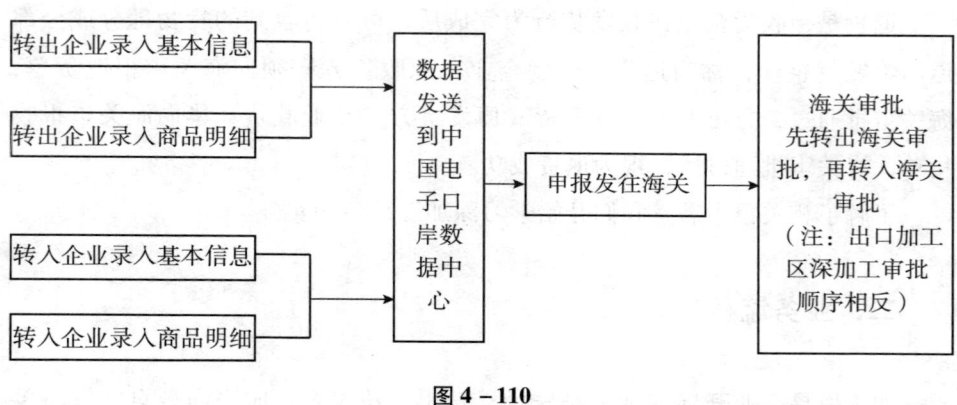

图 4 - 110

1. 申报表转出备案

申报表中需要备案企业的基本信息以及计划结转的商品明细，进入深加工结转系统，在界面的功能菜单上，点击"申报表备案"，进入申报表备案菜单，再点击"转出备案"，进入转出备案申请界面，如图 4 - 111 所示。

结转申报表录入界面分为表头、表体两部分。表头部分录入深加工结转企业的基本信息，表体录入深加工结转货物的基本信息。操作员需依次录入表头、表体部分，表头部分没有录入完成时，不能进入表体部分进行录入。结转申报表表头分为三个部分：结转申报表基本信息、转出企业部分、转入企业部分，录入转出备案时，转入企业部分不可填写。深加工结转申报表类型分为一般保税货物深加工结转和出口加工区货物深加工结转，申报表类型

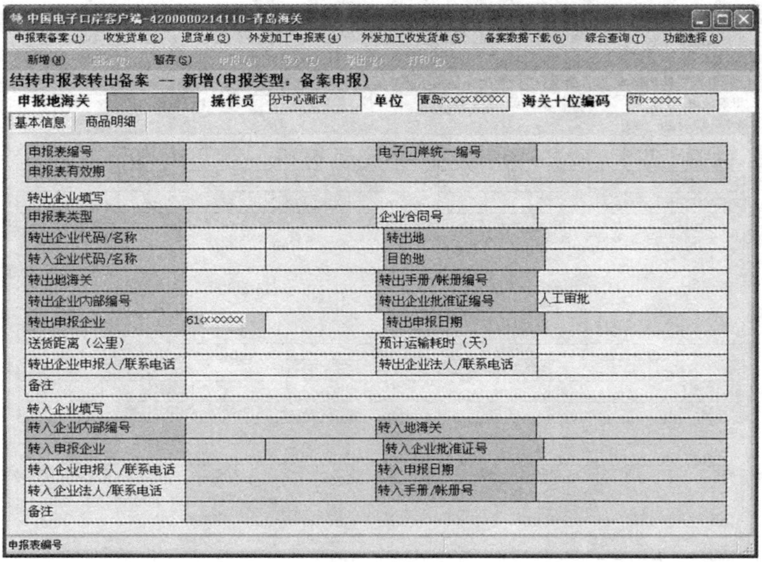

图 4 –111

项根据转出企业录入的账册或手册号自动调出，如转出账册为出口加工区账册，即货物是从出口加工区内企业转出的，则结转类型就是出口加工区货物深加工结转。

录入完毕后，按回车键即进入转出备案表体录入界面，如图 4 – 112 所示。

结转申报表表体分为转出备案表体和转入备案表体两部分，当转出企业进行转出备案时，转入表体为灰色，不允许填写。结转商品信息中的商品项号、商品编码、商品名称、规格型号、申报单位、法定单位为账册或手册备案范围内的内容，系统自动从账册或手册数据中调出。

表头信息、表体信息录入完成后，检查无误即可点击"申报"按钮申报数据。申报后转出企业在数据查询中查询到结转申报表备案状态显示为"成功入数据中心库"时，即可查询到该票结转申报表的"电子口岸统一编号"，并将"电子口岸统一编号"通知转入企业，如图 4 – 113 所示。

2. 申报表转入备案

在界面的功能菜单上，点击"申报表备案"，进入申报表备案菜单，再点击"转入备案"，进入转入备案申请界面，如图 4 – 114 所示。

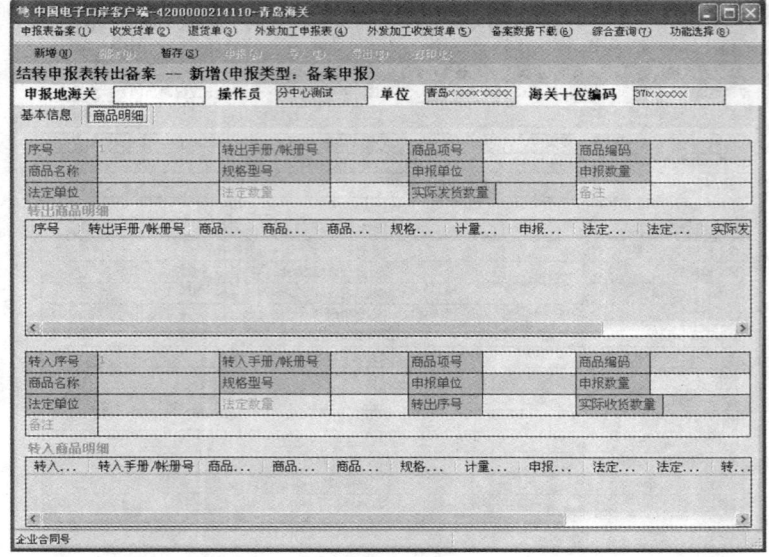

图 4 –112

图 4 –113

结转申报表录入界面分为基本信息、商品明细两部分，企业首先录入基

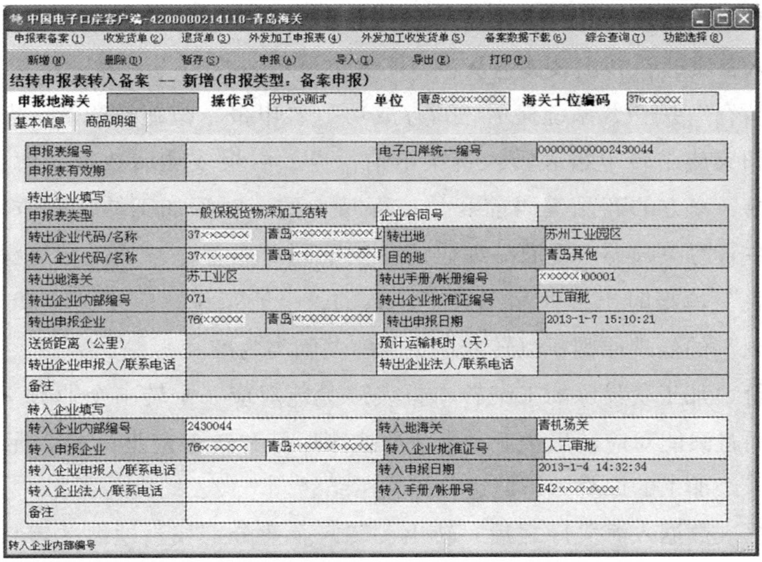

图 4 – 114

本信息。

录入完毕基本信息，按回车键即进入转入备案表体录入界面，如图 4 – 115 所示。

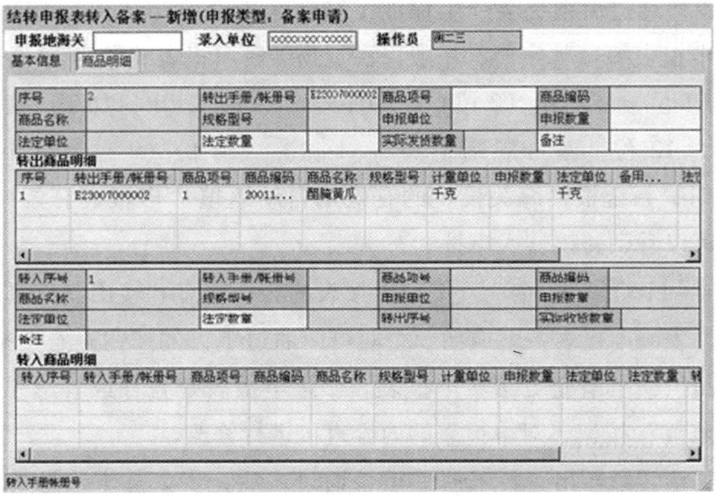

图 4 – 115

结转申报表表体分为转出备案表体和转入备案表体两部分，当转入企业进行转入备案时，转出表体为灰色，不允许修改。当表头、表体录入完成后，点击"暂存"按钮，系统提示"暂存成功"。"申报"按钮被激活，点击"申报"按钮完成结转申报表转入备案申请，提示申报成功后数据向海关发送。深加工结转双方的商品编码前8位应保持一致，对深加工结转双方因转出、转入地主管海关归类出现商品编码前8位不同造成企业"加工贸易深加工结转申报表"填报时出现商品编码不一致的，一般来说，应遵循"转入为主、转出协调"的处理原则，以转入地主管海关归类为准。

一份"加工贸易深加工结转申报表"只能对应一个转出企业和一个转入企业，而且只能对应转出企业一本手册或账册，和转入企业一本手册或账册。同时，未经加工的原材料不能进行深加工结转。

申报表数据入海关库之后，转出、转入企业分别找当地海关审核，对于一般保税货物深加工结转业务，转出海关先审批，转入海关后审批；对于出口加工区货物深加工结转业务，转入海关先审批，转出海关后审批。如果企业开展通关业务过程中出现不符合海关监管要求，被海关责令限期整改，在整改期内；或者有逾期未报核手册的；或者由于涉嫌走私已经被海关立案调查，尚未结案的情况，企业将不能办理深加工结转手续。

海关审核通过后系统会产生深加工结转编号返填在结转申报表基本信息界面的"申报表编号"字段，一般保税货物结转申报表编号为12位，编号规则是"X（1位）＋年份（2位）＋顺序号（9位）"，出口加工区货物结转申报表编号为12位，编号规则是"P（1位）＋年份（2位）＋顺序号（9位）"。同时，系统根据海关设定的有效期自动返填"申报表有效期"字段。在查询端可以看到转出转入审批状态。

如图4－116所示，企业查询到申报表的转入状态和转出状态都是海关备案成功时，表明申报表备案成功。企业可以通过下方的按钮查看申报表明细、海关审核回执，申请变更结转申报表。如果申报表是暂存或者退单状态，可以点击"修改"按钮，对申报表的内容直接进行修改。

深加工结转经转出、转入海关审核通过之后，表头基本信息的"申报表有效期"字段会返填海关审批确认的申报表有效期，如图4－117所示。深加工结转业务接下来要进行的收发货和报关必须在结转申报表的有效期内完成。

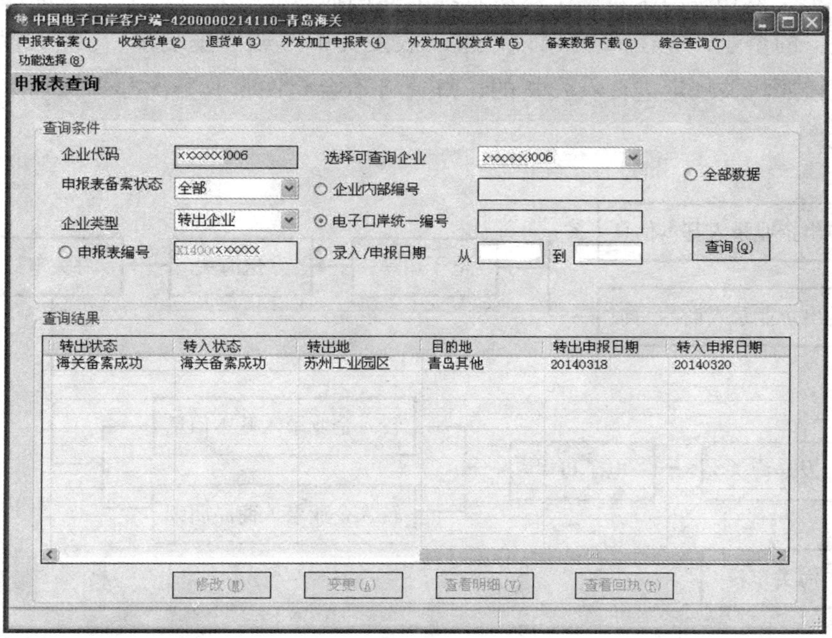

图 4 – 116

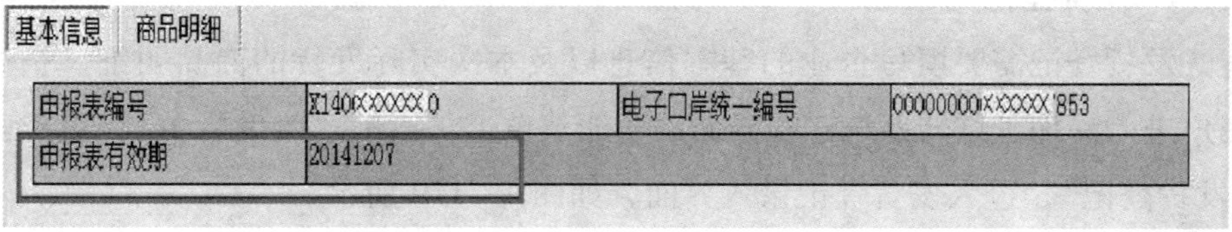

图 4 – 117

若有效期内无法完成收发货或者报关业务，企业可以向海关申请深加工结转申报表延期，如果申报表涉及的内容发生变化，企业也可以通过系统向海关申请变更申报表。

（二）收发货登记

转出、转入企业结转申报表备案成功之后，应当按照双方海关核准后的申报表进行实际收发货，收发货登记流程如图 4 – 118 所示。转出、转入企业在每批实际发货、收货或者退货后 24 小时内录入申报"收发货单"或"退货单"电子数据。对实行电子账册管理的联网监管企业以及与其发生深加工结转业务的企业，应在72小时内申报"收发货单"或"退货单"。加工贸易企业未按照海关规定进行收发货的，海关将不会允许企业再次办理深加工结转手续。

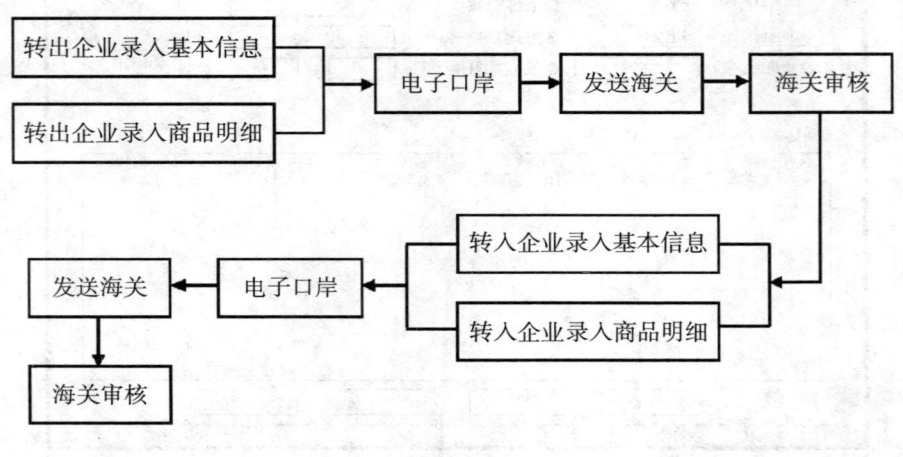

图 4 - 118

1. 发货登记

发货登记需要填写企业的基本信息以及本次实际发货的商品明细。企业用户进入深加工结转系统，在界面的功能菜单上，点击"收发货单"，再点击"发货登记"，进入发货登记录入界面，如图 4 - 119 所示。

收发货单录入界面分为表头、表体两部分。表头部分录入收发货企业的基本信息，表体录入收发货的明细数据。操作员需依次录入表头、表体部分，表头部分没有录入完成时，不能进入表体部分进行录入。收发货单表头分为三个部分：收发货单基本信息、转出企业部分、转入企业部分。

转出企业录入"申报表编号"后，基本信息部分自动调出，与申报表一致，然后录入转出企业填写部分，如图 4 - 120 所示。

录入完表头中的"备注"信息后，按回车键即进入发货登记表体录入界面，如图 4 - 121 所示。表头未录入完成，不允许录入表体界面。

收发货单表体分为商品明细和归并后信息两部分。商品明细由企业录入，归并后信息只供企业查看，不能录入及修改，如果企业按料号录入的商品明

中国电子口岸客户端-4200000214110-青岛海关

申报表备案(1) 收发货单(2) 退货单(3) 外发加工申报表(4) 外发加工收发货单(5) 备案数据下载(6) 综合查询(7)
功能选择(8)

新增(0) 删除(1) 暂存(2) 申报(3) 删据(4) 承接(5) 导出(6) 打印(7)

发货 — 新增

| 申报地海关 | | 操作员 | 分中心测试 | 单位 | 青岛×××/××××× | 海关十位编码 | 37×/×××× |

基本信息　商品明细　归并后信息

收发货单编号		电子口岸统一编号	
申报表编号		转出企业手册/账册号	
转出企业编码		转出企业名称	
转入企业编码		转入企业名称	

转出企业填写

转出企业内部编号		申报日期	
申报人		发货日期	
合同号		运输工具类别	
运输工具编号		备注	

转入企业填写

转入企业内部编号		申报日期	
申报人		收货日期	
备注		

图 4-119

发货 — 新增

| 申报地海关 | | 录入单位 | 北京×××/××××× | 操作员 | 张×/××××× |

基本信息　商品明细　归并后信息

收发货单编号		电子口岸统一编号	
申报表编号	X/××××/×××××	转出企业手册/账册号	B01006000003
转出企业编码	11/××××××××	转出企业名称	北京测试企业/041012A
转入企业编码	11/××××××××	转入企业名称	北×/×××××/×××/×××××

转出企业填写

转出企业内部编号		申报日期	
申报人		发货日期	
合同号		运输工具类别	
运输工具编号		备注	

转入企业填写

转入企业内部编号		申报日期	
申报人		收货日期	
备注		

图 4-120

细数据，那么归并后信息根据其归并关系自动生成归并后信息数据，如果无归并关系的手册或账册，则一条商品明细数据对应一条归并后信息的数据，系统将归并后的数据向海关发送。

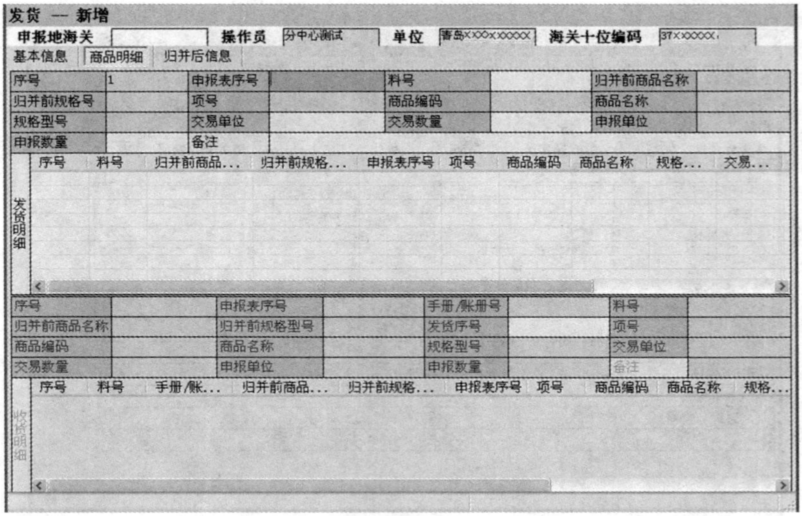

图 4 – 121

商品明细表体分为发货明细和收货明细两部分，当转出企业进行发货明细登记时，收货明细为灰色，不允许填写。数据录入完毕，检查无误，点击"申报"按钮，完成收发货单发货登记申报，提示申报成功后，数据向海关发送。

企业可以在"收发货单"菜单下的"数据查询"中查看收发货单的数据内容及回执状态。转出企业在数据查询中查询到收发货单状态显示为"海关登记成功"时，说明发货单海关已审核通过，发货单操作完成，同时海关端生成的收发货单编号会返填到"收发货单编号"栏，转出企业需将该编号告知转入企业，如图 4 – 122 所示。

发货登记完成之后，接下来就要进行收货操作。

2. 收货登记

收货登记需要转入企业填写基本信息以及本次实际收货的商品明细。在界面的功能菜单上，点击"收发货单"，进入收发货单菜单，再点击"收货登记"，进入收货登记界面，如图 4 – 123 所示。

表头信息录入完成后，在备注栏按回车键即可进入收货登记表体录入界面，并完成收货登记表体录入，如图 4 – 124 所示。

当表头、表体信息录入完成后，检查数据无误，点击"申报"按钮完成

图 4 – 122

图 4 – 123

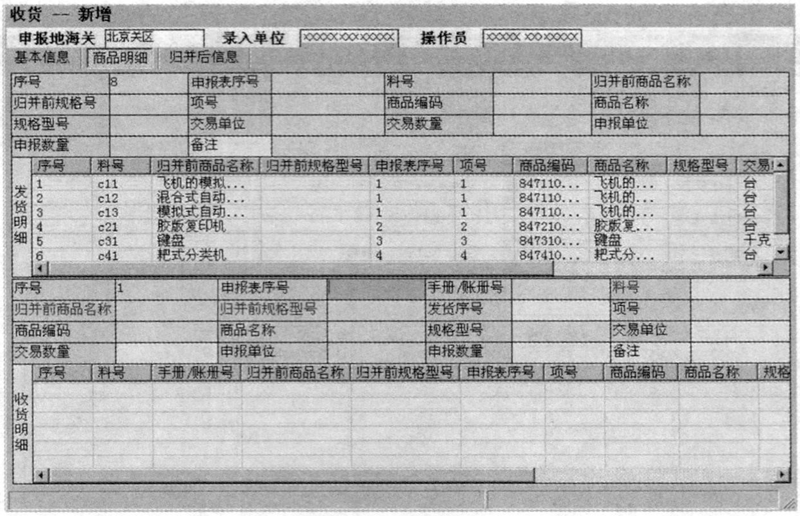

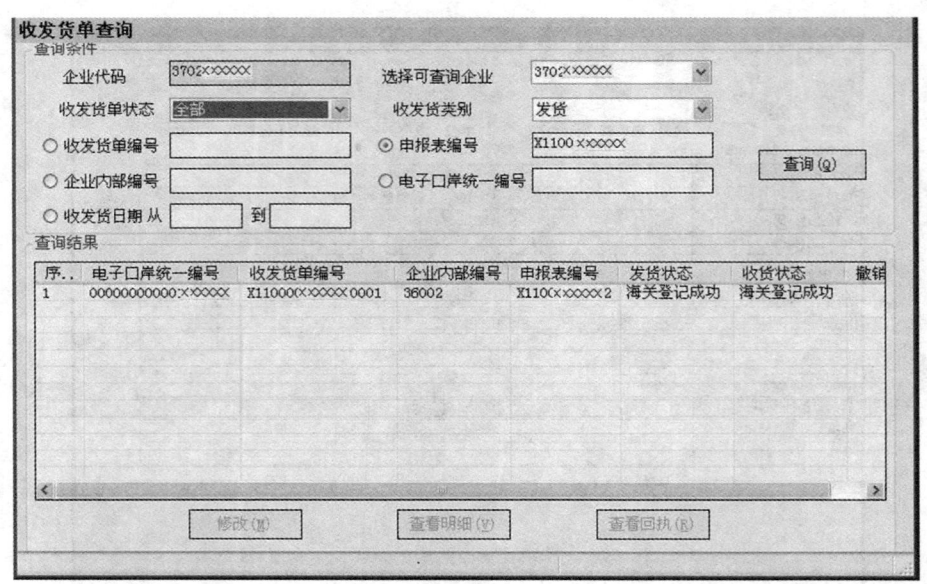

图 4 – 124

收发货单的申报。海关审核通过之后，可以在查询界面看到收货登记为"海关登记成功"状态，如图 4 – 125 所示，说明收货登记完成。

图 4 – 125

3. 发货登记的撤销

当发货登记申报成功并经海关审批通过之后，若发现登记数据申报错误等问题可以进行发货登记的撤销。转出企业在系统中查找到已经登记成功的发货单数据，点击发货单页面上方的"撤销"按钮，填写撤销原因并提交，如图 4 – 126 所示。

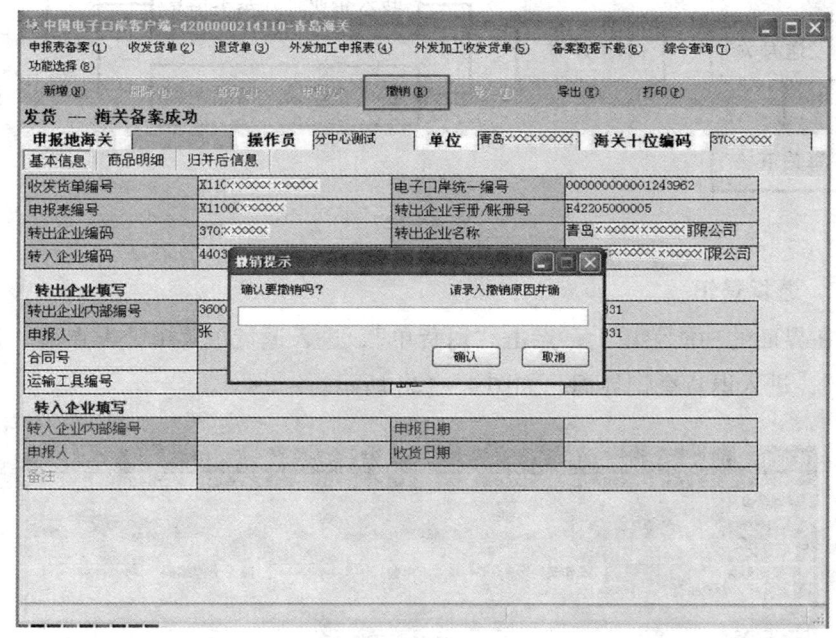

图 4 – 126

撤销经海关审核通过之后此发货单即撤销成功，转出企业可以重新进行发货登记。需要注意的是，只有发货登记是"海关登记成功"状态，且转入企业未进行收货登记操作的时候才可以对发货单进行撤销，否则不能进行发货单撤销。

（三）深加工结转退货

深加工结转货物完成收发货之后，若发生退货，在退货完成后需要进行退货登记操作。退货登记流程如图 4 – 127 所示。

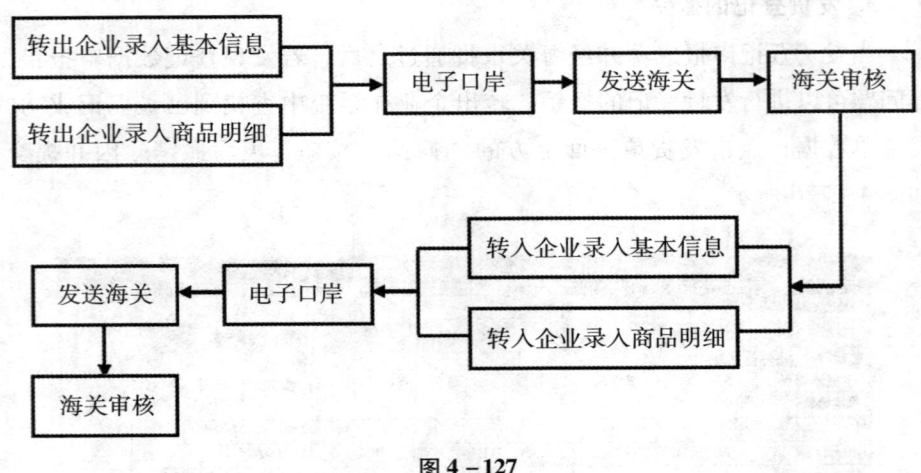

图 4 - 127

1. 退货登记

在界面的功能菜单上，点击"退货单"，进入退货单菜单，再点击"退货登记"，进入退货登记界面，如图 4 - 128 所示。

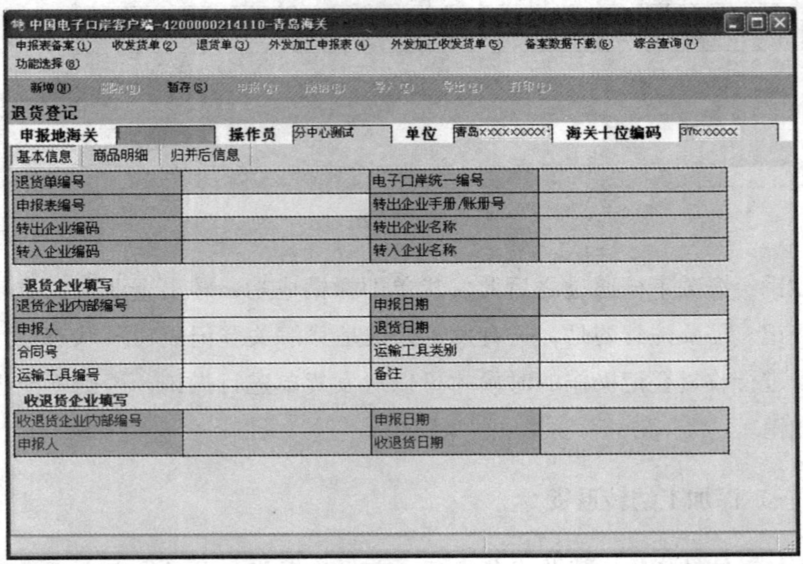

图 4 - 128

退货单退货登记录入界面分为表头、表体两部分。退货单表头分为三个部分：退货单基本信息、退货企业部分、收退货企业部分。退货企业录入完成基本信息和退货企业部分之后，再录入商品明细的退货企业部分，如图4-129所示。

图4-129

当表头、表体录入完成，检查数据无误后，点击"申报"按钮完成退货单退货登记申报，提示申报成功后数据向海关发送。企业可以在"退货单"菜单下的"数据查询"中查看退货单的数据内容及回执状态，海关审核通过后数据状态会变成"海关登记成功"。

2. 收退货登记

收退货登记与退货登记相对应，当退货登记海关审核通过之后，收退货企业需要进行收退货登记申报。退货企业在数据查询中查询到退货单状态显示为"海关登记成功"时，查询到该需退货单编号，并将退货单编号通知收退货企业。

在界面的功能菜单上，点击"退货单"，进入退货单菜单，再点击"收退货登记"，进入收退货登记界面，如图4-130所示。

收退货企业填写基本信息和商品明细的收退货企业部分，当表头、表体录入完成后，检查数据无误，点击"申报"按钮完成退货单收退货登记申报。

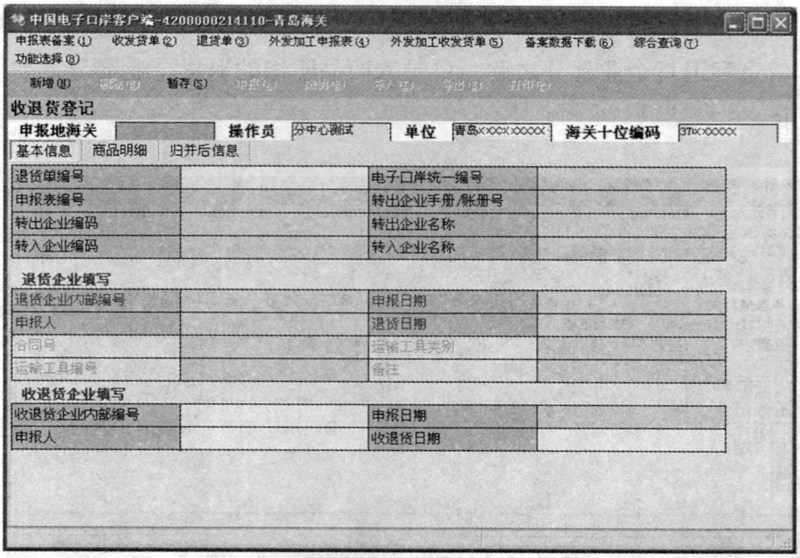

图 4 - 130

企业可以在"退货单"菜单下的"数据查询"中查看退货单的数据内容及回执状态,海关审核通过后数据状态会变成"海关登记成功",如图 4 - 131 所示,说明本次退货操作完成。

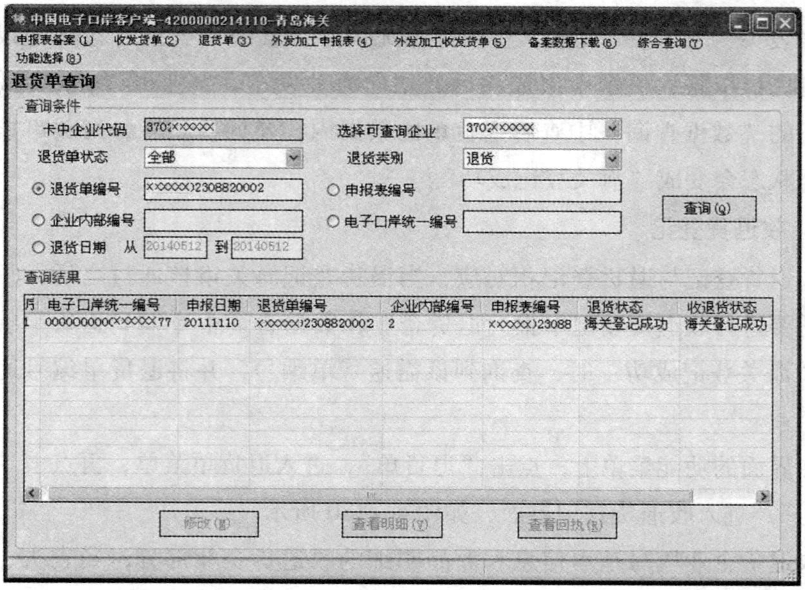

图 4 - 131

3. 退货单的撤销

当退货单申报成功并经海关审批通过之后，若发现登记数据申报错误等问题，可以进行退货单的撤销。收退货企业在系统中查找到已经登记成功的退货单数据，点击退货单页面上方的"撤销"按钮，填写撤销原因并提交，如图4－132所示。

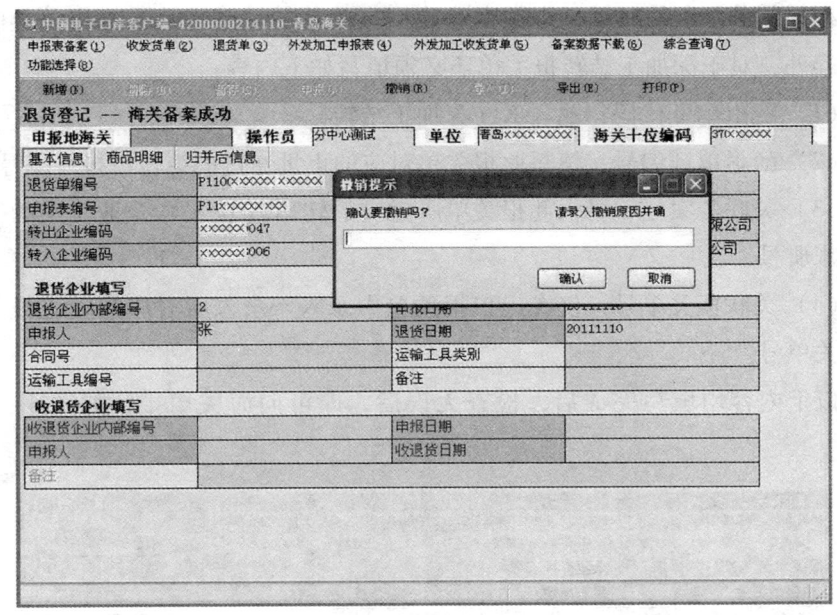

图 4 － 132

撤销经海关审核通过之后，此退货单即撤销成功，转入企业可以重新进行退货单申报。需要注意的是，只有退货单是"海关登记成功"状态，且未进行收退货登记的操作的时候才可以对退货单进行撤销，否则不能进行退货单撤销。

（四）深加工结转报关

收发货完成之后，接下来需要进行实际报关。转入转出企业应在每批收货后90日内办结该批货物的报关手续。转入企业凭"加工贸易深加工结转申报表"等单证向转入地海关办理结转进口报关手续，并在结转进口报关后的第二个工作日内将报关情况通知转出企业。转出企业自接到转入企业通知之日起，凭"加工贸易深加工结转申报表"等单证向转出地海关办理结转出口报关手续。流程如图4－133所示。

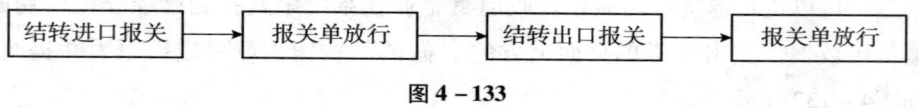

| 结转进口报关 | → | 报关单放行 | → | 结转出口报关 | → | 报关单放行 |

图 4 – 133

在报关单录入的时候，报关企业除按报关单的填制规范录入报关单的相关内容外，对于深加工结转报关单还必须填写如下内容：

（1）随附单证代码：输入 K（深加工结转）。

（2）随附单证编号：填写此报关单对应的审批通过的结转申报表编号。

（3）关联备案号：录入此报关单所对应的转出（转入）企业备案的手册或者账册号。

（4）关联报关单号：仅在出口报关单中录入。录入所对应的进口报关单的报关单号。

以上内容均填写完成后，检查无误后，即可向海关申报，如图4－134所示。

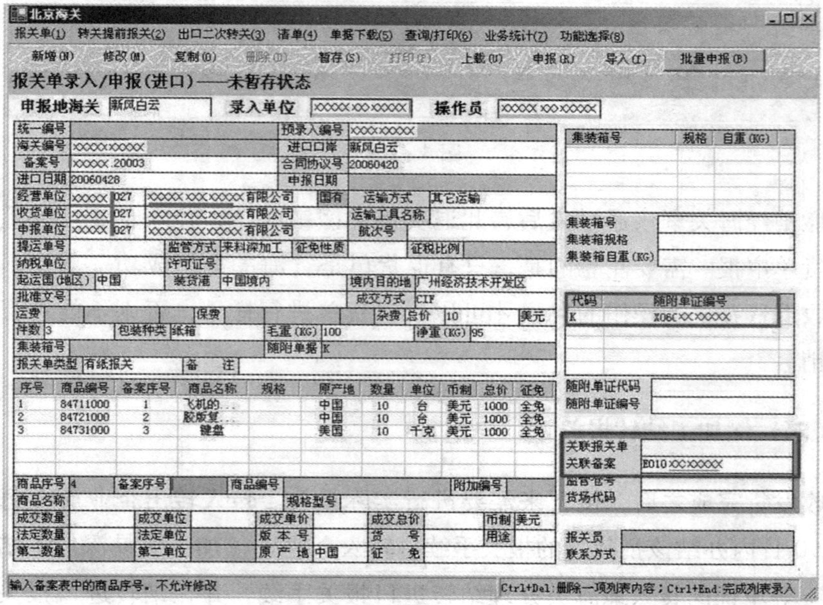

图 4 – 134

拓展阅读

审批流程 5 天变 5 小时

深圳晚报讯（记者王启智　通讯员陈曦 周海玉）深圳海关与深圳市经济贸易和信息化委员会昨日联合举办加工贸易审批制度及业务办理无纸化改革试点启动仪式，全国首票加贸无纸化手册备案在试点单位深圳海关隶属南头海关顺利通过，这意味着企业到海关办理加工贸易业务将全面告别有纸时代。

"这种无纸化备案真的为我们企业节省很多时间和金钱啊，"成功喝到"头啖汤"的深圳伟中源塑胶色母有限公司报关经理陈贵平欣喜地告诉记者，"过去我们一年打印纸张的费用要数万元，还不算人员路上来回奔波的成本。现在无纸化审批既环保便捷，又节省费用，实在是今年来最大的政策利好！"

南头海关加贸一科科长陈国豪现场为记者展示了无纸化手册备案的操作，系统对数据进行综合分析后，将备案申请分拣到系统自动放行和人工审核两个通道。"我们还为高管理类别、高资信企业建立了绿色通道，由系统自动进行审核通过，实现了即发即通过，大大提高通关效率。同时，在审批系统内建立企业资信库，企业原来备案需递交的大部分资料可实现一次递交、多次使用。"随着陈科长边介绍边操作，一份无纸化手册的备案完成了审批，并通过系统自动将审批通过的告知发送给企业，报关大厅的电子屏幕同步显示出审批通过的信息。第一次测试无纸化作业，仅用了 5 小时就完成了以前需要 5 个工作日的审批流程。

据深圳海关加贸处彭海平处长介绍，加工贸易业务办理无纸化改革是深圳海关今年的一项重点改革项目，是落实中央关于简政放权要求和总署推行无纸化通关改革的一项具体举措。明年将在深圳关区内分步推广加工贸易业务办理全程无纸化改革，以使更多企业尽早受益，更加有效地为企业"减负、增效、提速"，做好通关服务。

（转引自 http：//wb. sznews. oom/html/2013 - 12/11/content_2714892. htm）

■ 思考练习

1. 无纸化手册备案的基本流程是什么？

2. 某企业在 2013 年申请了一本无纸化手册，料件表中已经备案的 HS 编码为 85389000 的料件在 2014 年编码变更为 85381000，遇到这种情况企业应该如何变更无纸化手册？

3. 无纸化手册备案的成品已经申报出口，企业是否可以修改该项成品的备案数量？是否可以修改该项成品对应的单损耗数据？

4. 企业有一本无纸化手册在备案时已开设加工贸易保证金台账，在手册报核的时候需要注意什么？

5. 电子账册备案的基本流程是什么？

6. 企业要在使用的电子账册中增加一项出口成品，如果该出口成品对应的 HS 编码的前 4 位经营范围中不存在，企业要如何在系统中进行变更操作？

7. 经营范围、归并关系、电子账册、账册报核数据申报后，一般各自收到多少条"成功入海关库"的回执，才可以联系海关进行审批？

8. 电子账册与无纸化手册内销征税联系单缓税利息的计息起始日期是如何规定的？

9. 企业在录入内销征税联系单时，随附单据类型和随附单据编号分别该如何填写？报关单备注栏填写有什么要求？

10. 加工贸易深加工结转业务共有哪几个步骤？

11. 深加工收发货完成后，发生退货时应该如何处理？

第五章　电子口岸执法系统

电子口岸执法系统主要向进出口企业和政府部门提供进口付汇、出口收汇等联网核查功能，实现中国海关、国家外汇局、国家税务总等部门与大通关流程相关的数据共享，通过实行"电子底账＋联网核查"的方式，有效遏制走私、逃套汇、骗退税等活动。本章着重介绍的电子口岸执法系统，主要涵盖进口付汇、出口收汇、进口增值税以及出口退税等几个系统，包括功能概述、知识点解析、业务流程及相关拓展阅读等方面的内容，相信对初学者学习此部分内容有较大帮助。

第一节　进口付汇系统

本节主要内容

◆ 进口付汇系统的开发背景；

◆ 进口付汇知识点讲解；

◆ 进口付汇系统付汇证明联打印、结关报关单查询等操作技巧。

进口付汇系统将海关总署采集的全国各口岸海关进口报关单外汇证明联电子底账数据，存放到中国电子口岸数据平台，提供给全国各外汇管理分支局和外汇指定银行进行实时联网核查。该系统为用户提供付汇证明联打印、进口结关报关单查询、综合查询的功能。

下面介绍一下进口付汇的知识要点。

一、知识点解析

进口付汇系统变更历程

进口付汇是中国电子口岸为配合国家外汇管制政策，通过"电子底账 + 联网核查"的方式，防止不法企业伪造报关单或者利用报关单进行重复付汇而开发的管理系统。

（1）根据海关总署与国家外汇管理局进出口收付汇核销制度改革联动系统调整需求，电子口岸于 2012 年 8 月 1 日对进口付汇系统进行调整，取消企业交单功能，保留系统原有数据查询功能，进口企业可继续查询企业交单有关历史数据。新增进口结关报关单查询功能，以便进口企业查询参加外汇局总量核查的进口报关单数据。

（2）根据《海关总署 国家外汇管理局关于取消打印报关单收、付汇证明联的公告》要求，自 2013 年 9 月 16 日起，海关不再为国家外汇管理局分支局核定的货物贸易外汇管理 A 类企业提供纸质报关单付汇证明联。A 类企业办理货物贸易外汇收付业务，按规定须提交纸质报关单的，通过中国电子口岸自行以普通 A4 纸打印报关单证明联并加盖企业公章。对于外汇局核定的货物贸易外汇管理 B 类和 C 类的企业，海关仍按现行做法为其提供纸质报关单付汇证明联。

了解了进口付汇的有关概念后，下面详细介绍进口付汇的操作流程。

二、业务流程

进口付汇业务流程如图 5 - 1 所示。

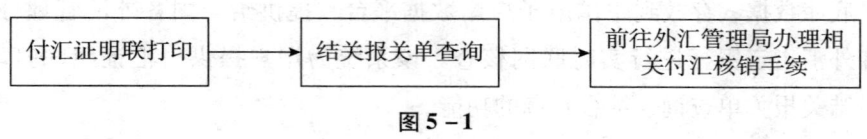

图 5 -1

企业用户在电子口岸主界面点击"进口付汇"子系统，进入进口付汇系统界面，如图 5 - 2 所示。

图 5 - 2

（一）付汇证明联打印

外汇管理 A 类企业自行以 A4 纸打印付汇证明联，如图 5 - 3、图 5 - 4 所示。

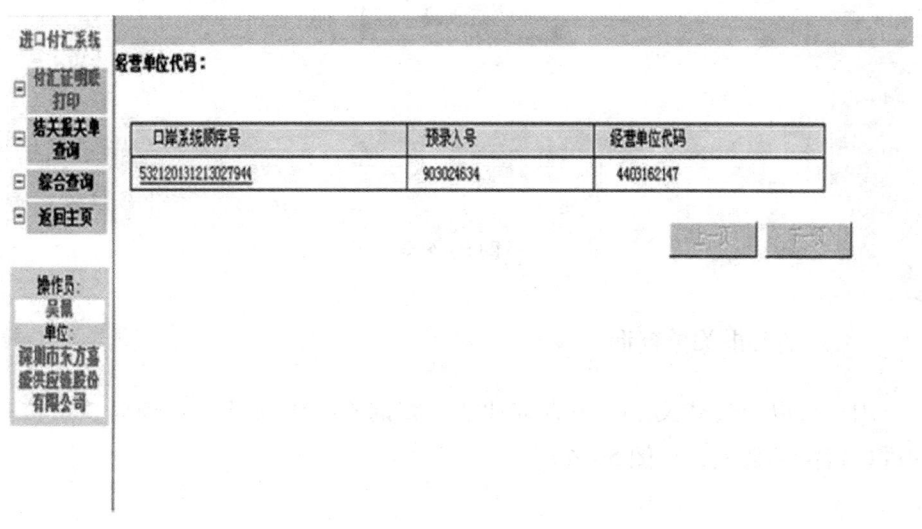

图 5 - 3

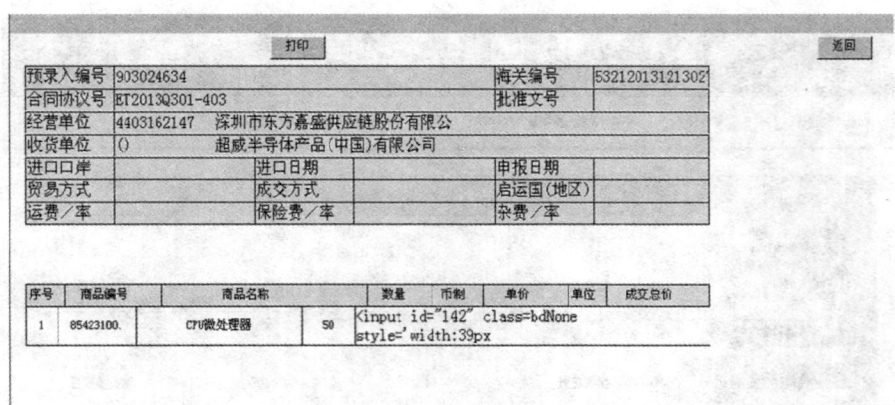

预录入编号	903024634			海关编号	53212013121302
合同协议号	ET2013Q301-403			批准文号	
经营单位	4403162147	深圳市东方嘉盛供应链股份有限公司			
收货单位	()	超威半导体产品(中国)有限公司			
进口口岸		进口日期		申报日期	
贸易方式		成交方式		启运国(地区)	
运费/率		保险费/率		杂费/率	

| 序号 | 商品编号 | 商品名称 | 数量 | 币制 | 单价 | 单位 | 成交总价 |
| 1 | 85423100. | CPU微处理器 | S0 | <input id="142" class=bdNone style=' width:39px | | | |

图 5 - 4

外汇管理 B 类和 C 类企业，不能通过系统打印付汇证明联，该两类企业按现行做法前往现场海关打印纸质报关单付汇证明联，如图 5 - 5 所示。

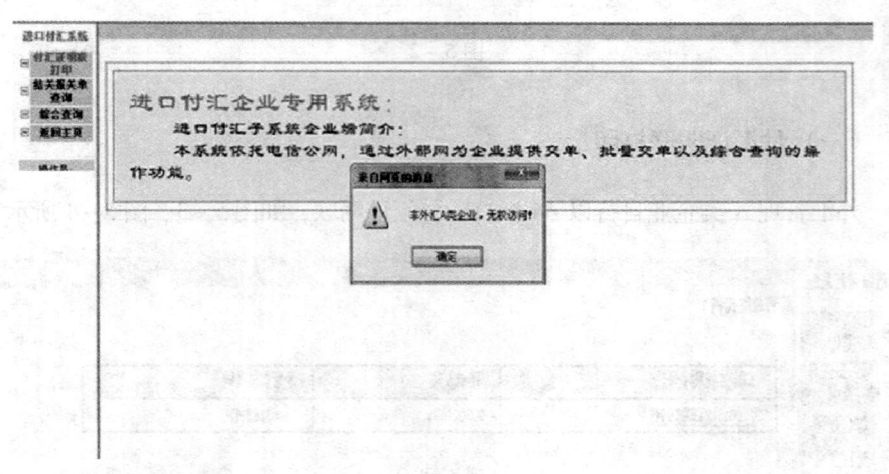

图 5 - 5

（二）结关报关单查询

用户可以通过结关报关单查询功能，查询参加国家外汇管理局总量核查的进口报关单数据，如图 5 - 6 所示。

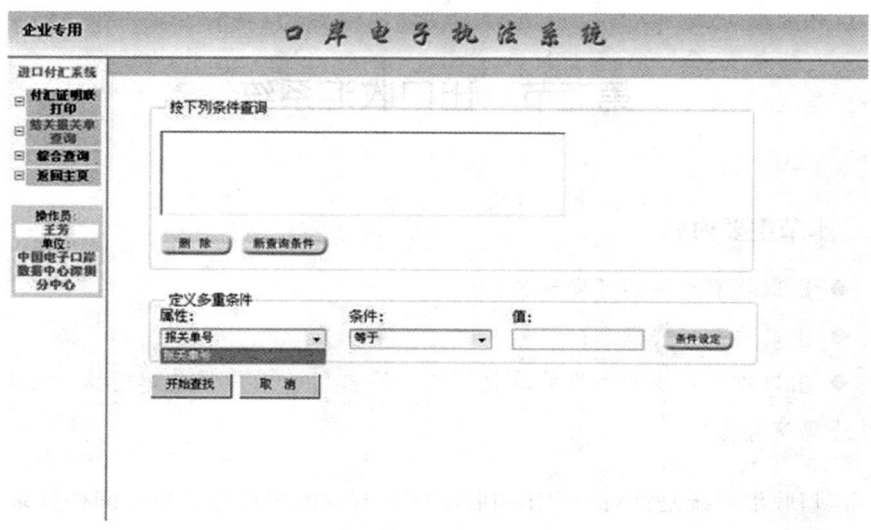

图 5 – 6

（三）综合查询

用户可以通过综合查询功能，根据报关单的预录入号查询企业交单有关历史数据，查询内容包括"报关单信息及核注结案情况"以及"报关单操作明细"，如图 5 – 7 所示。

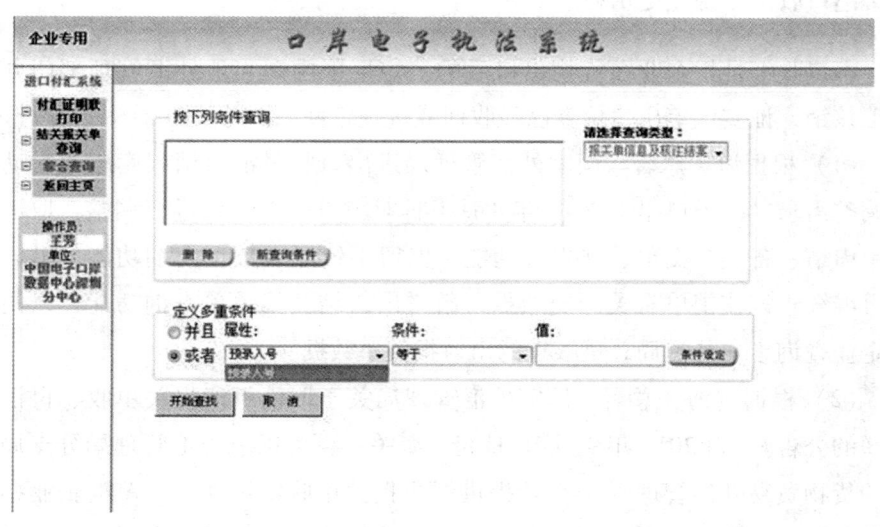

图 5 – 7

第二节 出口收汇系统

本节主要内容

◆ 出口收汇系统的开发背景；

◆ 出口收汇相关概念；

◆ 出口收汇系统业务报关单收汇核销联打印、结关报关单查询、出口收汇核查等实务操作。

出口收汇系统是针对用户出口收汇环节开发的出口报关单联网核查系统。该系统为用户提供报关单收汇核销联打印、出口结关报关单查询、组合查询、出口收汇核查情况的功能。

下面介绍一下出口收汇的知识要点，请大家着重掌握。

一、知识点解析

出口收汇系统变更历程

出口收汇是指企业在货物出口后的一定期限内向当地外汇管理部门办理收汇核销，证实该笔出口价款已经收回或按规定使用。

（1）根据海关总署与国家外汇管理局进出口收付汇核销制度改革联动系统调整需求，电子口岸于 2012 年 8 月 1 日对出口收汇系统进行调整，取消核销单申请、备案、交单、挂失等功能，保留系统原有数据查询功能，出口企业可继续查询核销单有关历史数据，新增出口结关报关单查询功能，以便出口企业查询参加外汇局总量核查的出口报关单数据。

（2）根据《海关总署　国家外汇管理局关于取消打印报关单收、付汇证明联的公告》，自 2013 年 9 月 16 日起，海关不再为国家外汇管理局分支局核定的货物贸易外汇管理 A 类企业提供纸质报关单收汇证明联。A 类企业办理货物贸易外汇收付业务，按规定须提交纸质报关单的，通过中国电子口岸自行以普通 A4 纸打印报关单证明联并加盖企业公章。对于外汇局核定的货物贸易外汇管理 B 类和 C 类的企业，海关仍按现行做法为其提供纸质报关单收汇核销联。

了解了出口收汇的有关概念后，下面详细介绍出口收汇的操作流程。

二、业务流程

出口收汇业务流程，如图 5 – 8 所示。

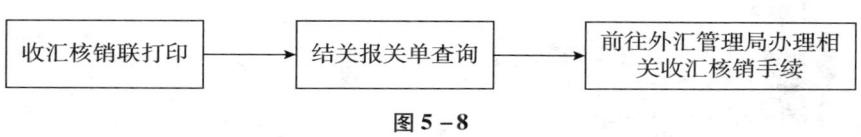

图 5 – 8

企业用户在电子口岸主界面点击"出口收汇"子系统，进入出口收汇系统界面，如图 5 – 9 所示。

图 5 – 9

（一）报关单收汇核销联打印

用户进入出口收汇系统后，可使用报关单收汇核销联打印功能，打印报关单的收汇核销联，如图 5－10、图 5－11 所示。

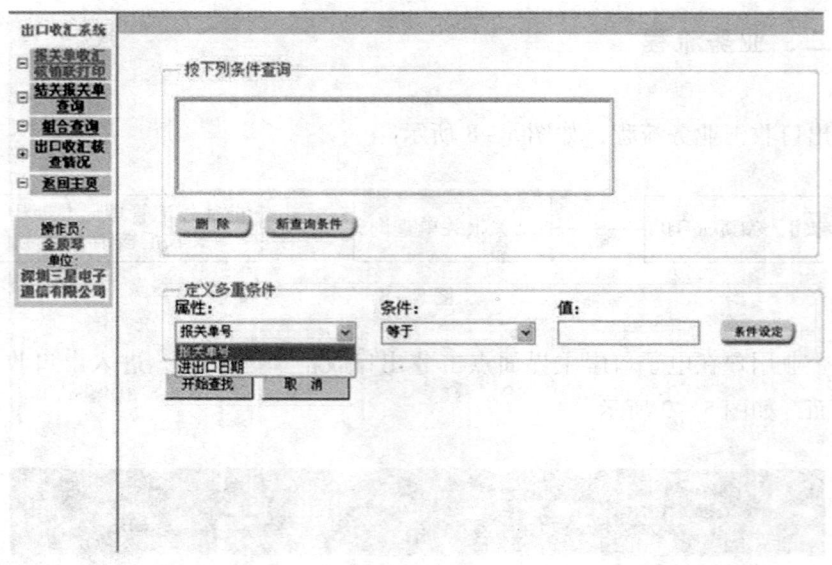

图 5－10

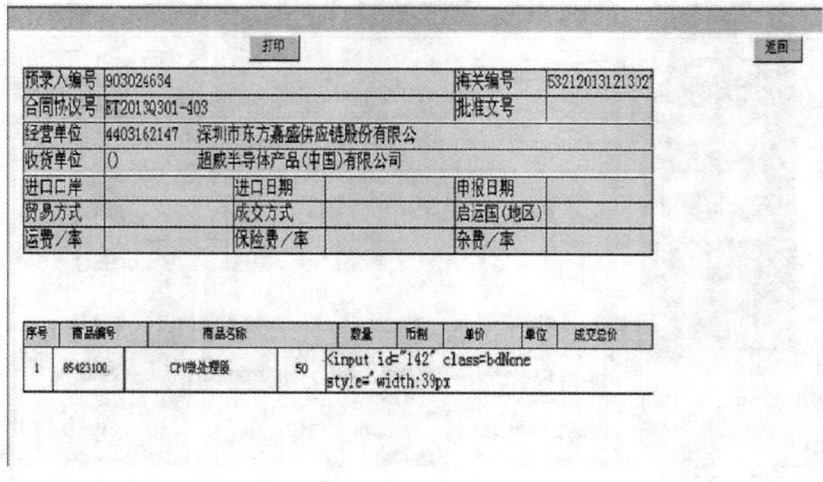

图 5－11

需要注意的是，外汇管理 A 类企业在打印报关单收汇核销联时应使用 A4 打印纸，外汇管理 B 类和 C 类企业，不能通过电子口岸系统打印报关单收汇核销联，如图 5 - 12 所示，需要去当地海关打印报关单收汇核销联。

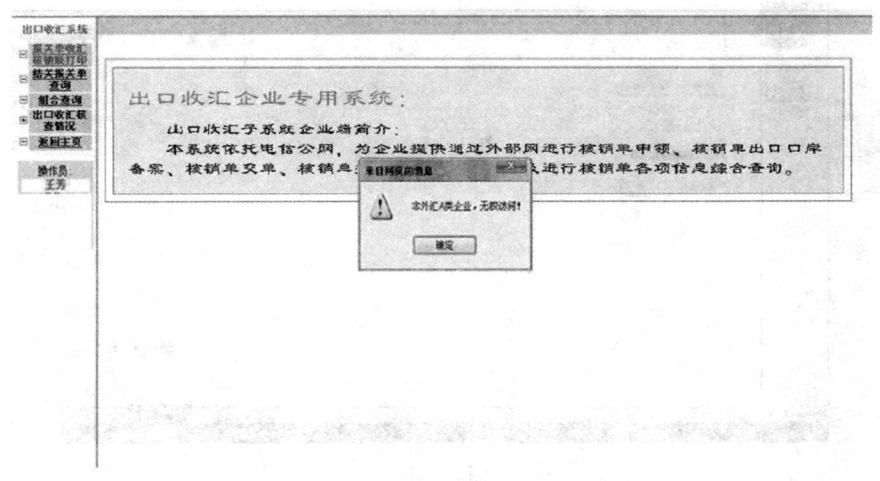

图 5 - 12

（二）结关报关单查询

用户可以通过结关报关单查询功能，查询参加国家外汇管理局总量核查的出口报关单数据，如图 5 - 13 所示。

（三）组合查询

用户可以组合查询功能，选择"核销单号"、"外汇局使用状态"、"发单日期"、"交单日期"等查询要素，查询核销单有关历史数据，如图 5 - 14 所示。

（四）出口收汇核查情况

用户可以通过业务数据查询功能查询企业收结汇历史数据，并通过业务数据下载进行相关业务数据的下载，如图 5 - 15 所示。

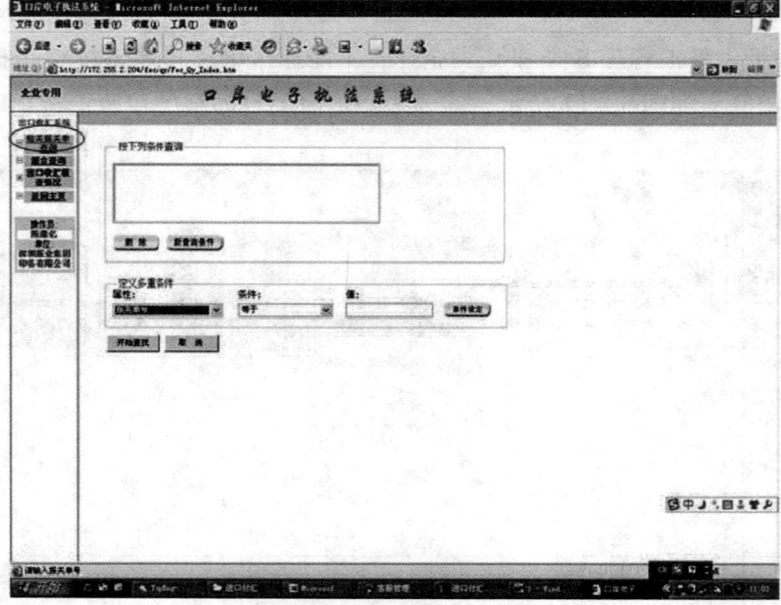

图 5 – 13

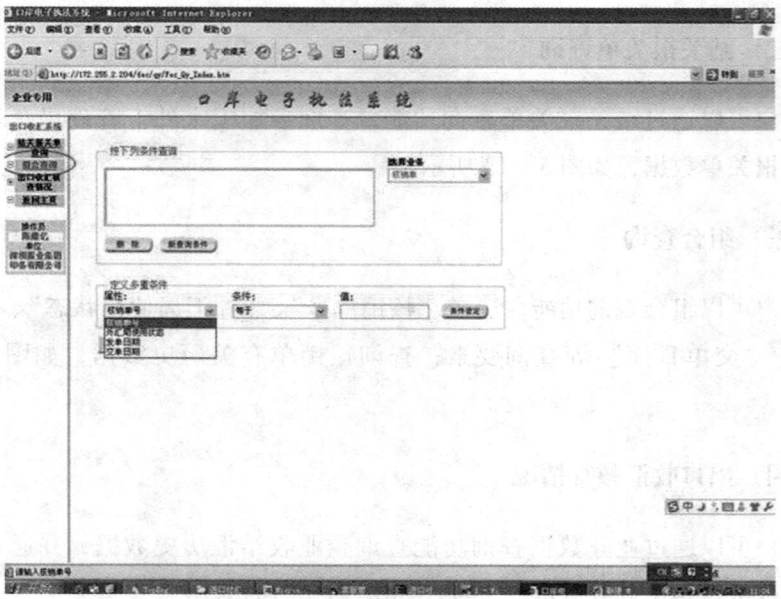

图 5 – 14

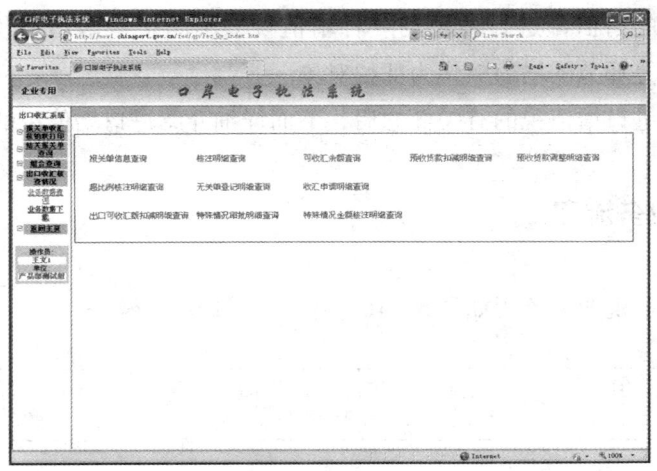

图 5 – 15

第三节　进口增值税系统

本节主要内容

◆ 进口增值税系统的开发背景；

◆ 进口增值税相关概念；

◆ 进口增值税系统税单确认、经营单位指定抵扣单位、抵扣单位确认、清单下载、税单查询等基本操作。

进口增值税系统是针对用户进口增值税单联网核查而开发的系统。该系统为企业用户提供进口增值税单的确认、指定抵扣单位以及税单电子数据的下载和打印功能，实现海关总署和国家税务总局对进口增值税单的联网核查。

下面介绍一下进口增值税的知识要点。

一、知识点解析

进口增值税是指进口环节征缴的增值税，属于流转税的一种。它是专门对进口环节的增值额进行征税的一种增值税，不同于一般增值税将在生产、批发、零售等环节的增值额作为征税对象。

了解了进口增值税的有关概念后，下面详细介绍进口增值税的操作流程。

二、业务流程

进口增值税业务流程如图5–16。

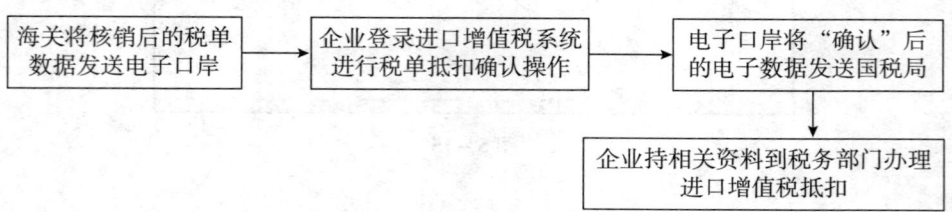

图 5－16

点击"增值税管理"子系统，进入进口增值税系统界面，如图 5 – 17 所示。

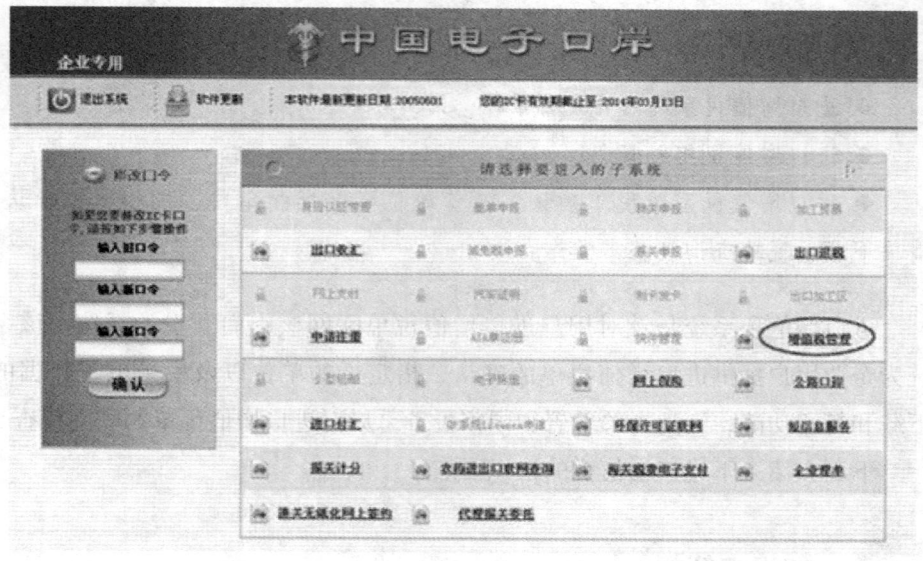

图 5－17

（一）税单确认

点击"税单确认"菜单，选择"经营单位抵扣"功能，如图5-18所示。选择查询条件后，录入查询数值，可调出需要进行确认的税单数据，也可以不录入查询数值，而直接点击"开始查找"按钮，即可调出经营单位当前所有未确认的税单数据。经营单位可以选择多票税单进行批量确认，也可以对某票税单单独确认。

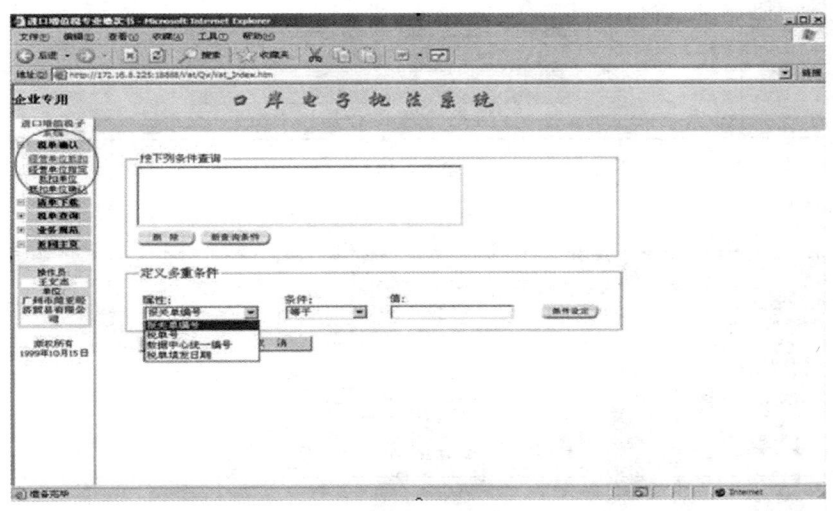

图 5-18

1. 经营单位批量确认

经营单位选中需要批量确认的税单，点击"批量确认"按钮，系统提示是否批量确认，点击"确定"，系统提示批量确认成功，如图5-19所示。

2. 经营单位单票确认

经营单位点击税单编号进入税单明细界面，点击"提交确认"按钮，对税单进行单票确认，如图5-20所示。

3. 经营单位批量撤销

若经营单位认为税单数据不应由本企业进行抵扣，可对税单进行撤销操作。选中列表中需要批量撤销的税单，点击"批量撤销"按钮，系统提示是否批量撤销，点击"确定"，系统提示批量撤销成功，如图5-21所示。

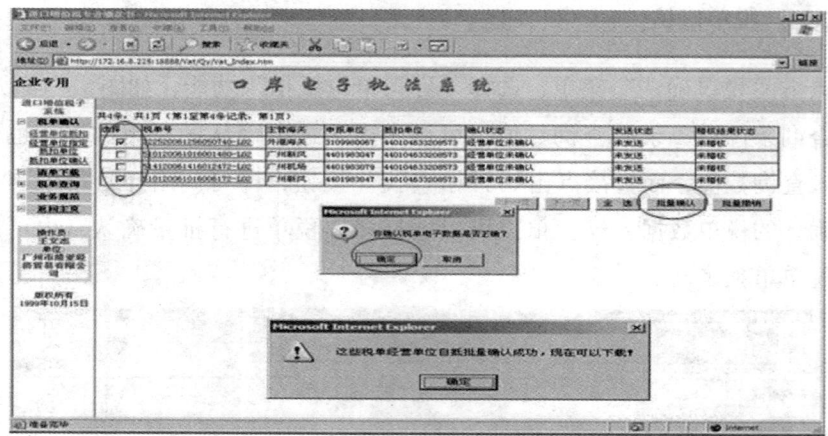

图 5 – 19

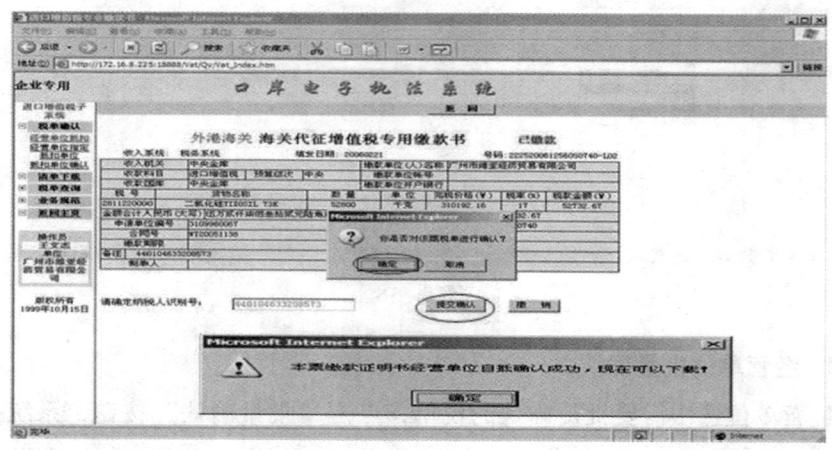

图 5 – 20

4. 经营单位单票撤销

经营单位查找需要撤销的某票税单，点击"撤销"按钮，系统提示是否撤销。点击"确定"，系统提示单票撤销成功，如图 5 – 22 所示。

经营单位撤销成功后，再转到"经营单位指定抵扣单位"模块中查找税单，并指定实际抵扣单位。

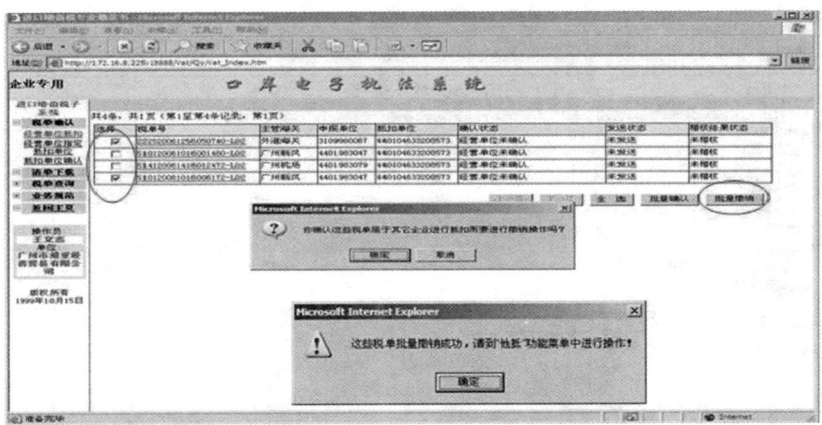

图 5 – 21

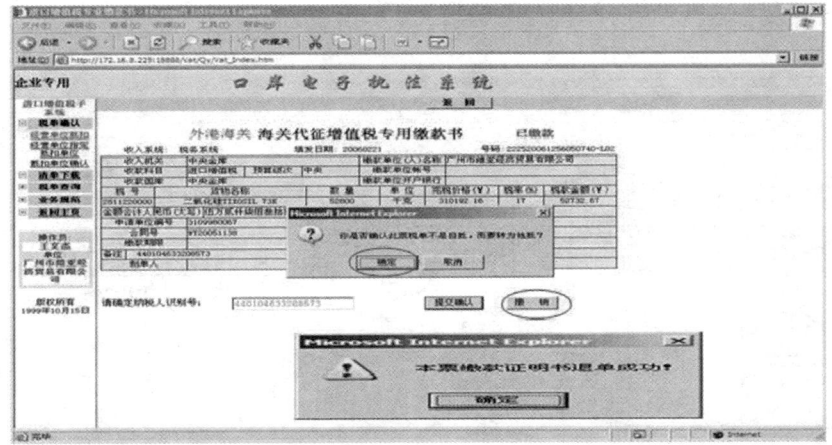

图 5 – 22

（二）经营单位指定抵扣单位

如果经营单位不对进口增值税单进行确认操作，则需要指定抵扣单位，由抵扣单位进行确认，如图 5 – 23 所示。

1. 经营单位批量指定抵扣单位

选中需批量指定的税单，输入实际抵扣单位的纳税人识别号（即税务登记证编号），点击"批量确认"，如图 5 – 24 所示。

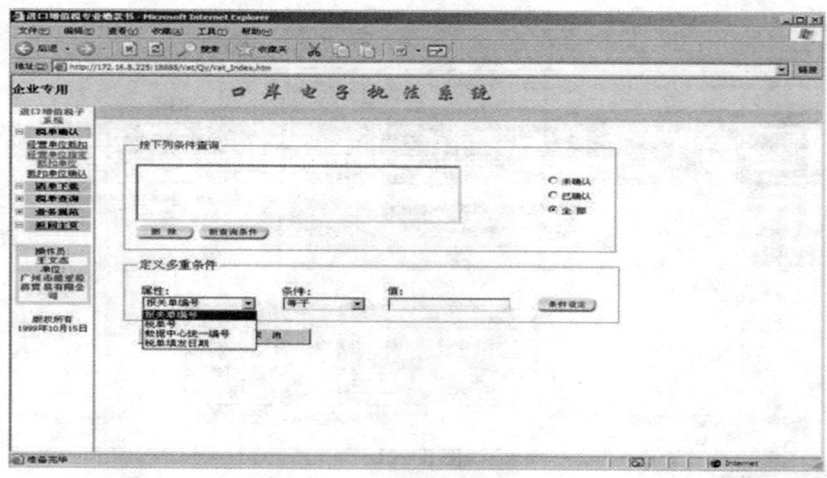

图 5 – 23

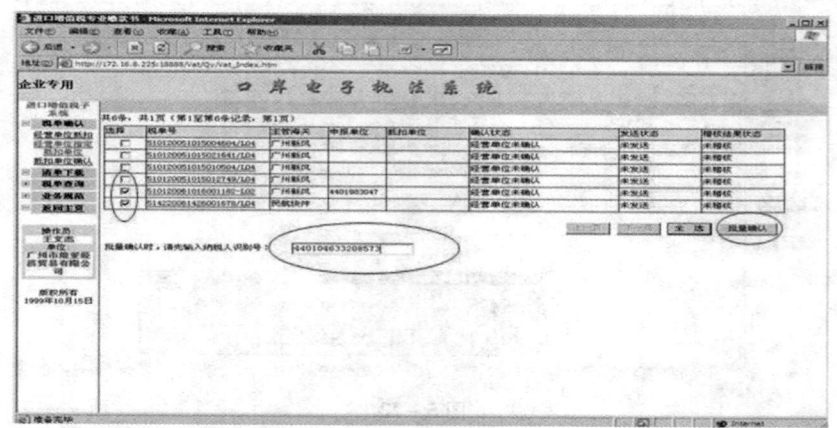

图 5 – 24

系统提示是否批量确认，点击"确定"，如图 5 – 25 所示。系统提示批量指定抵扣单位确认成功。

2. 经营单位单票指定抵扣单位

点击需确认的税单编号进入明细界面，输入抵扣单位纳税人识别号，点击"提交确认"，系统提示是否进行税单确认，点击"确定"，如图 5 – 26 所示。系统提示指定抵扣单位确认成功。

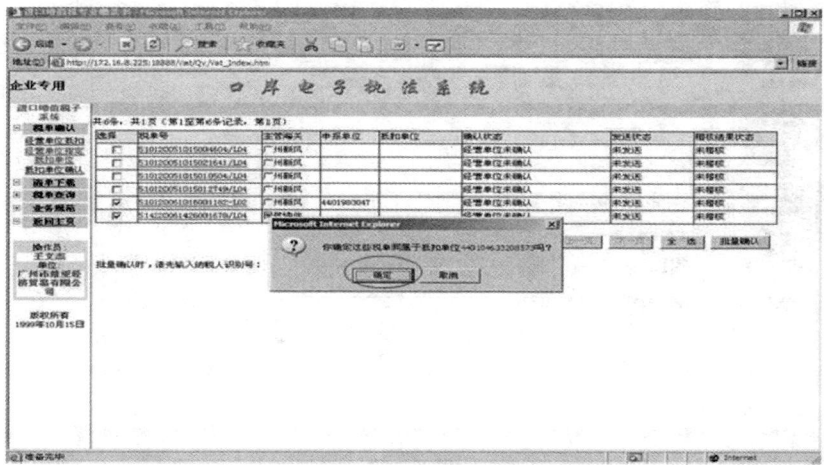

图 5 – 25

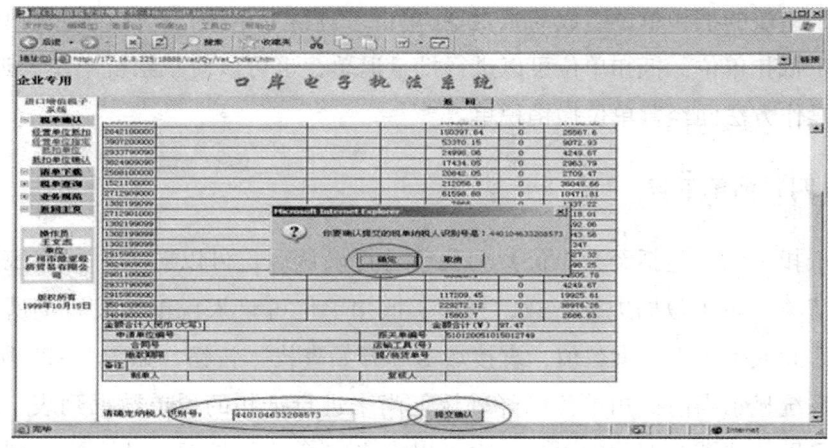

图 5 – 26

（三）抵扣单位确认

经营单位对进口增值税单进行指定抵扣单位后，由抵扣单位对税单进行确认，如图 5 – 27 所示。

抵扣单位可以选择多票税单进行批量确认，也可以对某票税单单独确认。具体操作方法同经营单位确认。

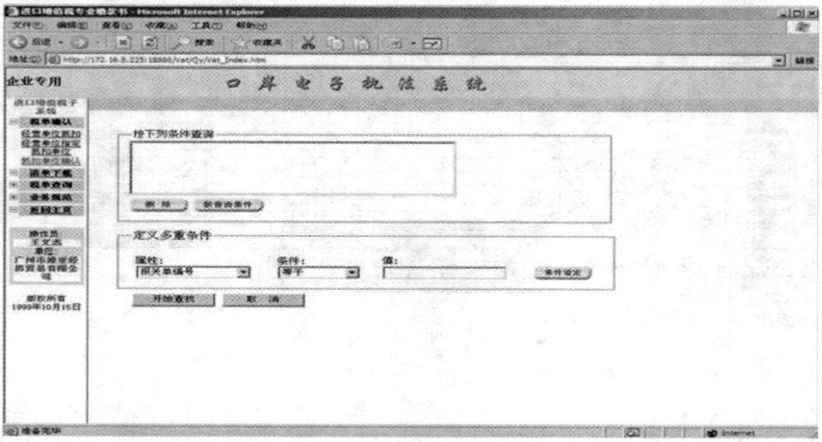

图 5 - 27

若抵扣单位发现有不应由本企业进行抵扣的税单（可能是由于经营单位指定了错误的抵扣单位造成的），抵扣单位可进行退单操作，交由经营单位重新指定抵扣单位。抵扣单位可以进行批量退单，也可以对某票税单单票退单。具体操作方法同经营单位撤销税单。

（四）清单下载

抵扣单位（包括经营单位）对税单进行确认后，可以对"海关完税凭证抵扣清单"电子数据进行下载、打印。抵扣单位可录入税单填发日期所属年月的区间或不录入查询数值，直接点击"开始查找"按钮，如图 5 - 28 所示。

系统显示当前抵扣单位已经确认但尚未进行抵扣的税单数据列表。抵扣单位可以勾选需要下载的税单，也可以点击"全选"按钮，选中当前列表中的所有税单，点击"下载打印"按钮，如图 5 - 29 所示。进入清单下载打印界面，如图 5 - 30 所示。

在清单下载和打印前，需要补充录入税款所属期（4 位年份 + 2 位月份，其中税款所属期的年月必须与企业到国税部门进行抵扣的税单所属区间一致）、纳税人名称、主管税务机关代码、主管税务机关名称等数据。此外，企业也可根据需要对每票税单的"备注"进行填写。补充录入完毕后，点击"清单下载"按钮，系统提示清单下载成功，并提示清单文件下载的路径，如

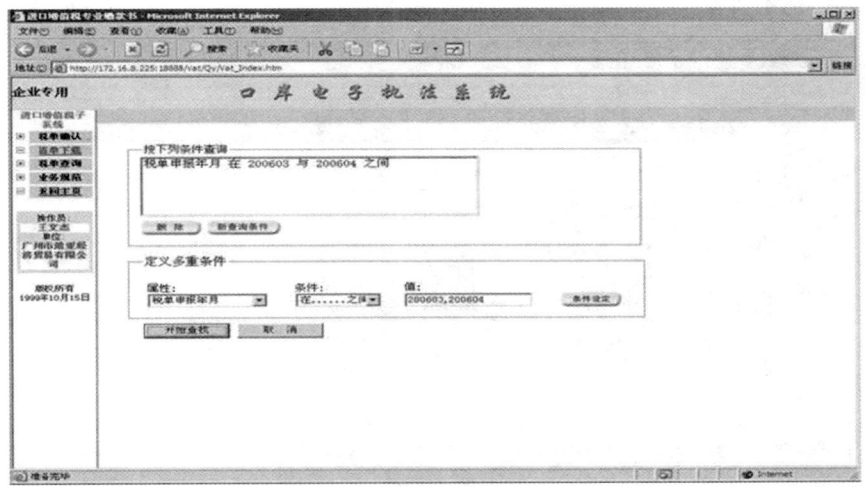

图 5 – 28

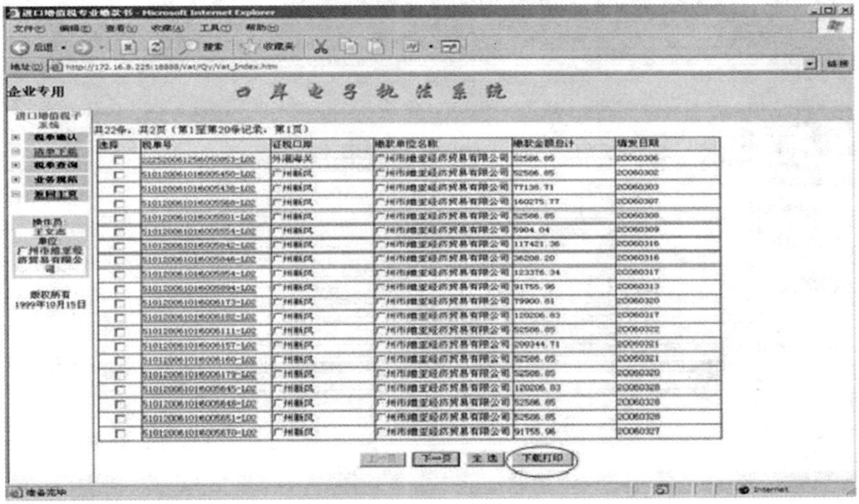

图 5 – 29

图 5 – 31 所示。

点击"清单打印"按钮，抵扣单位可进行"海关完税凭证抵扣清单"纸面单证的打印，系统弹出打印预览界面，并提示打印格式，如图 5 – 32 所示。

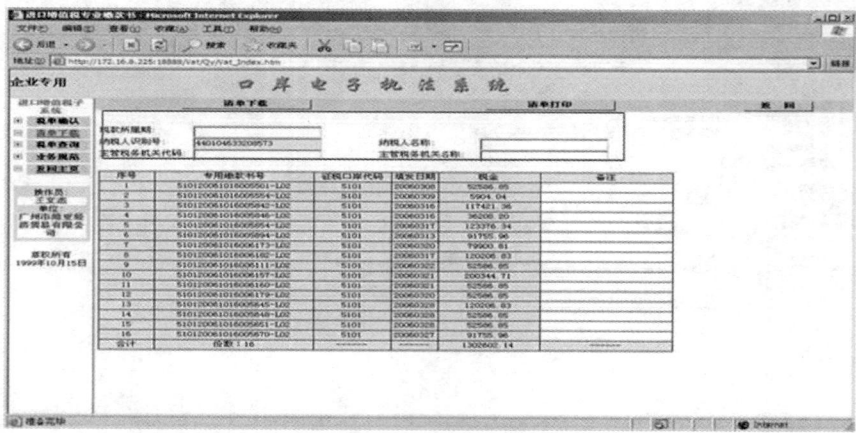

图 5－30

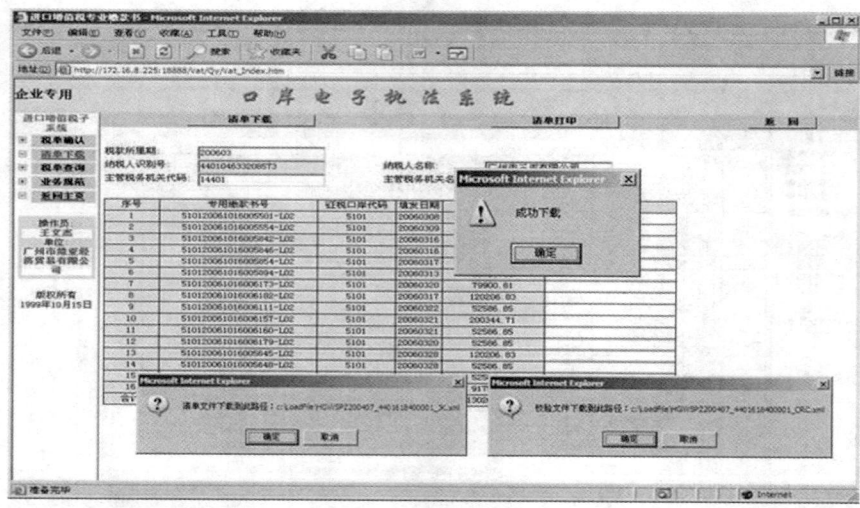

图 5－31

（五）税单查询

在税单查询模块，经营单位、抵扣单位可以对属于本企业的税单数据进行查询，不能够进行确认等操作，如图 5－33 所示。

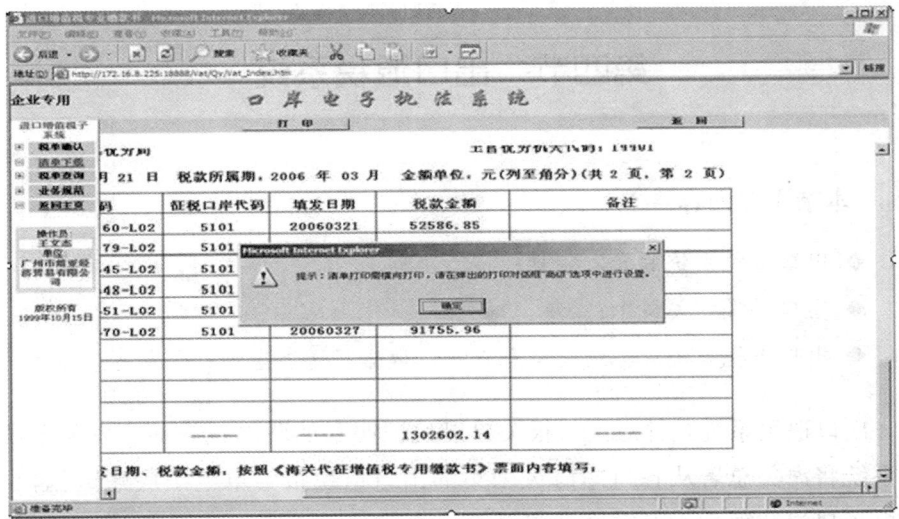

图 5 - 32

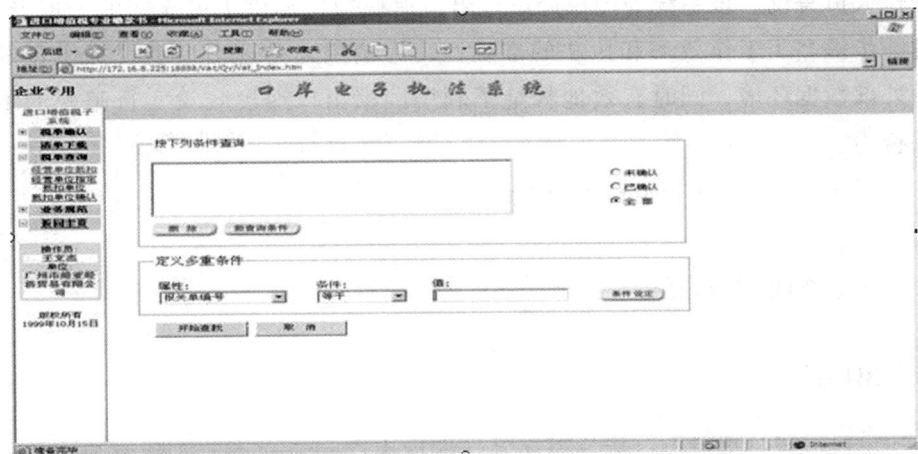

图 5 - 33

第四节　出口退税系统

本节主要内容

◆ 出口退税系统的开发背景；

◆ 出口退税相关概念；

◆ 出口退税系统业务结关信息查询，数据报送、查询、下载等基本操作。

　　出口退税系统是针对出口报关单退税证明联的联网核查而开发的系统。该系统将海关总署从各口岸海关采集的出口退税报关单电子底账数据保存在电子口岸数据中心，在企业确认后，电子口岸数据中心再将该电子底账数据传送给国税总局，国税总局收到后通过网络下发给各地国税局供具体操作人员查询。该系统为国税局进行出口退税操作提供了可靠的电子依据，进一步提高了工作效率和执法的准确性，为纳税人办理出口退税提供良好的外部数据环境，同时有效地杜绝了利用国家出口退税政策实行骗税的不法行为。

　　下面介绍一下出口退税的知识要点。

一、知识点解析

出口退税

　　出口退税是指对出口货物退还其在国内生产和流通环节实际缴纳的各种税款。通过退还出口货物的国内已缴纳税款来平衡国内产品的税收负担，使本国产品以不含税成本进入国际市场，与国外产品在同等条件下进行竞争，从而增强竞争实力，扩大出口收汇。

　　了解了出口退税的有关概念后，下面详细介绍出口退税的操作流程。

二、业务流程

出口退税业务流程如图 5 – 34 所示。

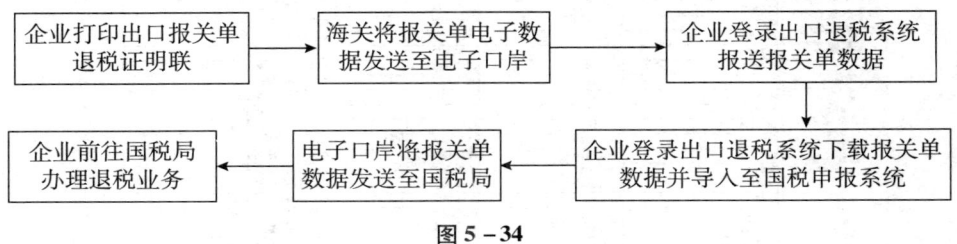

图 5 – 34

企业用户在电子口岸主界面点击"出口退税"子系统，进入出口退税系统界面，如图 5 – 35 所示。

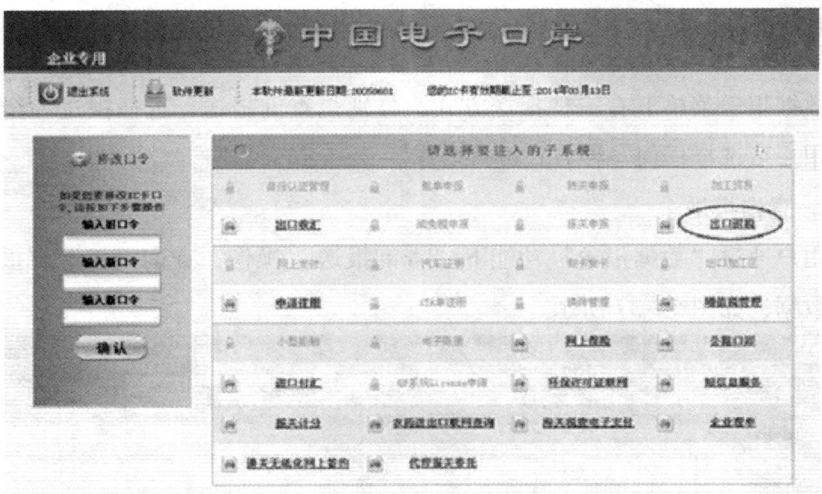

图 5 – 35

（一）结关信息查询

用户在"结关信息"列表中可以查看到所有已结关的报关单列表，如图 5 – 36 所示。用户查询到报关单已结关后，可以向海关申请打印出口报关单退税证明联（黄联），用于办理出口退税操作。

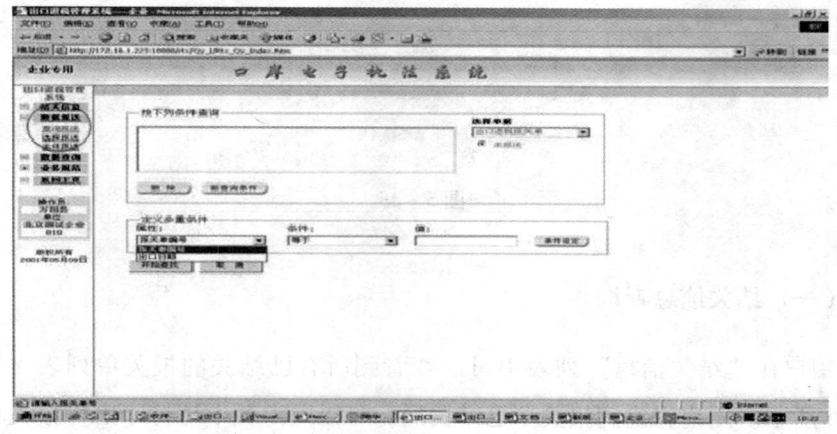

图 5-36

（二）数据报送

数据报送菜单下有三种报送方式，分别是查询报送、选择报送和全体报送，用户可选择任何一种方式进行操作。

1. 查询报送

用户通过"数据报送"功能下"查询报送"操作，查询出口退税报关单电子数据，如图 5-37 所示。

图 5-37

点击报关单号，查看详细信息，如图 5－38 所示。

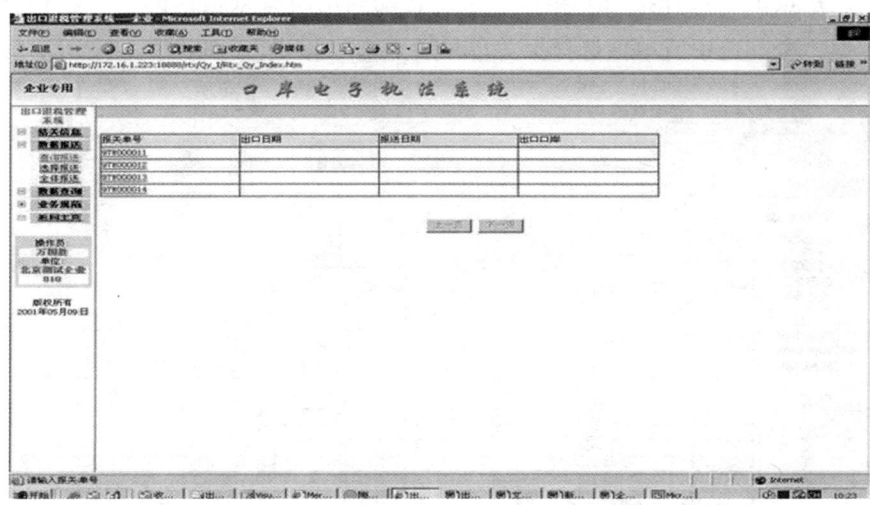

图 5－38

核对报关单表头和表体数据，确认无误后点击"报送"按钮，如图 5－39 所示。

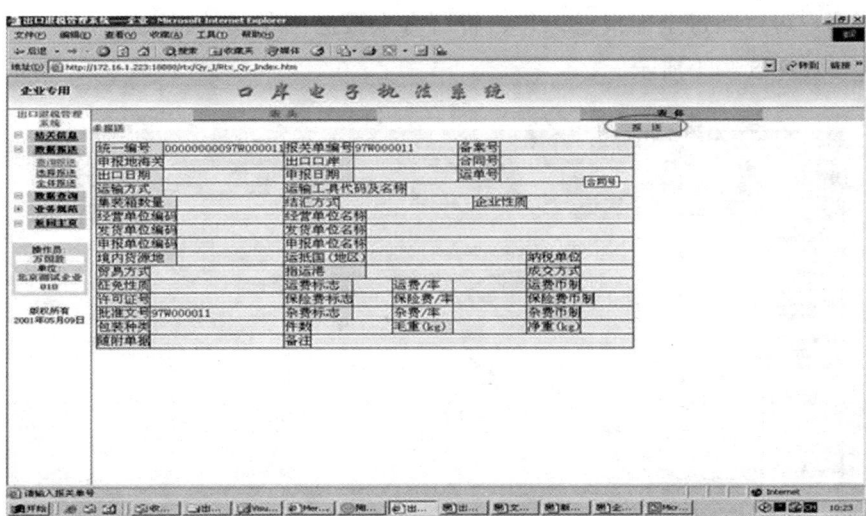

图 5－39

2. 选择报送

用户点击"选择报送"菜单，系统自动列出所有未报送的出口退税报关单数据，全部选中或单独选择报关单号后点击"报送"，如图 5 - 40 所示。

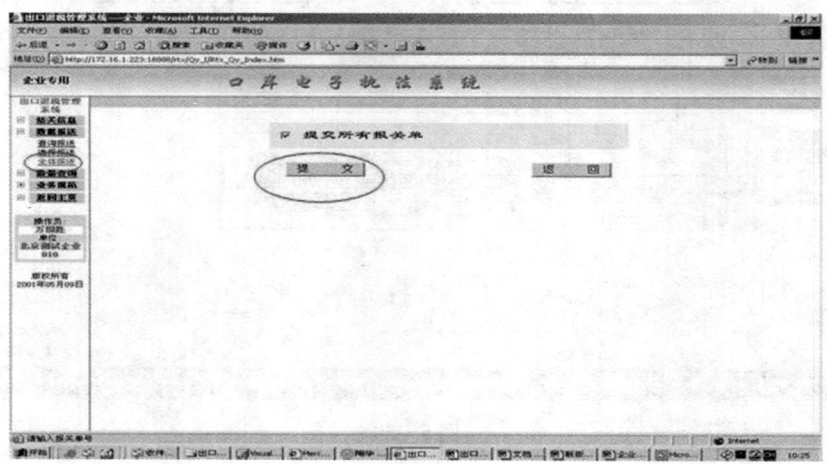

图 5 - 40

3. 全体报送

用户可以通过全部报送操作，将所有未报送国税局的报关单一次性全部报送，如图 5 - 41 所示。

图 5 - 41

（三）数据查询

"数据查询"菜单下有两种查询方式，分别是"状态查询"和"综合查询"。用户可根据需要选择不同的查询方式，如图 5 – 42、图 5 – 43 所示。

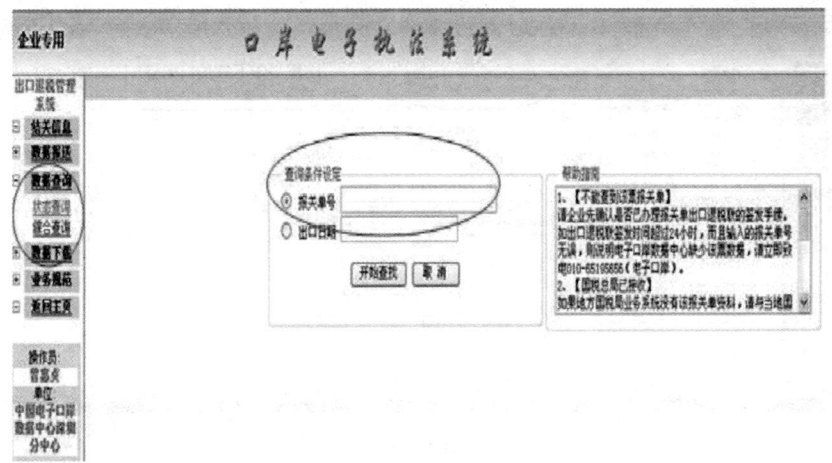

图 5 – 42

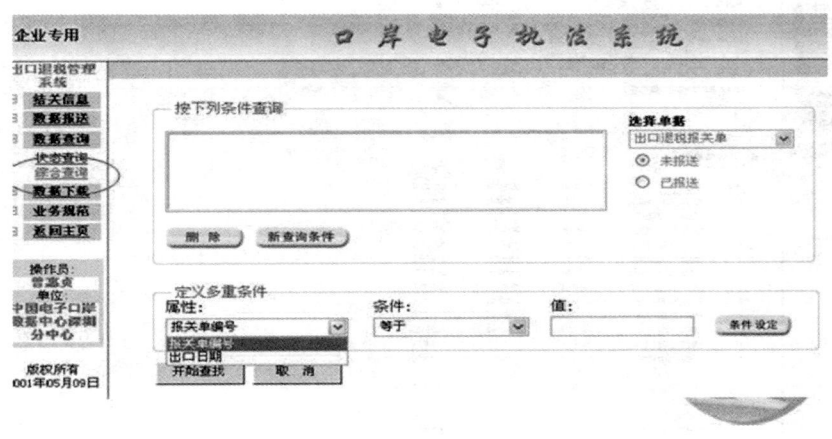

图 5 – 43

（四）数据下载

用户可以通过"数据下载"功能"出口报关单"选项查询到已报送过的

报关单数据，并下载到本地默认路径，用户也可以选择不查询直接下载。下载报关单后，再登录国税局出口退税申报系统导入已下载的报关单数据，如图 5－44、图 5－45 所示。

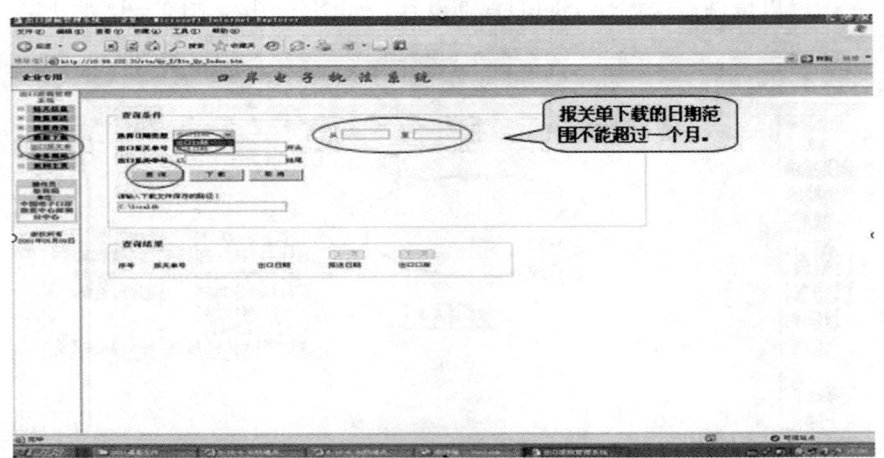

图 5－44

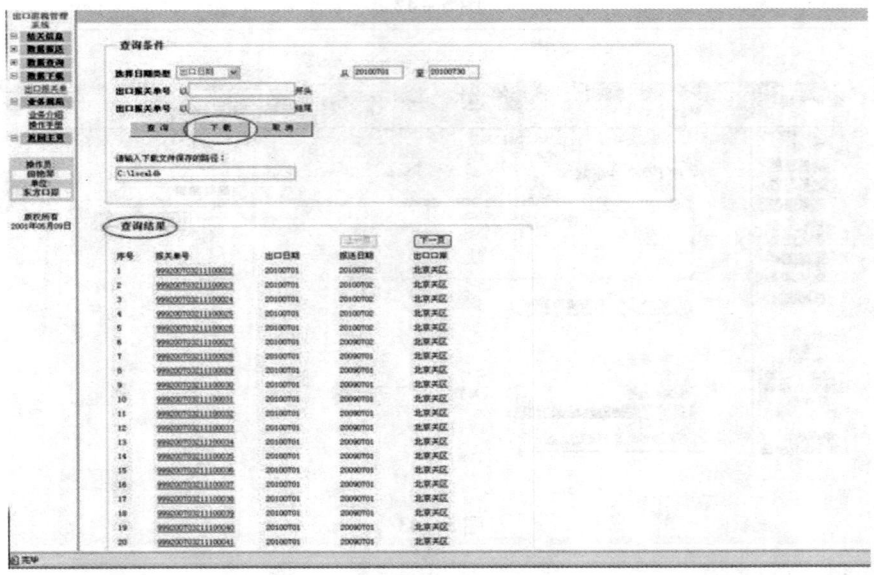

图 5－45

拓展阅读

【数字十年】"大通关"建设提速

2012年10月25日03：52　来源：中国经济网—《经济日报》
顾阳

党的十六大以来，在中央各部门和地方各级政府的共同努力下，全国口岸开放有序推进，口岸功能布局进一步优化；口岸运行安全畅通，服务保障能力显著提升，有力地促进了我国对外贸易和交往的快速发展。

"这一天，我们整整盼了6年！"10月11日，海南洋浦经济区工委副书记、管委会主任倪强激动地对记者说。

当天，洋浦口岸神头港区顺利通过国家口岸管理办公室组织的验收并正式对外开放，标志着洋浦经济开发区以大口岸、大物流为支撑的"一港三基地"建设步入快车道。海南省海防与口岸办主任周功民表示，未来5年洋浦港口岸货物吞吐量将达亿吨，有望成为我国南海最大的港口之一和面向东南亚的区域航运枢纽。

口岸开放有序推进

10年来，随着经济全球化步伐加快，我国对外开放进一步扩大，我国口岸发展不断提速。截至目前，全国共有经国家批准的对外开放口岸284个，其中水运口岸138个、陆运口岸83个、空运口岸63个，分布在沿海（146个）、沿边（111个）和内陆（27个）地区。较10年前新增对外开放口岸40个，扩大开放口岸45个。

目前，我国已基本形成了沿海沿边水运口岸密集分布，各省中心城市及重点旅游城市空运口岸基本覆盖，沿边陆路口岸按需设立的全方位、多层次、立体化口岸开放格局。

口岸运行安全畅通

10年来，我国口岸建设不断加强，口岸通行能力大幅提高，口岸管理体制逐步完善，口岸综合功能得到进一步提升。来自国家口岸办的数据显示，2002年，全国进出口货物总值达6 207.9亿美元、进出口货运量16.16亿吨、进出境人员2.35亿人次，进出境运输工具2 227万辆

（艘、列、架次）；2011 年，全国进出口货物总值达 3.64 万亿美元、进出口货运量 33.17 亿吨、进出境人员 4.31 亿人次，进出境运输工具 3 214 万辆（艘、列、架次）。10 年间，这 4 组数字分别增长 4.9 倍、1.1 倍、83.4% 和 44.3%。

口岸的服务保障能力得到了进一步增强，为顺利举办 2008 年北京奥运会、2010 年上海世博会和广州亚运会等重大活动以及抗震救灾、防控非典疫情等突发事件做出了积极贡献。

电子口岸建设提速

经过 10 年发展，我国电子口岸跨部门联网应用项目达 69 个，入网企业约 66.4 万家，日处理电子单证数量达 130 多万笔，电子口岸门户网站日点击率超过 560 万次。

依托电子口岸公共平台，相关部门和单位实现了"大通关"数据共享和联合执法，提高了口岸综合执法水平，发挥了综合治理的强大威力。

电子口岸为进出口企业构建了"一站式"的服务平台，实现了企业与口岸管理部门以及金融、物流、加工贸易和中介服务等机构的互联互通，大大简化了企业通关手续，缩短了通关时间，提高了通关效率，降低了贸易成本，提高了我国企业的国际竞争力。

（责任编辑：郑博）

（转引自：http://www.ce.cn/xwzx/gnsz/gdxw/201210/25/t20121025_23785805.shtml）

思考练习

1. 进口付汇系统主要提供哪些功能？

2. 出口收汇系统主要提供哪些功能？

3. 企业什么时候可办理收付汇核销手续？

4. 什么是进口增值税？

5. 经营单位在"经营单位抵扣"中能找到税单，但在"经营单位指定抵扣单位"中找不到该份税单，无法指定收货单位进行确认该怎么办？

6. 什么是出口退税，有什么作用？

7. 已经报送过的报关单经海关修改电子数据再次传送到电子口岸系统后，用户还需要再次进行报关单报送吗？

书目介绍

乐 贸 系 列

书名	作者	定价	书号	出版时间

外贸操作实务子系列

书名	作者	定价	书号	出版时间
1. 外贸全流程攻略 ——进出口经理跟单手记	温伟雄	33.00 元	978-7-5175-0015-5	2014 年 5 月第 1 版
2. 出口营销实战（第三版）	黄泰山	45.00 元	978-7-80165-932-3	2013 年 1 月第 3 版
3. 外贸实务疑难解惑 220 例	张浩清	38.00 元	978-7-80165-853-1	2012 年 1 月第 1 版
4. 外贸高手客户成交技巧	毅 冰	35.00 元	978-7-80165-841-8	2012 年 1 月第 1 版
5. 外贸纠纷处理实务 ——案例与技巧	熊志坚	35.00 元	978-7-80165-789-3	2011 年 1 月第 1 版
6. 报检七日通	徐荣才 朱瑾瑜	22.00 元	978-7-80165-715-2	2010 年 8 月第 1 版
7. 实用外贸技巧助你轻松拿订单	王陶（波锅涅）	25.00 元	978-7-80165-724-4	2010 年 4 月第 1 版
8. 外贸业务经理人手册（第 2 版）	陈文培	39.00 元	978-7-80165-671-1	2010 年 1 月第 1 版
9. 外贸会计实务精要	疏 影	28.00 元	978-7-80165-633-9	2009 年 5 月第 1 版
10. 外贸实用工具手册	本书编委会	32.00 元	978-7-80165-558-5	2009 年 1 月第 1 版
11. 外贸实务经验分享 33 例	沱沱网中文站	28.00 元	978-7-80165-560-8	2009 年 1 月第 1 版
12. 外贸实务案例精华 80 篇	刘德标 吴珊红	29.80 元	978-7-80165-561-5	2009 年 1 月第 1 版
13. 快乐外贸七讲	朱芷萱	22.00 元	978-7-80165-373-4	2009 年 1 月第 1 版
14. 危机生存 ——十位经理人谈金融危机下的经营之道	本书编委会	22.00 元	978-7-80165-586-8	2009 年 1 月第 1 版
15. 外贸七日通（最新修订版）	黄海涛（深海鱿鱼）	22.00 元	978-7-80165-397-0	2008 年 8 月第 3 版
16. 金牌外贸业务员找客户 ——17 种方法·案列·评析	陈念祥 张思羽	35.00 元	978-7-80165-543-1	2008 年 8 月第 2 版
17. 出口营销策略（《出口营销实战》升级版）	黄泰山 冯斌	35.00 元	978-7-80165-459-5	2008 年 5 月第 1 版
18. 进口实务操作指南 ——步骤·实例·经验技巧	中国进口网	55.00 元	978-7-80165-493-9	2008 年 5 月第 1 版

出口风险管理子系列

书名	作者	定价	书号	出版时间
1. 轻松应对出口法律风险	韩宝庆	39.80 元	978-7-80165-822-7	2011 年 9 月第 1 版
2. 出口风险管理实务（第二版）	冯 斌	48.00 元	978-7-80165-725-1	2010 年 4 月第 2 版
3. 50 种出口风险防范	王新华 陈丹凤	35.00 元	978-7-80165-647-6	2009 年 8 月第 1 版

书名	作者	定价	书号	出版时间

📖 **外贸单证操作子系列**

1. 跟单信用证一本通　何源　35.00 元　978-7-80165-849-4　2012 年 1 月第 1 版
2. 信用证审单有问有答 280 例　李一平　徐珺　37.00 元　978-7-80165-761-9　2010 年 8 月第 1 版
3. 外贸单证经理的成长日记　曹顺祥　38.00 元　978-7-80165-716-9　2010 年 3 月第 1 版
4. 外贸单证解惑 280 例　龚玉和　齐朝阳　38.00 元　978-7-80165-638-4　2009 年 7 月第 1 版
5. 信用证 6 小时教程　黄海涛（深海鱿鱼）　25.00 元　978-7-80165-624-7　2009 年 4 月第 2 版
6. 跟单高手教你做跟单　汪德　32.00 元　978-7-80165-623-0　2009 年 4 月第 1 版
7. 外贸单证处理技巧（第 3 版）　屈韬　42.00 元　978-7-80165-516-5　2008 年 5 月第 1 版
8. 进出口单证实务案例评析　袁永友　柏望生　33.00 元　978-7-80165-371-8　2006 年 8 月第 1 版

📖 **福步外贸高手子系列**

1. 巧用外贸邮件拿订单　刘裕　45.00 元　978-7-80165-966-8　2013 年 8 月第 1 版
2. 小小开发信　订单滚滚来——外贸开发信写作技巧及实用案例分析　薄如骢　26.00 元　978-7-80165-551-6　2008 年 8 月第 1 版
3. 外贸技巧与邮件实战　刘云　28.00 元　978-7-80165-536-3　2008 年 7 月第 1 版

📖 **国际物流操作子系列**

1. 货代高手教你做货代——优秀货代笔记（第二版）　何银星　33.00 元　978-7-5175-0003-2　2014 年 2 月第 2 版
2. 国际物流操作风险防范——技巧·案例分析　孙家庆　32.00 元　978-7-80165-577-6　2009 年 4 月第 1 版
3. 集装箱运输与海关监管　赵宏　23.00 元　978-7-80165-559-2　2009 年 1 月第 1 版

📖 **通关实务子系列**

1. 外贸企业轻松应对海关估价　熊斌　赖芸　王卫宁　35.00 元　978-7-80165-895-1　2012 年 9 月第 1 版
2. 报关实务一本通（第 2 版）　苏州工业园区海关　35.00 元　978-7-80165-889-0　2012 年 8 月第 2 版
3. 如何通过原产地证尽享关税优惠　南京出入境检验检疫局　50.00 元　978-7-80165-614-8　2009 年 4 月第 3 版
4. 海关进出口商品归类基础与训练　温朝柱　36.00 元　978-7-80165-496-0　2009 年 1 月第 1 版
5. 最新报关单填制实用辅导　盛新阳　彭飞　38.00 元　978-7-80165-497-7　2008 年 10 月第 1 版
6. 最新商品归类技巧　赵宏　38.00 元　978-7-80165-520-2　2008 年 9 月第 1 版

书名	作者	定价	书号	出版时间

📖 彻底搞懂子系列

书名	作者	定价	书号	出版时间
1. 彻底搞懂信用证(第二版)	王腾　曹红波	35.00 元	978-7-80165-840-1	2011 年 11 月第 2 版
2. 彻底搞懂中国自由贸易区优惠	刘德标　祖月	34.00 元	978-7-80165-762-6	2010 年 8 月第 1 版
3. 彻底搞懂贸易术语	陈岩	33.00 元	978-7-80165-719-0	2010 年 2 月第 1 版
4. 彻底搞懂海运航线	唐丽敏	25.00 元	978-7-80165-644-5	2009 年 7 月第 1 版
5. 彻底搞懂提单	张敏　赵通	29.80 元	978-7-80165-602-5	2009 年 6 月第 1 版
6. 彻底搞懂关税	孙金彦	29.00 元	978-7-80165-618-6	2009 年 6 月第 1 版

📖 外贸英语实战子系列

书名	作者	定价	书号	出版时间
1. 十天搞定外贸函电	毅冰	38.00 元	978-7-80165-898-2	2012 年 10 月第 1 版
2. 外贸高手的口语秘籍	李凤	35.00 元	978-7-80165-838-8	2012 年 2 月第 1 版
3. 外贸英语函电实战	梁金水	25.00 元	978-7-80165-705-3	2010 年 1 月第 1 版
4. 外贸英语口语一本通	刘新法	29.00 元	978-7-80165-537-0	2008 年 8 月第 1 版
5. 英汉物流词汇精析——结合实务操作	应海新	68.00 元	978-7-80165-517-2	2008 年 5 月第 1 版

📖 外贸谈判子系列

书名	作者	定价	书号	出版时间
1. 外贸英语谈判实战	王慧　吴旻　张海军　蒋晓杰　仲颖	32.00 元	978-7-80165-767-1	2010 年 9 月第 1 版
2. 外贸谈判策略与技巧	赵立民	26.00 元	978-7-80165-645-2	2009 年 7 月第 1 版

📖 国际商务往来子系列

书名	作者	定价	书号	出版时间
国际商务礼仪大讲堂	李嘉珊	26.00 元	978-7-80165-640-7	2009 年 12 月第 1 版

📖 贸易展会子系列

书名	作者	定价	书号	出版时间
外贸参展全攻略——如何有效参加 B2B 贸易商展(第二版)	钟景松	33.00 元	978-7-80165-779-4	2010 年 10 月第 2 版

📖 区域市场开发子系列

书名	作者	定价	书号	出版时间
中东市场开发实战	刘军　沈一强	28.00 元	978-7-80165-650-6	2009 年 9 月第 1 版

📖 国际结算子系列

书名	作者	定价	书号	出版时间
1. 国际结算函电实务	周红军　阎之大	40.00 元	978-7-80165-732-9	2010 年 5 月第 1 版
2. 出口商如何保障安全收汇——L/C、D/P、D/A、O/A 精讲	庄乐梅	85.00 元	978-7-80165-491-5	2008 年 5 月第 1 版

书名	作者	定价	书号	出版时间

📖 国际贸易金融工具子系列

书名	作者	定价	书号	出版时间
1. 出口信用保险——操作流程与案例	中国出口信用保险公司	35.00 元	978-7-80165-522-6	2008 年 5 月第 1 版
2. 福费廷	周红军	26.00 元	978-7-80165-451-9	2008 年 1 月第 1 版

📖 加工贸易操作子系列

书名	作者	定价	书号	出版时间
1. 加工贸易实务操作与技巧	熊 斌	35.00 元	978-7-80165-809-8	2011 年 4 月第 1 版
2. 加工贸易达人速成——操作案例与技巧	陈秋霞	28.00 元	978-7-80165-891-3	2012 年 7 月第 1 版
3. 加工贸易企业关务作业统筹	熊 斌	29.80 元	978-7-80165-423-6	2009 年 3 月第 1 版

📖 乐税子系列

书名	作者	定价	书号	出版时间
1. 外贸会计账务处理实务——经验·技巧分享	徐玉树	38.00 元	978-7-80165-958-3	2013 年 8 月第 1 版
2. 生产企业免抵退税实务——经验·技巧分享(第二版)	徐玉树	42.00 元	978-7-80165-936-1	2013 年 2 月第 2 版
3. 外贸企业出口退(免)税常见错误解析 100 例	周朝勇	49.80 元	978-7-80165-933-0	2013 年 2 月第 1 版
4. 生产企业出口退(免)税常见错误解析 115 例	周朝勇	49.80 元	978-7-80165-901-9	2013 年 1 月第 1 版
5. 外汇核销指南	陈文培等	22.00 元	978-7-80165-824-1	2011 年 8 月第 1 版
6. 外贸企业出口退税操作手册	中国出口退税咨询网	42.00 元	978-7-80165-818-0	2011 年 5 月第 1 版
7. 生产企业免抵退税从入门到精通	中国出口退税咨询网	98.00 元	978-7-80165-695-7	2010 年 1 月第 1 版
8. 出口涉税会计实务精要(《外贸会计实务精要》第 2 版)	龙博客工作室	32.00 元	978-7-80165-660-5	2009 年 9 月第 2 版

📖 专业报告子系列

书名	作者	定价	书号	出版时间
1. 国际工程风险管理	张 燎	1980.00 元	978-7-80165-708-4	2010 年 1 月第 1 版
2. 涉外型企业海关事务风险管理报告	《涉外型企业海关事务风险管理报告》研究小组	1980.00 元	978-7-80165-666-7	2009 年 10 月第 1 版

📖 外贸企业管理子系列

书名	作者	定价	书号	出版时间
小企业做大外贸的四项修炼	胡伟锋	26.00 元	978-7-80165-673-5	2010 年 1 月第 1 版

📖 国际贸易金融子系列

书名	作者	定价	书号	出版时间
1. 国际贸易金融服务全程通(第二版)	郭党怀 张丽君 张贝	43.00 元	978-7-80165-864-7	2012 年 1 月第 2 版
2. 国际结算与贸易融资实务	李华根	42.00 元	978-7-80165-847-0	2011 年 12 月第 1 版

书名	作者	定价	书号	出版时间

毅冰谈外贸子系列

书名	作者	定价	书号	出版时间
毅冰私房英语书 ——七天秀出外贸口语	毅冰	35.00元	978-7-80165-965-1	2013年9月第1版

"实用型"报关与国际货运专业教材

书名	作者	定价	书号	出版时间
1. 电子口岸实务(第二版)	林青	35.00元	978-7-5175-0027-8	2014年6月第2版
2. 报检实务(第二版)	孔德民	38.00元	978-7-80165-999-6	2014年3月第2版
3. 进出口商品归类实务(第二版)	林青	45.00元	978-7-80165-902-6	2013年1月第2版
4. 现代关税实务(第2版)	李齐	35.00元	978-7-80165-862-3	2012年1月第2版
5. 国际贸易单证实务(第2版)	丁行政	45.00元	978-7-80165-855-5	2012年1月第2版
6. 报关实务(第3版)	杨鹏强	45.00元	978-7-80165-825-8	2011年9月第3版
7. 海关概论(第2版)	王意家	36.00元	978-7-80165-805-0	2011年4月第2版
8. 国际集装箱班轮运输实务	林益松 郑海棠	43.00元	978-7-80165-770-1	2010年9月第1版
9. 国际货运代理操作实务	杨鹏强	45.00元	978-7-80165-709-1	2010年1月第1版
10. 航空货运代理实务	杨鹏强	37.00元	978-7-80165-707-7	2010年1月第1版
11. 进出口商品归类实务 ——实训题参考答案	林青	12.00元	978-7-80165-692-6	2009年12月第1版

待出:

供应链管理实务

"精讲型"国际贸易核心课程教材

书名	作者	定价	书号	出版时间
1. 国际贸易实务精讲(第6版)	田运银	48.00元	978-7-5175-0032-2	2014年8月第6版
2. 进出口商品归类实务精讲	倪淑如 倪波 田运银	48.00元	978-7-5175-0016-2	2014年7月第1版
3. 外贸单证实训精讲	龚玉和 齐朝阳	42.00元	978-7-80165-937-8	2013年4月第1版
4. 外贸英语函电实务精讲	博龙海	42.00元	978-7-80165-935-4	2013年2月第1版
5. 国际结算实务精讲	庄乐梅 李菁	49.80元	978-7-80165-929-3	2013年1月第1版
6. 报关实务精讲	孔德民	48.00元	978-7-80165-886-9	2012年6月第1版
7. 国际电子商务实务精讲	冯晓宁	45.00元	978-7-80165-874-6	2012年5月第1版
8. 国际贸易单证精讲(第3版)	田运银	45.00元	978-7-80165-852-4	2012年1月第3版
9. 国际商务谈判实务精讲	王慧 唐力忻	26.00元	978-7-80165-826-5	2011年9月第1版
10. 国际贸易操作实训精讲	田运银 胡少甫 史理 朱东红	49.80元	978-7-80165-823-4	2011年8月第1版

书名	作者	定价	书号	出版时间
11. 国际会展实务精讲	王重和	38.00 元	978-7-80165-807-4	2011 年 5 月第 1 版
12. 国际贸易实务疑难解答	田运银	20.00 元	978-7-80165-718-3	2010 年 9 月第 1 版
13. 集装箱运输系统与操作 实务精讲	田聿新 杨永志 汤玮	38.00 元	978-7-80165-642-1	2009 年 7 月第 1 版
14. 国际货运代理实务精讲	杨占林	39.00 元	978-7-80165-636-0	2009 年 6 月第 1 版
15. 海关法教程(第 2 版)	刘达芳	40.00 元	978-7-80165-605-6	2009 年 3 月第 2 版

待出:
1. 国际贸易规则与惯例实务精讲
2. 国际营销实务精讲
3. 国际投资实务精讲
4. 国际技术贸易实务精讲
5. 国际服务贸易实务精讲

"实用型"国际贸易课程教材

1. 外贸跟单实务	罗艳	48.00 元	978-7-80165-954-5	2013 年 8 月第 1 版
2. 国际贸易实务	丁行政 罗艳	48.00 元	978-7-80165-962-0	2013 年 8 月第 1 版

电子商务大讲堂·外贸培训专用

1. 外贸操作实务	本书编委会	30.00 元	978-7-80165-621-6	2009 年 5 月第 1 版
2. 网上外贸 ——如何高效获取订单	本书编委会	30.00 元	978-7-80165-620-9	2009 年 5 月第 1 版
3. 出口营销指南	本书编委会	30.00 元	978-7-80165-619-3	2009 年 5 月第 1 版
4. 外贸实战与技巧	本书编委会	30.00 元	978-7-80165-622-3	2009 年 5 月第 1 版

中小企业财会实务操作系列丛书

1. 小企业会计疑难解惑 300 例	刘华 刘方周	39.80 元	978-7-80165-845-6	2012 年 1 月第 1 版
2. 做顶尖成本会计应知应会 150 问	张胜	38.00 元	978-7-80165-819-7	2011 年 8 月第 1 版
3. 会计实务操作一本通	吴虹雁	35.00 元	978-7-80165-751-0	2010 年 8 月第 1 版

"关 务 通" 品 牌 图 书

书名	作者	定价	书号	出版时间

关务通·电子口岸系列

书名	作者	定价	书号	出版时间
1.《电子口岸实用功能(第二版)》	"关务通·电子口岸系列"编委会	46.00 元	978-7-5175-0040-7	2014 年 11 月第 2 版
2.《电子口岸实务操作与技巧——通关篇(第二版)》	"关务通·电子口岸系列"编委会	48.00 元	978-7-5175-0037-7	2014 年 11 月第 2 版
3.《电子口岸实务操作与技巧——加贸篇(第二版)》	"关务通·电子口岸系列"编委会	48.00 元	978-7-5175-0035-3	2014 年 11 月第 2 版
4.《电子口岸疑难解惑 800 例》	"关务通·电子口岸系列"编委会	48.00 元	978-7-5175-0039-1	2014 年 11 月第 1 版

关务通·加贸系列

书名	作者	定价	书号	出版时间
1.《<中华人民共和国海关审定内销保税货物完税价格办法>实用指南》	"关务通·加贸系列"编委会	80.00 元	978-7-5175-0012-4	2014 年 6 月第 1 版
2.《加工贸易及保税监管政策实务》	"关务通·加贸系列"编委会	70.00 元	978-7-5175-0013-1	2014 年 6 月第 1 版
3.《加工贸易典型案例启示录》	"关务通·加贸系列"编委会	60.00 元	978-7-5175-0014-8	2014 年 6 月第 1 版
4.《加工贸易实务操作与技巧》	"关务通·加贸系列"编委会	60.00 元	978-7-80165-927-9	2013 年 3 月第 1 版
5.《海关特殊监管区域和保税监管场所实务操作与技巧》	"关务通·加贸系列"编委会	60.00 元	978-7-80165-926-2	2013 年 3 月第 1 版
6.《加工贸易疑难解惑 280 例》	"关务通·加贸系列"编委会	60.00 元	978-7-80165-928-6	2013 年 3 月第 1 版

关务通·原产地系列

书名	作者	定价	书号	出版时间
1.《原产地实务操作与技巧》	"关务通·原产地系列"编委会	70.00 元	978-7-80165-981-1	2013 年 10 月第 1 版
2.《原产地疑难解惑 470 例》	"关务通·原产地系列"编委会	70.00 元	978-7-80165-983-5	2013 年 10 月第 1 版
3.《如何从原产地淘金》	"关务通·原产地系列"编委会	90.00 元	978-7-80165-982-8	2013 年 10 月第 1 版

📖 **关务通·监管通关系列**

1.《便捷通关一本通》　　　"关务通·监管通关系列"　60.00 元　978-7-80165-984-2　2013 年 10 月第 1 版
　　　　　　　　　　　　　编委会

2.《快速通关自查手册》　　"关务通·监管通关系列"　60.00 元　978-7-80165-979-8　2013 年 10 月第 1 版
　　　　　　　　　　　　　编委会

3.《进出境物品通关攻略》　"关务通·监管通关系列"　60.00 元　978-7-80165-978-1　2013 年 10 月第 1 版
　　　　　　　　　　　　　编委会

4.《通关典型案例启示录》　"关务通·监管通关系列"　60.00 元　978-7-80165-980-4　2013 年 10 月第 1 版
　　　　　　　　　　　　　编委会

5.《监管通关政策实用指导手册》　"关务通·监管通关系列"　78.00 元　978-7-80165-907-1　2012 年 10 月第 1 版
　　　　　　　　　　　　　编委会

6.《通关实务操作与技巧　　"关务通·监管通关系列"　48.00 元　978-7-80165-909-5　2012 年 10 月第 1 版
　　——货物、运输工具篇》　编委会

7.《通关实务操作与技巧　　"关务通·监管通关系列"　26.00 元　978-7-80165-905-7　2012 年 10 月第 1 版
　　——进出境物品篇》　　编委会

8.《通关疑难解惑 720 例》　"关务通·监管通关系列"　48.00 元　978-7-80165-903-3　2012 年 10 月第 1 版
　　　　　　　　　　　　　编委会

📖 **关务通·稽查系列**

《小王在海关稽查的日子　　"关务通·稽查系列"　70.00 元　978-7-80165-925-5　2013 年 3 月第 1 版
　——企业如何配合海关稽查》　编委会

📖 **关务通·双语系列**

《国际海关新视野》　　　　上海海关　　　　60.00 元　978-7-80165-918-7　2012 年 12 月第 1 版

📖 **关务通·教材系列**

《电子口岸实务精讲》　　　"关务通·电子口岸系列"　45.00 元　978-7-5175-0050-6　2015 年 1 月第 1 版
　　　　　　　　　　　　　编委会

以上图书均可在中国海关出版社网上书店（www.hgcbs.com.cn）、当当网、卓越网、京东网及各地新华书店等处购买。若有其他购书意向，请与本社发行部联系，联系电话：(010)65195616/5127/4221/4238/4246/4247。

若想了解更多书讯，可关注中国海关出版社官方微信平台，微信号：hgbook。

教师反馈及课件申请表

为更有针对性地为广大教师服务，提升教学质量，在您确认将本书作为指定教材后，请您填好以下表格，并经系主任签字盖章后机会，我们将免费为您提供相应教学资料。

书名/书号				
所需要的教学资料	教学课件；配套习题（学生用书）；配套习题精解（教师用书）			
您的姓名		E – mail		
院/校		系		
您所讲授的课程名称				
每学期学生人数	＿＿＿人 ＿＿＿年级		学时	
您目前采用的教材	作者：＿＿＿＿＿ 出版社：＿＿＿＿＿ 书名：＿＿＿＿＿			
您准备何时用此书				
您的联系地址				
邮政编码		联系电话		
您对本书的建议：			系主任签字	
我们的联系方式：			盖章	
地址：	北京市朝阳区东四环南路甲 1 号 中国海关出版信息大厦 6 层			
邮编：	100023			
联系人：	郭坤			
电话：	010 – 65194242 – 7585			
传真：	010 – 65194234			
电子邮件：	guokun27@163.com